高职高专财务会计类特色规划教材
国家示范性高职院校重点规划教材

成本会计

——应用、技能、案例、实训

（第二版）

主　编　李福荣　孙革新
副主编　张雨薇　牛　耘

上海财经大学出版社

图书在版编目(CIP)数据

成本会计:应用、技能、案例、实训/李福荣,孙革新主编.—2版.
—上海:上海财经大学出版社,2023.2
高职高专财务会计类特色规划教材
ISBN 978-7-5642-4084-4/F·4084

Ⅰ.①成… Ⅱ.①李…②孙… Ⅲ.①成本会计-高等职业教育-教材
Ⅳ.①F234.2

中国版本图书馆 CIP 数据核字(2022)第 212916 号

□ 责任编辑　林佳依
□ 封面设计　张克瑶

成本会计
——应用、技能、案例、实训
（第二版）

主　编　李福荣　孙革新
副主编　张雨薇　牛　耘

上海财经大学出版社出版发行
(上海市中山北一路 369 号　邮编 200083)
网　　址:http://www.sufep.com
电子邮箱:webmaster @ sufep.com
全国新华书店经销
上海新文印刷厂有限公司印刷装订
2023 年 2 月第 2 版　2023 年 2 月第 1 次印刷

787mm×1092mm　1/16　14.75 印张　378 千字
印数:9 501—11 500　定价:55.00 元

第二版前言

"成本会计"是一门将财务会计基本理论和方法与企业具体业务相结合、实务性和应用性很强的课程,在高职院校会计专业一系列骨干课程中居于核心地位,是会计专业的一门核心课程。为适应现代高等职业教育教学改革的需要,培养高职会计人才,特编写本教材。本教材结合高职高专教育的特点和教学要求,具有如下特点:

1. 目标明确,体现高职教材特色

本教材从"理论够用为度,重在实践技能"的职业教育目标出发,以"培养应用型、技能型人才"为宗旨,突出高职教育特色,具有适用性和实用性,有利于培养学生实际动手能力、分析问题和解决问题的能力,满足培养高等会计技术应用型人才的需要。

2. 工学结合,满足"教、学、做一体化"教学需要

本教材以国家最新颁布的企业会计准则与法规制度为依据,以工业企业产品成本核算为主线,注重实践操作,密切结合我国成本会计工作的实际,在内容安排上将理论与实际有机结合,实例符合工作过程,融理论与实践为一体,实用性强,满足"教、学、做一体化"教学的需要。

3. 结构新颖,体现教学改革和培养人才的需要

本教材由长期从事会计理论教学和会计实践工作的一线教师负责编写,编者能够根据多年的教学经验,考虑高职学生的特点,设计教材结构,在每章开头设有学习目标(素养目标里融入了课程思政)和学习导图;在各章阐述理论的同时配以大量例题,以加深学生的理解;在每章后增加归纳性小结,以明确所学重点;在各章后附有相应的思考题、同步实训题,同步实训题具有可操作性,以巩固学生所学知识,书末的参考答案可以为学生自测提供参考。

教材版面设计合理,条理清晰,文字表述准确、精练、深入浅出、阐述透彻,实训突出、通俗易懂,充分体现了近年来我国成本会计教学改革和研究的最新成果,满足培养会计人才的需要。

4. 示范性强,适用面广

本教材的内容切合教学实际需要,能从教师和学生两个主体出发,符合教师的教学方式和教学特点,符合学生的认知能力、心理特点和技能培养规律,既适合教师讲授,也便于学生自学。本教材既可作为高职高专院校会计及相关专业的教学用书,也可以作为本科和高职院校成人继续教育用书,还可作为经济管理人员和在职人员的培训及自学参考用书,适用面广,示范性强。

为便于授课教师教学和指导学生实训,我们同时配备了本书的教学课件,凡使用本教材的教师均可从上海财经大学出版社网站本书页面下载使用,或 QQ 联系 1755761790 索取。

本书由黑龙江职业学院李福荣、孙革新任主编,黑龙江职业学院张雨薇、黑龙江民族职业学院牛耘任副主编,李福荣负责总体组织与策划,并对全书进行统稿、修改、总纂与定稿。本书共分 10 章,第一章由牛耘执笔,第二、八、九、十章由孙革新执笔,第三、四章由张雨薇执笔,第五、六、七章由李福荣执笔。同步实训题参考答案由负责执笔各章的编者负责编写。

由于时间仓促,编者的水平有限,书中难免存在疏漏和不妥之处,恳请专家和读者指正,作者深表感谢。

编　者
2023 年 1 月

目　录

第一章　总论/1
　学习目标/1
　学习导图/1
　第一节　成本的含义和作用/2
　第二节　成本会计的对象/8
　第三节　成本会计的职能和任务/9
　第四节　成本会计工作的组织/11
　本章小结/12
　思考题/13
　同步实训题/13

第二章　成本核算概述/15
　学习目标/15
　学习导图/15
　第一节　成本核算的意义和原则/16
　第二节　成本核算的要求/17
　第三节　成本核算的一般程序/20
　第四节　成本核算的账户设置及账务处理程序/21
　本章小结/24
　思考题/25
　同步实训题/25

第三章　工业企业生产费用的核算/27
　学习目标/27
　学习导图/27
　第一节　材料费用的核算/28
　第二节　外购动力费用的核算/38
　第三节　职工薪酬的核算/39
　第四节　折旧费用及其他费用的核算/49
　第五节　辅助生产费用的核算/51
　第六节　制造费用的核算/61
　第七节　生产损失的核算/66
　第八节　生产费用在完工产品与在产品之间分配的核算/70

第九节　期间费用的核算/77
本章小结/78
思考题/79
同步实训题/80

第四章　产品成本计算方法概述/87

学习目标/87
学习导图/87
第一节　生产特点与成本管理要求对成本计算方法的影响/87
第二节　产品成本的计算方法/91
本章小结/92
思考题/93
同步实训题/93

第五章　品种法/95

学习目标/95
学习导图/95
第一节　品种法概述/95
第二节　品种法应用案例/98
本章小结/107
思考题/107
同步实训题/107

第六章　分批法/110

学习目标/110
学习导图/110
第一节　分批法概述/110
第二节　分批法应用案例/112
第三节　简化的分批法/115
本章小结/118
思考题/119
同步实训题/119

第七章　分步法/122

学习目标/122
学习导图/122
第一节　分步法概述/123
第二节　逐步结转分步法/124
第三节　平行结转分步法/133
第四节　逐步结转分步法与平行结转分步法比较/139

本章小结/140

思考题/140

同步实训题/140

第八章 产品成本计算的分类法/150

学习目标/150

学习导图/150

第一节 分类法概述/151

第二节 分类法应用案例/153

第三节 联产品、副产品和等级产品的成本计算/155

本章小结/161

思考题/161

同步实训题/162

第九章 产品成本计算的定额法/168

学习目标/168

学习导图/168

第一节 定额法概述/169

第二节 定额法应用案例/177

第三节 成本计算方法的综合运用/179

本章小结/180

思考题/181

同步实训题/181

第十章 成本报表的编制与分析/185

学习目标/185

学习导图/185

第一节 成本报表的编制/186

第二节 成本报表的分析/194

本章小结/200

思考题/201

同步实训题/201

同步实训题参考答案/203

参考文献/225

第一章 总论

学习目标

知识目标
- 明确成本的含义和作用
- 明确成本会计的概念、对象、职能和任务
- 了解成本会计组织包括的内容

技能目标
- 能理解成本、费用和支出之间的关系
- 能对费用进行分类

素养目标
- 遵守企业会计准则体系、《企业会计制度》等国家有关法律、法规的有关规定

学习导图

总论
- 成本的含义和作用
  - 成本的含义
  - 支出、费用与成本的关系
  - 费用的分类
  - 生产费用的其他分类
  - 成本的作用
- 成本会计的对象
  - 成本会计的概念
  - 成本会计的对象
- 成本会计的职能和任务
  - 成本会计的职能
  - 成本会计的任务
- 成本会计工作的组织
  - 成本会计机构
  - 成本会计人员
  - 成本会计制度

第一节 成本的含义和作用

一、成本的含义

成本属于价值范畴,是商品经济发展到一定阶段的产物。加强成本管理,努力降低成本,无论对提高企业经济效益,还是对提高整个国民经济的经济效益,都具有极其重要的意义。要做好成本管理工作,应充分认识成本的含义。

(一)理论成本

马克思指出:"按照资本主义方式生产的每一个商品 W 的价值,用公式来表示是 $W=c+v+m$。如果我们从这个产品价值中减去剩余价值 m,那末,在商品中剩下的,只是一个在生产要素上耗费的资本价值 $c+v$ 的等价物或补偿价值。……只是补偿商品使资本家自身耗费的东西,所以对资本家来说,这就是商品的成本价格。"[①]

马克思在这里称商品的"成本价格"的那部分商品价值,指的就是商品成本,即 $c+v$ 部分。商品的成本可以从耗费和补偿两个方面予以理解:(1)从耗费角度看,成本是商品生产过程中已消耗的生产资料的价值 c 和劳动者为自己劳动所创造的价值 v 之和,它是成本最基本的经济内涵。(2)从补偿角度看,成本是已耗费的而又必须在价值和实物上得以补偿的支出,成本(成本价格)是补偿商品生产中资金耗费的价值尺度,它是成本最直接的表现形式。企业发生的生产耗费如果得不到补偿,就无法进行简单再生产。

商品成本的 $c+v$ 部分构成商品的理论成本,从理论上说明了成本的经济内涵。

请思考

> 成本最基本的经济内涵是什么?理论成本和实际成本是一回事吗?

(二)实际成本

成本是商品价值中的 $c+v$ 部分,这只是在理论上说明成本的经济实质和应包括的内容。但在现实的经济活动中,随着商品经济的不断发展,成本概念的内涵和外延都会发生不断的变化,很难确定 $c+v$ 这种纯粹的理论成本。因此,理论成本应用于实践时,还要从国家宏观方针政策和企业微观管理考虑。从国家宏观管理的角度考虑,为保证企业成本计算口径一致,保证成本的可比性,由国家通过有关法规制度确定成本开支范围。在成本开支范围中,明确规定哪些费用开支允许计入产品成本,哪些费用开支不允许计入产品成本;从企业微观管理角度考虑,为简化成本核算工作,对于某些难以按产品归集,但又属于企业物化劳动耗费和活劳动耗费的部分(如管理部门的固定资产折旧和管理人员工资等),作为期间费用直接计入当期损益而不再计入产品成本;同时,为加强经济核算,厉行节约,减少损失,改善成本管理,以保证必要的补偿,将某些不形成产品价值的支出,如废品损失、停工损失等,也计入产品成本。基于以上

[①] 《马克思恩格斯全集》第二十五卷,人民出版社 1974 年版,第 30 页。

原因,实际成本是在考虑国家政策和企业管理要求的前提下所计算的产品成本。这种成本也叫核算成本、财务成本或制度成本。

我国目前规定的成本开支范围主要包括以下各项:

1. 企业为制造产品而耗用的各种原材料、辅助材料、外购半成品和燃料等费用。
2. 企业为制造产品而耗用的外购动力费。
3. 企业支付给生产单位(分厂或车间)生产工人和管理人员的工资、奖金、津贴、补贴和提取的福利费等职工薪酬。
4. 生产用固定资产的折旧费、租赁费(不包括融资租赁费)、低值易耗品的摊销费用。
5. 企业生产单位因生产原因发生的废品损失,以及季节性停工、修理期间的停工损失。
6. 企业生产单位为组织和管理生产而支付的办公费、取暖费、水电费和劳动保护费等。

(三) 管理成本

随着商品经济的不断发展,企业对成本管理的要求越来越高,使成本的内涵和外延都已经超出了产品成本的概念,出现了计划成本与实际成本、变动成本与固定成本、可控成本与不可控成本、机会成本、边际成本、责任成本等各种管理成本的概念,组成了多元化成本概念体系。这些成本概念,我们将在本书后续章节及相关的专业课中介绍。

(四) 成本的一般含义

随着社会经济的发展,成本的内涵和外延都已发生变化,应对成本进行高度概括,以揭示其本质。这不仅可以解释产品成本,而且可以解释实际工作中遇到的各种具体成本。因此,会计学中成本的一般含义应是:特定的会计主体为达到一定的目的而发生的可以用货币计量的代价。具体包括以下几层含义:

1. 成本必须发生于某一特定的会计主体,以符合会计主体假设。
2. 成本的发生是为了达到一定的目的。生产是人类有目的的活动,如果成本的发生没有明确的目的,则只能是一种浪费。
3. 成本可以用货币计量,否则就无法进行成本的核算。成本会计是会计的一个分支,符合会计的货币计量假设。

成本是一种耗费,有广义和狭义之分。广义的成本是指企业发生的全部费用,包括生产费用与期间费用;狭义的成本通常仅指产品成本。本书所研究的成本主要是指产品成本。

二、支出、费用与成本的关系

支出、费用、成本是三个关系极为密切的概念。要深刻理解成本会计的内容,就必须清楚支出、费用、成本三者之间的关系。下面以工业企业为例,简要说明它们之间的联系与区别。

(一) 支出

支出是指企业在经济活动过程中发生的一切开支与耗费。企业的支出按其与业务经营的关系不同,可分为资本性支出、收益性支出、营业外支出、所得税支出和利润分配支出。

资本性支出是指一项支出的发生不仅与本期收入有关,而且与其他会计期间的收入有关,主要是为取得以后各期收入而发生的支出,如企业购建固定资产、无形资产等。这类支出最终可以表现和转化为费用。

收益性支出是指一项支出的发生仅与本期收入有关,并直接冲减当期收入,如企业为生产经营而发生的材料、工资等支出。

营业外支出是指与企业生产经营活动无直接关系的其他支出,如对外捐赠支出、非常损失、固定资产盘亏损失等。这些支出尽管与企业生产经营活动没有直接联系,但是与其收入的取得还是有关系的,因而也把它作为当期损益的扣减要素。

所得税支出是指企业在取得经营所得与其他所得时,按国家税法规定向政府缴纳的税金支出。所得税支出作为企业的一项费用,也是直接冲减当期收益。

利润分配支出是指在利润分配环节的开支,如支付的股利等。

(二)费用以及费用与支出的关系

费用是指企业在日常活动中发生、会导致所有者权益减少、与向所有者分配利润无关的经济利益的总流出。费用是企业支出的构成部分。在企业支出中,凡是与企业生产经营有关的支出,都可表现或转化为费用,否则,不能列为费用。如企业购买原材料、固定资产、无形资产的支出等,因与企业生产经营有关,就可以表现或转化为费用;而像长期投资支出、捐赠支出、利润分配支出等,因与企业生产经营活动无直接关系,就不能表现为费用。

费用按其与产品生产的关系,可划分为生产费用和期间费用两类。生产费用是指产品生产过程中发生的物化劳动和活劳动的货币表现,如直接材料、直接人工和制造费用等耗费。这些费用同产品生产有直接关系,应计入产品生产成本。期间费用是指同企业的经营管理活动有密切关系的耗费,它同产品的生产没有直接的关系,属于某一时期的耗费,直接从当期收益中得到补偿。企业的期间费用包括销售费用、管理费用和财务费用。

(三)生产费用与产品成本的关系

生产费用和产品成本是两个相互联系又相互区别的概念。产品成本是指企业为生产一定种类和数量的产品而发生的各项生产费用的总和,生产费用按一定的产品加以归集和汇总,就是产品成本,因此,生产费用是产品成本的基础,产品成本则是对象化的生产费用,两者在经济内容上是一致的。然而,根据权责发生制原则,企业某一期间发生的生产费用与归属产品的期间有时并不完全一致,即归属于当期产品成本中的生产费用有一部分是当期发生的,有一部分可能是以前会计期间发生的;且归属于本期间的生产费用并不一定全部归属于本期产品成本,有的会由以后期间产品承担。生产费用与一定会计期间相联系,产品成本则与一定种类和数量的产品相联系。所以,企业某一会计期间实际发生的生产费用总和,不一定等于该期产品成本的总和。工业企业的支出、费用和产品成本之间的关系如图1-1所示。

三、费用的分类

为了正确地计算产品成本,科学地进行成本管理,必须对企业的费用进行合理的分类。下面以工业企业为例,说明费用的分类。

(一)按费用的经济内容或经济性质分类

工业企业发生的各种费用按其经济内容分类,可分为以下费用要素:

1. 外购材料,指企业为生产经营从外部购入的各种原料及主要材料、辅助材料、半成品、包装物等。

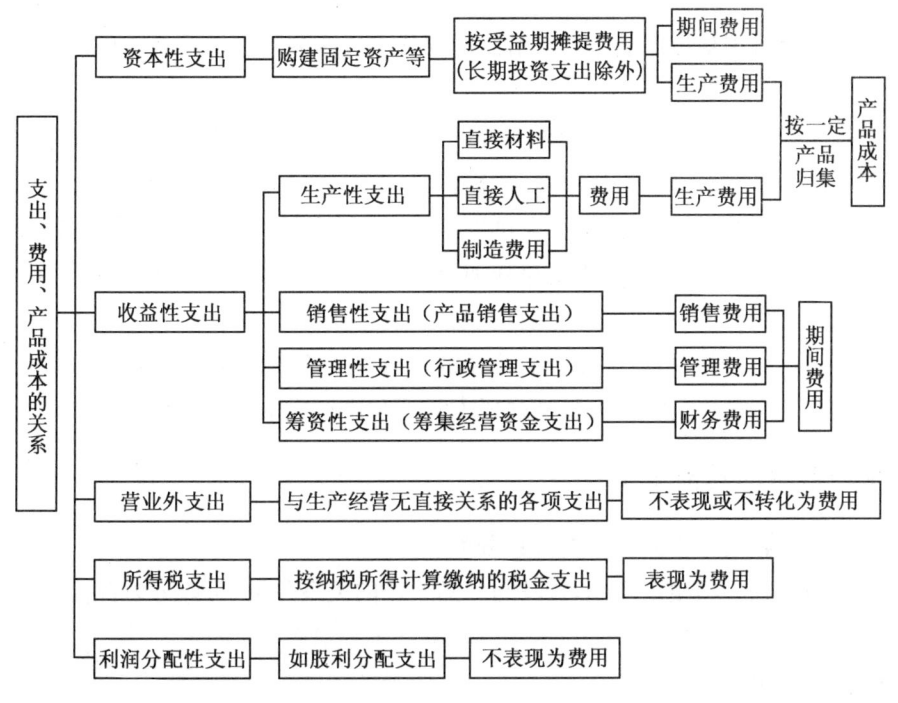

图 1-1 工业企业的支出、费用和产品成本的关系

2. 外购燃料,指企业为生产经营从外部购入的各种固体燃料、液体燃料和气体燃料。
3. 外购动力,指企业为生产产品从外部购入的电力、热力和蒸汽。
4. 职工薪酬,指企业为获得职工提供的服务或解除劳动关系而给予的各种形式的报酬或补偿。
5. 折旧费,指企业按规定提取的固定资产折旧费。
6. 利息费用,指企业的利息费用扣除利息收入后的净额。
7. 税金,指企业应缴纳的各种税金,包括印花税、房产税、车船使用税和印花税等。
8. 其他支出,指不属于以上各要素的费用,如邮电费、差旅费、租赁费等。

费用按其经济内容进行分类,有助于企业了解一定时期内发生费用的种类和数量,有利于分析企业各时期各种要素费用支出的结构和水平,加强费用的管理。但这种分类不能反映各种费用的经济用途,因而不便于分析这些费用的支出是否节约、合理,不便于寻求降低成本的途径。因此,在计算成本时,还应该按费用的经济用途进行分类。

(二)按费用的经济用途分类

工业企业发生的各种费用按其经济用途分类,可分为计入产品成本的生产费用和不计入产品成本的期间费用。不计入产品成本的期间费用包括销售费用、管理费用和财务费用。计入产品成本的生产费用可以进一步划分为若干项目,在会计上称为产品成本项目。产品成本项目一般包括直接材料、直接人工和制造费用等。

1. **直接材料**

直接材料是指直接用于产品生产的,在生产经营过程中实际消耗的原材料、辅助材料、燃料等。

2. 直接人工

直接人工是指直接从事产品生产人员的全部货币性薪酬和非货币性福利。

3. 制造费用

制造费用是指各个生产车间为组织和管理生产所发生的各项费用，如车间管理人员的职工薪酬、车间固定资产的折旧费、租赁费、运输费、办公费、机物料消耗等。

成本项目的设置并不是固定的，企业可以根据本企业的生产特点和管理要求，适当地调整成本项目。如果企业的废品较多，需要单独加以核算，就可增设"废品损失"成本项目；如果企业的燃料和动力费用较多，就可增设"燃料和动力"成本项目。

费用按经济用途分类，可以促使企业按经济用途考核各项费用的定额或计划的执行情况，分析费用支出是否合理、是否节约，以加强成本管理和进行成本分析。

四、生产费用的其他分类

（一）生产费用按其与产品生产的关系分类

构成产品成本的各项生产费用，按其与产品生产的关系分类，可以分为直接生产费用和间接生产费用。

1. 直接生产费用

直接生产费用是指直接用于产品生产的费用，如原料费用、主要材料费用和工人工资等。

2. 间接生产费用

间接生产费用是指间接用于产品生产的费用，如机物料消耗、辅助生产车间工人工资、车间机器设备（生产车间所属固定资产）折旧费等。

（二）生产费用按其计入产品成本的方式分类

构成产品成本的各项生产费用，按其计入产品成本的方式分类，可以分为直接计入费用和间接计入费用。

1. 直接计入费用

直接计入费用简称直接费用，是指为生产某种产品而发生的费用。在计算产品成本时，该类费用可以根据费用发生的原始凭证直接计入该种产品成本，如直接用于某种产品生产的原材料、生产工人的计件工资等。

2. 间接计入费用

间接计入费用简称间接费用，是指为生产几种产品共同发生的费用。这类费用无法根据费用发生的原始凭证直接计入各种产品成本，而是需要采用适当的方法先在各种产品之间进行分配，然后分别计入有关产品成本。

直接生产费用大多是直接计入费用，例如，原料费用、主要材料费用大多能够直接计入某种产品成本；间接生产费用大多是间接计入费用，例如，机物料消耗大多只能按照一定标准分配计入有关的各种产品成本。但上述说法并不绝对，如在只生产一种产品的企业，则直接生产费用和间接生产费用都可以直接计入该种产品成本，全部生产费用均为直接计入费用；但在用同一种原材料同时生产几种产品的联产品生产企业中，直接生产费用和间接生产费用必须通过分配才能计入某种产品成本，这时全部生产费用均为间接计入费用。

> **请思考**
>
> 费用就是生产费用，生产费用就是产品成本，对吗？

五、成本的作用

(一)成本是补偿耗费的尺度

企业的生产经营过程，也是生产的耗费过程。企业在生产经营活动中耗费了什么、耗费了多少，是通过成本指标来反映的。为了保证再生产不断进行，企业生产经营过程中的耗费需要用收入来补偿。也就是说，企业在取得营业收入以后，需要把相当于成本的部分划分出来，用于重新购买原材料、支付工资和其他费用，使生产经营过程中的各种耗费得到补偿。成本是补偿生产耗费的尺度。在价格不变的情况下，成本越低，企业的利润就越多，否则相反。成本对于促进企业加强成本管理、降低成本、提高经济效益，具有重要的意义。

(二)成本是综合反映企业工作质量的重要指标

企业费用的发生和成本的形成与生产经营的各个环节及各个方面的工作质量有着紧密联系。如产品设计的好坏，生产工艺的合理程度，机器设备等固定资产的利用程度高低，原材料使用的节约与浪费，工人劳动生产率的高低，废品率的高低，产品产量的增减，产品质量的高低以及企业供、产、销各环节的工作是否衔接、是否协调等，都会直接或间接地反映在成本上。成本是综合反映企业工作质量的重要指标。

(三)成本是制定产品价格的重要依据

在商品经济中，产品价格是产品价值的货币表现。产品价格应与其价值相符。无论是国家还是企业，在制定产品价格时，都应遵循价值规律的基本要求。但在现阶段，人们还不能直接计算产品的价值，而只能计算产品成本，通过成本制定价格，间接地掌握产品的价值。

企业生产经营过程中的各种耗费需要通过销售收入来补偿，销售收入的多少取决于销售数量和销售价格两个因素。在市场经济条件下，企业以收抵支、自负盈亏。在确定产品销售价格时，如果单位产品的价格低于其应补偿的成本，则产品的生产和销售量越大，企业亏损就越多。只有产品的价格高于其应补偿的成本，才能产销量越大，利润越多。因此，成本是制定产品价格的重要依据。

在实际工作中，产品价格的制定是一项复杂的工作。在确定产品价格时，要考虑国家价格政策、产业政策和其他经济政策、各种产品的比价关系、市场供求关系及在市场竞争中的态势等诸多因素，在诸多因素中，成本是制定价格最重要的因素。

(四)成本是企业进行决策的重要依据

在市场经济条件下，企业只能依靠不断提高经济效益来增强自身的竞争能力。为了提高经济效益，企业必须及时进行正确的生产经营决策。在生产经营决策中，需要考虑诸多因素，其中一个重要因素就是成本。因为成本低，才可能有较好的经济效益，才可能有较强的竞争能力。成本是企业进行生产经营决策的重要依据。

第二节　成本会计的对象

一、成本会计的概念

成本会计是运用会计的基本原理和一般原则,采用一定的技术方法,对企业生产经营过程中发生的各项费用和产品(劳务)成本进行连续、系统、全面、综合地核算和监督的一种管理活动。成本会计是一种专业会计,是现代会计的一个重要分支。

成本会计核算企业生产经营过程中发生的各项费用和产品(劳务)成本。成本会计实际上是成本、费用会计,成本会计有广义和狭义之分,狭义的成本会计是指只进行成本核算的会计,广义的成本会计则是指进行成本预测、决策、计划、控制、核算、考核和分析等管理活动的会计。

二、成本会计的对象

成本会计的对象是指成本会计核算和监督的内容。成本所包括的内容,就是成本会计的对象。明确成本会计的对象,对于确定成本会计的任务、研究和运用成本会计的方法、更好地发挥成本会计在经济管理中的作用,具有重要的意义。

下面以工业企业为例,说明成本会计应核算和监督的内容。

工业企业为了生产产品,需要从外部购入原材料等各项物资,因而要计算各项物资的采购成本。在产品的生产过程中,从将原材料投入生产到制成产成品,一方面要制造出产成品,另一方面要发生各种各样的生产耗费。这一过程中的生产耗费,包括劳动资料与劳动对象等物化劳动耗费和活劳动耗费两大部分。其中,房屋、机器设备等作为固定资产的劳动资料,在生产过程中长期发挥作用,且原有实物形态保持不变,其价值随着固定资产的磨损,通过折旧的形式,逐渐地、部分地转移到所制造的产品中去,构成产品生产成本的一部分;原材料等劳动对象在生产过程中被消耗掉或改变其实物形态后构成产品实体,其价值也随之一次全部转移到新产品中去,构成产品生产成本的一部分;生产过程是劳动者借助于劳动工具对劳动对象进行加工、制造产品的过程,通过劳动者对劳动对象的加工,才能改变原有劳动对象的使用价值,并且创造出新的价值。其中,劳动者为自己劳动所创造的那部分价值,企业以工资、津贴、补贴等形式支付给劳动者,因此,这部分工资、津贴、补贴等也构成产品生产成本的一部分。因此,在产品的制造过程中发生的各种生产耗费,主要包括以下支出:原料及主要材料、辅助材料、燃料等;生产单位(如分厂、车间)固定资产的折旧;直接生产人员及生产单位管理人员的工资、津贴、补贴等。所有这些支出,构成了企业产品制造过程中的全部生产费用。将这些生产费用分配计入一定种类、一定数量的产品,就构成了产品的生产成本。产品制造过程中各种生产费用的支出和产品生产成本的形成,就是成本会计应核算和监督的主要内容。

产品制造完工后对外销售,在产品的销售过程中,企业为销售产品,也会发生各种费用支出。例如,应由企业负担的运输费、装卸费、包装费、保险费、展览费、差旅费、广告费,以及专设销售机构的人员工资和其他经费等。所有这些为销售本企业产品而发生的费用,构成了企业的销售费用。销售费用也是企业在生产经营过程中所发生的一项重要费用。同时,企业在销售过程中,需要确定销货成本和存货成本,以便正确确定其补偿价值,保证再生产得以顺利进行。因此,销售费用的支出及归集过程以及销售成本和存货成本的计算,也是成本会计核算和监督的内容。

企业的行政管理部门为组织和管理生产,也会发生各种费用。例如,企业行政管理部门人员的工资、固定资产折旧、工会经费、业务招待费等。这些费用可统称为管理费用。企业的管理费用是企业在生产经营过程中所发生的一项重要费用,其支出及归集过程也是成本会计核算和监督的内容。

此外,企业为筹集生产经营所需资金等,也会发生一些费用。例如,利息净支出、汇兑净损失、金融机构的手续费等。这些费用可统称为财务费用。财务费用也是企业在生产经营过程中发生的费用,它的支出及归集过程也属于成本会计核算和监督的内容。

上述的销售费用、管理费用和财务费用与产品生产没有直接联系,而是按发生的期间归集,直接计入当期损益,因此,它们构成了企业的期间费用。

综上所述,按照工业企业会计制度的有关规定,可以把工业企业成本会计的对象概括为:工业企业生产经营过程中发生的产品生产成本和期间费用。

商品流通企业、交通运输企业、施工企业等其他行业企业的生产经营过程虽然各有其特点,但按照各行业企业会计制度的有关规定,从总体上看,它们在生产经营过程中所发生的各种费用,同样是部分形成企业的生产经营业务成本,部分作为期间费用直接计入当期损益。因此,从现行行业企业会计制度的有关规定出发,可以把成本会计的对象概括为:企业生产经营过程中发生的生产经营业务成本和期间费用。

以上按照现行行业会计制度的有关规定,对成本会计的对象进行了概括性的阐述。但成本会计不仅按照现行制度的有关规定为企业正确确定利润和进行成本管理提供可靠的生产经营业务成本和期间费用信息,而且应该从企业内部经营管理的需要出发,提供更多的成本信息。例如,在进行短期的生产经营预测和决策时,应计算变动成本、固定成本、机会成本和差别成本;在加强企业内部成本控制和考核时,应计算可控成本和不可控成本;为了进一步提高成本信息的决策相关性,还应计算作业成本等。上述按照现行制度的有关规定所计算的成本(包括生产经营业务成本和期间费用),可称为财务成本;为企业内部经营管理的需要所计算的成本,可称为管理成本。因此,成本会计的对象,总括地说,应该包括各行业企业的财务成本和管理成本。

第三节 成本会计的职能和任务

一、成本会计的职能

成本会计的职能是指成本会计在企业生产经营管理中本身所固有的功能。成本会计是一种专业会计,它的基本职能与会计的基本职能相同,也具有核算和监督职能。随着经济的发展,监督职能又扩展为成本预测、成本决策、成本计划、成本控制、成本核算、成本考核和成本分析等职能,成本会计通过这些职能来完成其任务。

（一）成本预测

成本预测是指在分析企业现有经济技术、市场状况和发展趋势的基础上，根据成本资料，运用一定的专门方法，对未来的成本水平及其变化趋势做出科学的测算。成本预测是企业进行经营决策和编制成本计划的基础。通过成本预测，可以充分挖掘降低成本、费用的潜力，减少生产经营管理的盲目性。

（二）成本决策

成本决策是根据成本预测提供的数据和其他有关资料，制定出优化成本的各种备选方案，运用决策理论和方法，对各种备选方案进行分析比较，从中选出最优方案，确定企业目标成本的过程。进行成本决策、确定目标成本是编制成本计划的前提，也是实现成本的事前控制、提高经济效益的重要途径。

（三）成本计划

成本计划是根据成本决策所确定的目标成本，具体确定在计划期内为完成生产任务所发生的成本、费用，并提出为达到确定的成本、费用水平所采取的各项措施。成本计划是降低成本、费用的具体目标，也是进行成本控制、成本考核和成本分析的依据。

（四）成本控制

成本控制是以预先确定的目标成本为标准严格控制各项费用的发生，在费用发生时，计算出实际费用与标准费用之间的差异，对产生差异的原因进行分析，并采取有效措施，将各项费用的发生控制在计划范围之内，以保证成本计划的顺利完成。成本控制对挖掘降低成本、费用的潜力，提高经济效益，具有重要的意义。

（五）成本核算

成本核算是对生产经营过程中实际发生的成本、费用进行计算，并进行相应的账务处理。成本核算是成本会计工作的核心。通过成本核算资料，可以反映成本计划的完成情况，为编制下期成本计划、进行成本预测和决策提供依据。

（六）成本考核

成本考核是指在成本核算的基础上，定期地对成本计划的执行结果进行评定和考核。成本考核应该与奖惩制度相结合，根据成本考核的结果进行奖惩，以充分调动企业员工执行成本计划、提高经济效益的积极性。

（七）成本分析

成本分析是根据成本核算和成本考核提供的成本数据及其他有关资料，与本期计划成本、上年同期实际成本、本企业历史先进的成本水平以及国内外先进企业的成本等进行比较，确定成本差异，分析差异产生的原因，采取措施，改进生产经营管理，降低成本和费用，提高经济效益。成本分析可以为下期成本的预测和决策及成本计划的编制提供资料。

二、成本会计的任务

成本会计的任务是成本会计职能的具体化，是人们期望成本会计应达到的目的和对成本会计的要求。成本会计的任务由企业经营管理的要求所决定，应适应成本会计对象和职能的特点。它一般包括以下几个方面的内容：

1. 进行成本预测、成本决策,编制成本计划和费用预算,为提高企业管理水平和经营管理效果服务。

2. 对企业发生的各项费用进行审核、控制,制止各种浪费和损失的发生,以节约费用、降低成本。

3. 计算各种产品成本,核算期间费用,为企业生产经营管理提供所需的成本、费用数据。

4. 定期进行成本分析,考核企业的经营成果,进一步挖掘降低成本的潜力,为企业经营决策提供依据。

第四节　成本会计工作的组织

为了发挥成本会计的职能作用,完成成本会计的任务,必须科学地组织成本会计工作。成本会计工作的组织一般包括成本会计机构的设置、成本会计人员的配备以及成本会计制度的制定等。

一、成本会计机构

企业的成本会计机构是指在企业中直接从事成本会计工作的机构,是整个企业会计机构的一部分。成本会计机构设置是否适当,将会影响到成本会计工作的效率和质量。企业应根据其生产类型特点和业务规模大小及成本管理要求来决定是否单独设置成本会计组织机构或组织机构的大小以及组织机构的内部分工。

一般情况下,大、中型企业在会计部门中可单独设立成本会计科,也可在财务处下面设立成本组,具体负责成本会计工作;在规模较小、会计人员不多的企业里,可以在会计部门中,指定由专人负责成本会计工作。同时,企业的有关职能部门和生产车间,也应根据工作需要设置成本会计组或者配备专职或兼职的成本会计人员。

成本会计机构内部的组织分工,可以按照成本会计的职能来划分,如可以分为预测决策组、成本计划控制组、成本核算组、成本分析考核组;也可以按照成本会计的对象来划分,如可以分为产品成本核算组、期间费用核算组等。

企业内部各级成本会计机构之间的组织分工,有集中核算和分散核算两种基本方式。

集中核算方式是指由厂部的成本会计机构集中负责成本会计核算、成本计划的编制和成本分析等各方面的工作,车间等其他部门中的成本会计机构或人员(一般是只配备成本核算人员)只负责原始记录的登记和填制原始凭证并对它们进行初步的审核、整理和汇总,为厂部进行成本核算及成本管理提供资料。这种方式的特点:有利于厂部及时掌握有关成本的全面信息,有利于厂部使用电脑对成本数据进行集中处理,提高工作效率。但这种方式不便于直接从事生产经营活动的基层单位及时掌握成本信息,不利于调动他们控制成本和费用的积极性。因此,它一般适用于成本会计工作较为简单的企业。

分散核算方式也称非集中核算方式,是指成本会计的各项具体工作分散由车间等基层单位的成本会计机构或人员来进行,厂部的成本会计机构只负责成本数据的最后汇总以及处理那些不便于分散到车间等部门去进行的成本工作。这种方式的特点与集中核算方式的特点相反。

企业应根据自身规模的大小和成本管理的要求,选择适合本企业的成本会计核算方式。一般来说,中小企业采用集中核算方式,大型企业采用分散核算方式。企业也可以根据实际需要,将两种方式结合起来运用,即对某些部门采用分散核算方式,而对另一些部门则采用集中核算方式。

请思考

> 企业采用何种成本核算方式与企业的生产规模和管理要求有联系吗?

二、成本会计人员

成本会计工作质量主要取决于成本会计人员素质。因此,企业无论采用哪种成本会计工作方式,都应做好成本会计人员的配备工作。企业应配备既精于核算,又善于管理;既精通国家有关政策法规和企业一系列管理制度,又熟悉企业的生产工艺流程;既能很好履行国家有关法规规定,又能结合企业实际创造性地开展工作的会计人员。

三、成本会计制度

成本会计制度是成本会计工作的规范,是会计法规和制度的重要组成部分。企业应遵循国家有关法律、法规、制度、《企业会计准则》、《企业会计制度》等有关规定,并结合企业生产类型的特点和成本管理要求,制定企业内部成本会计制度,作为企业进行成本会计工作具体和直接的依据。企业内部成本会计制度一般包括以下几个方面的内容:

1. 成本会计工作的组织分工及职责权限。
2. 成本定额、成本计划和费用预算的编制方法。
3. 成本核算的具体规定,包括成本计算对象、成本计算方法的确定,成本项目的设置,生产费用归集和分配方法、在产品计价方法的确定,以及成本核算的一些基础工作要求等。
4. 成本预测、成本控制和成本分析制度。
5. 成本报表制度,包括成本报表的种类、格式、指标体系、编制方法、报送对象与日期等。

本章小结

成本作为一种耗费,对企业加强成本管理和提高经济效益具有重要的作用。成本有广义和狭义之分。广义的成本是指企业发生的全部费用,包括生产费用与期间费用;狭义的成本通常仅指产品成本。

正确认识支出、费用、成本之间的关系是成本核算的一个重要前提。支出是指企业在经济活动过程中发生的一切开支与耗费。费用是指企业在日常活动中所发生的、会导致所有者权益减少的、与向所有者分配利润无关的经济利益的总流出。费用是企业支出的构成部分,费用按其与产品生产的关系,可划分为生产费用和期间费用两类。产品成本是指企业为生产一定种类和数量的产品而发生的各项生产费用的总和。生产费用按一定的产品加以归集和汇总,就是产品成本。生产费用是产品成本的基础,产品成本则是对象化的生产费用;生产费用与一定会计期间相联系,产品成本则与一定种类和数量的产品相联系。

为了正确地计算产品成本,科学地进行成本管理,必须对企业的费用进行合理的分类。

成本会计是一种专业会计,是现代会计的一个重要分支。

成本所包括的内容,就是成本会计的对象。成本会计的对象概括为:企业生产经营过程中发生的生产经营业务成本和期间费用。

成本会计具有核算和监督职能。随着经济的发展,监督职能又扩展为成本预测、成本决策、成本计划、成本控制、成本核算、成本考核和成本分析等职能。

企业应设置成本会计机构,配备成本会计人员,并制定成本会计制度,以完成成本会计的任务。

思考题

1. 如何理解成本的经济内涵?
2. 如何理解支出、费用、成本三者之间的关系?
3. 费用有哪些分类?
4. 成本的作用是什么?
5. 成本会计有哪些职能?
6. 成本会计的任务是什么?

同步实训题

一、单项选择题

1. 按照马克思的成本理论,产品成本是产品价值中的(　　)部分。
   A. c(物化劳动)　　　　　　　　　　B. v(活劳动)
   C. $c+v$(物化劳动+活劳动)　　　　　D. $c+m$(物化劳动+剩余价值)
2. 下列支出中,最终不能形成费用的是(　　)。
   A. 购买无形资产支出　　　　　　　　B. 捐赠支出
   C. 支付广告费支出　　　　　　　　　D. 固定资产修理支出
3. 成本会计最基本的职能是(　　)。
   A. 成本分析　　　　　　　　　　　　B. 成本核算
   C. 成本控制　　　　　　　　　　　　D. 成本决策
4. (　　)不属于成本项目。
   A. 直接材料　　　　　　　　　　　　B. 直接人工
   C. 制造费用　　　　　　　　　　　　D. 管理费用
5. (　　)不属于企业的期间费用。
   A. 制造费用　　　　　　　　　　　　B. 销售费用
   C. 管理费用　　　　　　　　　　　　D. 财务费用

二、多项选择题

1. 费用可以按（　　）分类。
   A. 经济内容　　　　　　　　B. 经济用途
   C. 成本管理需要　　　　　　D. 企业规模

2. 企业的期间费用包括（　　）。
   A. 管理费用　　　　　　　　B. 制造费用
   C. 财务费用　　　　　　　　D. 销售费用

3. 企业内部各级成本会计机构之间的组织分工,有（　　）两种基本方式。
   A. 就地核算　　　　　　　　B. 班组核算
   C. 集中核算　　　　　　　　D. 分散核算

4. 费用按经济用途分类,可分为（　　）。
   A. 生产费用　　　　　　　　B. 期间费用
   C. 产品成本　　　　　　　　D. 管理费用

5. 下列各项中,属于资本性支出的是（　　）。
   A. 购建固定资产　　　　　　B. 购买材料
   C. 支付工资　　　　　　　　D. 外购无形资产

三、判断题

1. 产品的实际成本与其理论成本并不相符。　　　　　　　　　　　　　　（　）
2. 实际成本也叫核算成本、财务成本或制度成本。　　　　　　　　　　　（　）
3. 凡不应计入产品成本的支出,全部作为营业外支出处理。　　　　　　　（　）
4. 费用按经济用途分类,分为直接生产费用和间接生产费用。　　　　　　（　）
5. 期间费用不计入成本,但也是成本会计的核算对象。　　　　　　　　　（　）

第二章 成本核算概述

学习目标

知识目标
- 熟悉成本核算的原则
- 了解产品成本核算的基本要求
- 了解成本核算的基础工作

技能目标
- 能够正确划分各种费用的界限
- 掌握成本核算的账户设置及账务处理程序

素养目标
- 遵守国家规定的成本开支范围和费用开支标准

学习导图

成本核算概述
- 成本核算的意义和原则
  - 成本核算的意义
  - 成本核算的原则
- 成本核算的要求
  - 遵守国家规定的成本开支范围和费用开支标准
  - 正确划分各项费用界限
  - 做好成本核算的基础工作
  - 合理确定成本核算工作的组织形式和成本计算方法
- 成本核算的一般程序
  - 确定成本计算对象
  - 确定成本项目
  - 确定成本计算期
  - 审核和控制生产费用
  - 生产费用的归集和分配
  - 计算完工产品成本和月末在产品成本
- 成本核算的账户设置及账务处理程序
  - 成本核算的账户设置
  - 成本核算流程与账务处理程序

第一节　成本核算的意义和原则

一、成本核算的意义

成本核算就是把一定期间内企业生产经营过程中所发生的各项费用,按其性质和发生地点,进行分类、归集和分配,计算出该期间内生产经营发生的费用总额,并按成本核算对象计算出各种产品的实际总成本和单位成本的管理活动。成本核算的意义主要有:

1. 通过成本核算,可以取得企业的实际成本资料,确定产品的价格,找出实际成本与计划成本之间的差异,考核成本计划的完成情况,通过分析成本升降的原因,进一步发掘降低成本的潜力。

2. 通过成本核算,可以核算和监督企业各项费用的支出,发现企业经营管理中存在的问题,以便及时采取有效措施奖优惩劣,充分调动职工积极性,进一步提高企业经营管理水平。

3. 通过成本核算,利用成本核算资料,可以为企业进行下期的成本预测、决策和计划提供参考资料,并可以对成本进行控制、考核和分析,进一步提高成本管理水平。

总之,正确进行成本核算,对于不断改进成本管理工作,提高企业的经济效益,具有重要的意义。

二、成本核算的原则

成本核算原则是成本会计人员在进行成本核算时应遵循的基本原则,是成本会计信息正确的保证。成本核算的原则主要有以下几个方面:

(一)合法性原则

合法性原则是指计入成本的费用,必须符合国家法律、法令和制度等规定,不符合规定的费用不能计入产品成本。如目前制度规定,凡属于为增加固定资产而发生的各项资本性支出,应计入固定资产价值,而不能计入产品成本;对外投资支出、被没收的财物、各项罚款性质的支出等,不能计入产品成本;管理费用、财务费用和销售费用等应作为期间费用处理,也不能计入产品成本。

(二)可靠性原则

可靠性原则包括真实性和可核实性两个特征。真实性是指成本核算所提供的数据应与客观的经济事项一致,不应掺假或人为地提高或降低成本;可核实性是指成本核算资料按一定的原则由不同的会计人员加以核算,都能得到相同的结果。

(三)实际成本计价原则

实际成本计价原则是指在成本核算中,对于生产费用的发生和产品成本的计算都应当以实际成本为计价基础。在会计核算中,企业对于材料和产品都可以采用不同的计价方法,如计划成本、定额成本或标准成本等。但最后在计算产品成本时,都必须调整为实际成本。

(四)权责发生制原则

权责发生制是指应由本期成本负担的费用,不论其是否已经支付,都要计入本期成本中;

不应由本期成本负担的费用(已计入以前各期成本的费用,或应由以后各期成本负担的费用),即使在本期已经支付,也不应计入本期成本,以便正确提供各项成本信息。

(五)重要性原则

重要性原则是指企业应根据成本管理要求和具体情况选择适合其自身的成本计算方法、成本计算步骤和费用分配方法。对于主要产品、主要费用,应采用比较详细的方法进行计算和分配;对于一些次要产品、次要费用,则可以采用简化的方法,进行合并计算和分配。这样既减轻了成本核算的工作量,也加快了成本核算的速度。

(六)相关性原则

相关性原则包括有用性原则和及时性原则。有用性原则是指成本核算提供的信息资料,要满足企业加强成本管理、进行成本预测和决策的需要;及时性原则是指成本核算应当及时进行,以满足编制会计报表、计算盈亏、进行成本控制和分析的要求。

(七)一致性原则

企业在进行成本计算时,应根据企业生产类型的特点和成本管理的要求,选择合适的成本计算方法进行成本计算。为保证前后各期成本资料的可比性,产品成本计算方法一经确定,如没有特殊的情况,不应经常变动。如因特殊情况确需改变原有成本计算方法的,应在有关的会计报告中加以说明,并对原成本计算单中的有关数字进行必要的调整。

(八)分期核算原则

企业的生产经营活动是连续不断地进行的,为了计算某一会计期间的产品成本,必须将企业的生产经营活动划分为若干个相等的会计期间,分别计算各期的产品成本。成本核算的分期,必须与会计分期一致,以利于开展各项工作,如利润的计算和报表的编制。成本核算的分期与产品成本的计算期有时并不一致,但不论企业生产类型如何,成本核算中的费用归集、分配必须按月进行。而完工产品成本的计算与生产类型有关,可以定期进行,也可以不定期进行。

第二节 成本核算的要求

为顺利完成成本核算工作,充分发挥成本核算的作用,成本核算在遵循成本核算原则的基础上,应符合以下基本要求:

一、遵守国家规定的成本开支范围和费用开支标准

成本开支范围是国家对企业在生产过程中发生的各种支出哪些应计入成本、哪些不应计入成本所做的相关规定。

费用开支标准是对某些费用支出的数额、比例做出的具体规定。如固定资产和低值易耗品的划分标准、业务招待费的提取比例等,都应根据国家规定的标准开支,不能突破。

国家制定成本开支范围和费用开支标准,其目的是统一各企业成本核算的口径,反映各企业成本耗费的水平,使生产同类产品的各企业的产品成本资料具有可比性。企业应严格遵守成本开支范围和费用开支标准。

二、正确划分各项费用界限

企业生产经营活动中发生的各项耗费和支出,具有不同的性质和用途,有的应计入资产价值,有的应计入产品成本,有的则应计入当期损益。在进行成本核算时,应当严格遵守国家的有关规定及企业财务制度,正确划分各项费用界限,不得乱挤、乱摊成本。正确划分各项费用界限,企业应做到:

(一)正确划分各种支出的界限

企业在生产经营活动中,会发生各种支出,收益性支出应视具体情况,计入产品成本或期间费用,从当期收入得到补偿。资本性支出应计入有关资产的价值,予以资本化;营业外支出、所得税支出直接冲减当期损益,利润分配支出作为税后利润的减项。

划分各种支出的界限,对于正确计算资产的价值和正确计算各期的产品成本及损益,具有重要意义。

(二)正确划分产品成本和期间费用的界限

企业发生的收益性支出,并不一定全部计入产品成本。企业发生的收益性支出若与产品生产活动直接有关,如直接材料、直接人工、制造费用等,应当计入产品成本;收益性支出若与产品生产活动无直接关系,应当计入期间费用,从当期利润中扣除。

(三)正确划分各个月份的费用界限

应计入产品成本和期间费用的支出,还存在如何在本期和下期之间划分的问题。按照权责发生制原则,企业应正确划分各个月份的费用界限。凡应由本期产品成本负担的费用,不论其是否在本期支付,都应全部计入本期产品成本中;不应由本期产品成本负担的费用,即使在本期支付,也不能计入本期产品成本中。因此,应按权责发生制原则正确划分各个月份的费用界限。

(四)正确划分各种产品的费用界限

企业生产的产品往往不止一种。当一个生产单位同时生产几种产品时,必须按照费用归属对象划分各种产品发生的成本费用界限。凡能分清由某种产品直接负担的费用,就应直接计入该种产品的成本;属于几种产品共同发生、不能直接计入各种产品成本的费用,则应采用合理的分配标准,先在有关产品之间进行分配,然后计入各种产品的成本。在进行费用分配时,不能为了简化成本核算方法或其他目的,将费用随意在各种产品之间进行分配,既不能将应计入可比产品的费用计入不可比产品成本中,也不能将应列入亏损产品的费用计入盈利产品成本中,达到掩盖成本超支或以盈补亏的目的。

(五)正确划分完工产品和期末在产品的费用界限

期末计算产品成本时,如果某种产品已全部完工,计入这种产品的生产费用就是该种产品的完工成本;如果某种产品全部没完工,计入这种产品的生产费用就是该种产品的期末在产品成本;如果既有完工产品,又有在产品,则应采用适当的分配方法,将生产费用在完工产品和在产品之间进行分配,计算完工产品和在产品成本。要防止任意提高或降低月末在产品成本,人为地调节完工产品成本的情况发生,以确保成本计算的真实性。

> **请思考**
>
> 生产费用和产品成本是一回事吗？生产费用和期间费用的区别是什么？

三、做好成本核算的基础工作

企业进行成本核算，应做好以下基础工作：

（一）制定先进合理的消耗定额

消耗定额是指在一定的生产技术和生产组织条件下，在充分考虑人的积极因素的基础上，为生产某种产品或零部件而需要耗费的人力、物力、财力的数量标准，包括材料物资消耗定额、工时定额和费用定额等。先进合理的消耗定额，是企业进行成本预测、计划、控制和考核的依据。因此，企业应制定先进合理、切实可行的消耗定额，并随着技术的进步和劳动生产率的提高随时修订，以充分发挥定额在控制耗费和成本管理上的作用。

（二）建立健全原始记录

原始记录是反映企业生产经营活动的原始资料，是进行成本核算和管理的依据。成本核算是否真实、可靠，与原始记录是否准确、及时密切相关。企业对生产过程中材料物资的领用、燃料和动力的消耗、工时的考勤、设备的利用、费用的开支、质量的检验、在产品和半成品的内部转移，以及产成品的入库、出库等，都必须有原始记录，并严格审核，防止弄虚作假，为正确计算产品成本提供可靠的资料。

（三）做好材料物资的计量、验收和盘点工作

进行准确的计量能够保证原始记录的真实与正确，能够检验企业在生产经营过程中消耗的各种物资的数量、质量和规格是否符合规定或要求。企业应配备齐全各种必要的计量器具，并随时进行校正和维修，以保证计量的准确性。企业应对所有财产物资的收发、消耗都进行计量、验收，严格执行领退料制度；对库存财产物资，还应定期清查盘点，以保证成本计算的准确性。

（四）制定内部结算价格

内部结算价格是指企业内部各责任单位之间由于相互提供产品、劳务等进行相互结算所采用的计价标准。为了明确企业内部各单位的经济责任，考核成本计划的完成情况，企业内部对材料物资、在产品、半成品和产成品在各单位之间的流动以及相互提供的劳务，应当制定内部价格进行结算。内部结算价格通常以标准成本或计划成本为基础制定，并应根据实际执行情况适时进行修订，但要保持相对的稳定性。

四、合理确定成本核算工作的组织形式和成本计算方法

企业的成本核算工作有集中核算和分散核算两种组织形式。每个企业应从有利于全面完成成本核算工作任务出发，根据其生产规模、经营方式和成本管理的要求，确定适当的成本核算形式。

产品成本的计算方法与企业的生产特点和成本管理要求有着十分密切的联系。企业应根

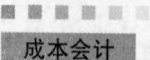

据自身的生产特点和成本管理要求,选择适当的成本计算方法计算成本。

第三节　成本核算的一般程序

成本核算的一般程序是指根据成本核算的基本要求,对生产费用进行分类核算,并按成本项目进行归类,直到计算出完工产品成本的基本工作过程。工业企业的产品成本核算是一项比较复杂的工作,所涉及的内容及运用的方法很多,但大多遵循以下基本程序:

一、确定成本计算对象

成本计算对象是生产费用的承担者,是指为计算产品成本而确定的归集和分配生产费用的各个对象。确定成本计算对象是计算产品成本的前提。企业的生产特点及成本管理要求不同,企业成本计算对象也就不同。对工业企业而言,产品成本计算的对象包括产品品种、产品批别和产品的生产步骤三种。企业应根据自身的生产特点和管理要求,选择合适的产品成本计算对象。

请思考

产品成本计算对象主要包括哪些?

二、确定成本项目

成本项目是指生产费用要素按照经济用途划分成的若干项目。通过成本项目,可以反映成本的经济构成以及产品生产过程中不同的资金耗费情况。因此,企业为了满足成本管理的需要,可在直接材料、直接人工、制造费用三个成本项目的基础上进行必要的调整,如需要,可增设"燃料与动力""废品损失"和"停工损失"等成本项目。

三、确定成本计算期

成本计算期是指生产费用计入产品成本所规定的起止日期,即多长时间计算一次成本。产品成本计算期的确定,主要取决于企业生产组织的特点。通常,在大量大批生产情况下,生产活动连续不断地进行,只能按月定期地计算产品成本,产品成本的计算期与会计分期一致;在单件、小批量生产的情况下,产品成本的计算期与会计分期往往不一致,而与产品的生产周期一致。

四、审核和控制生产费用

对生产费用进行审核和控制,主要是严格按照国家规定的成本开支范围和费用开支标准,确定各项费用是否应该开支,开支的费用是否应该计入产品成本。

五、生产费用的归集和分配

生产费用的归集和分配是指将应计入本月产品成本的各种生产费用在各有关产品之间,

按照成本项目进行分配和归集,计算各种产品成本。生产费用归集和分配的原则:直接用于产品生产发生的各项直接生产费用,应当直接计入该种产品成本;为产品生产发生的间接生产费用,可先按发生地点和用途进行归集汇总,然后分配计入各受益产品。产品成本计算的过程也就是生产费用的归集、分配和汇总过程。

六、计算完工产品成本和月末在产品成本

月末,对既有完工产品又有月末在产品的产品,应将计入各该产品的月初在产品成本和本月发生的生产费用之和,在其完工产品和月末在产品之间采用适当的方法进行分配,计算出完工产品和月末在产品的成本。

第四节 成本核算的账户设置及账务处理程序

一、成本核算的账户设置

为了核算产品成本,要设置"生产成本"一级账户。为了核算基本生产成本和辅助生产成本,还应在该一级账户下,分别设置"基本生产成本"和"辅助生产成本"两个二级账户。企业根据实际需要,也可以将"生产成本"账户分设为"基本生产成本"和"辅助生产成本"两个一级账户。本书采用此种账户设置方式。

(一)"基本生产成本"账户

基本生产是企业为完成主要生产目标而进行的产品生产。为了归集基本生产所发生的各项生产费用,计算基本生产产品的成本,应设立"基本生产成本"账户。该账户的借方登记企业为进行基本生产而发生的各种费用;贷方登记转出的完工入库的产品成本;该账户的余额在借方,表示基本生产的在产品成本。

"基本生产成本"账户按产品品种、产品批别、生产步骤等成本计算对象开设产品成本明细账(也称"产品成本计算单"或"基本生产明细账"),账内按产品成本项目设置专栏。该账户的账页格式如表2-1所示。

表2-1　　　　　　　　　　基本生产成本明细账　　　　　　　　　单位:元

年		摘要	成本项目				成本合计
月	日		直接材料	燃料及动力	直接人工	制造费用	
		月初在产品成本					
		本月生产费用					
		生产费用合计					
		完工产品成本					
		月末在产品成本					

(二)"辅助生产成本"账户

辅助生产是企业为基本生产提供服务而进行的产品生产和劳动供应。为了归集辅助生产

车间发生的各种生产费用,计算辅助生产车间所提供的产品和劳务的成本,应设立"辅助生产成本"账户。该账户的借方登记为进行辅助生产而发生的各种费用;贷方登记完工入库的产品成本或分配转出的劳务、作业成本;该账户的余额在借方,表示辅助生产的在产品成本。

"辅助生产成本"账户按照辅助生产车间和生产的产品或劳务开设明细分类账,账内按辅助生产的成本项目或费用项目分设专栏。辅助生产成本明细账的格式如表2-2所示。

表2-2　　　　　　　　　　　辅助生产成本明细账　　　　　　　　　　　单位:元

年		摘　要	成本项目				成本合计
月	日		直接材料	燃料及动力	直接人工	制造费用	
		原材料费用分配表					
		动力费用分配表					
		职工薪酬分配表					
		折旧费用分配表					
		其他费用分配表					
		合　计					
		结转各受益部门					

(三)"制造费用"账户

"制造费用"账户核算企业为生产产品和提供劳务而发生的各项间接费用。费用发生时,记入"制造费用"账户的借方及其有关明细账。月终,要将本账户归集的费用,按照一定标准分配计入有关成本计算对象,从"制造费用"账户的贷方转入"基本生产成本"账户或"辅助生产成本"账户的借方。

"制造费用"账户按不同车间或部门开设明细账,账内按费用项目设置专栏,其账页格式如表2-3所示。

表2-3　　　　　　　　　　　制造费用明细账
车间名称:基本生产车间　　　　　　　　　　　　　单位:元

摘　要	机物料消耗	水电费	直接人工	折旧费	办公费	劳保费	耗气费	其他	合　计
原材料费用分配表									
外购动力费分配表									
职工薪酬分配表									
折旧费用分配表									
其他费用分配表									
辅助生产费用分配表									
合　计									
期末分配转出									

需要对废品损失和停工损失进行单独核算的企业,应增设"废品损失"和"停工损失"账户。同时,企业应设置"管理费用""销售费用"和"财务费用"账户,对期间费用进行核算。

二、成本核算流程与账务处理程序

(一)成本核算流程

成本核算流程是指将产品在生产过程中发生的各项费用计入产品生产成本的过程。在这个过程中,耗用的原材料、燃料和动力,发生职工薪酬,计提的折旧等费用,应按其用途或发生地点编制费用分配表,然后分别记入各有关成本费用明细账;发生的其他有关费用,属于直接费用的,可根据原始凭证及按其编制的记账凭证直接登记成本费用明细账;属于间接费用的,需要采用合理的分配标准先编制费用分配表,然后记入各有关成本费用明细账。之后,将辅助生产车间的"制造费用"转入"辅助生产成本"明细账,并对辅助生产费用进行分配。月终对基本生产车间发生的制造费用编制制造费用分配表,并将分配的制造费用记入各种产品的"基本生产成本"明细账。最后,将记入各种产品的"基本生产成本"明细账的生产费用,编制"产品成本计算单",记入"库存商品"明细账。

工业企业产品成本核算的业务流程如图 2-1 所示。

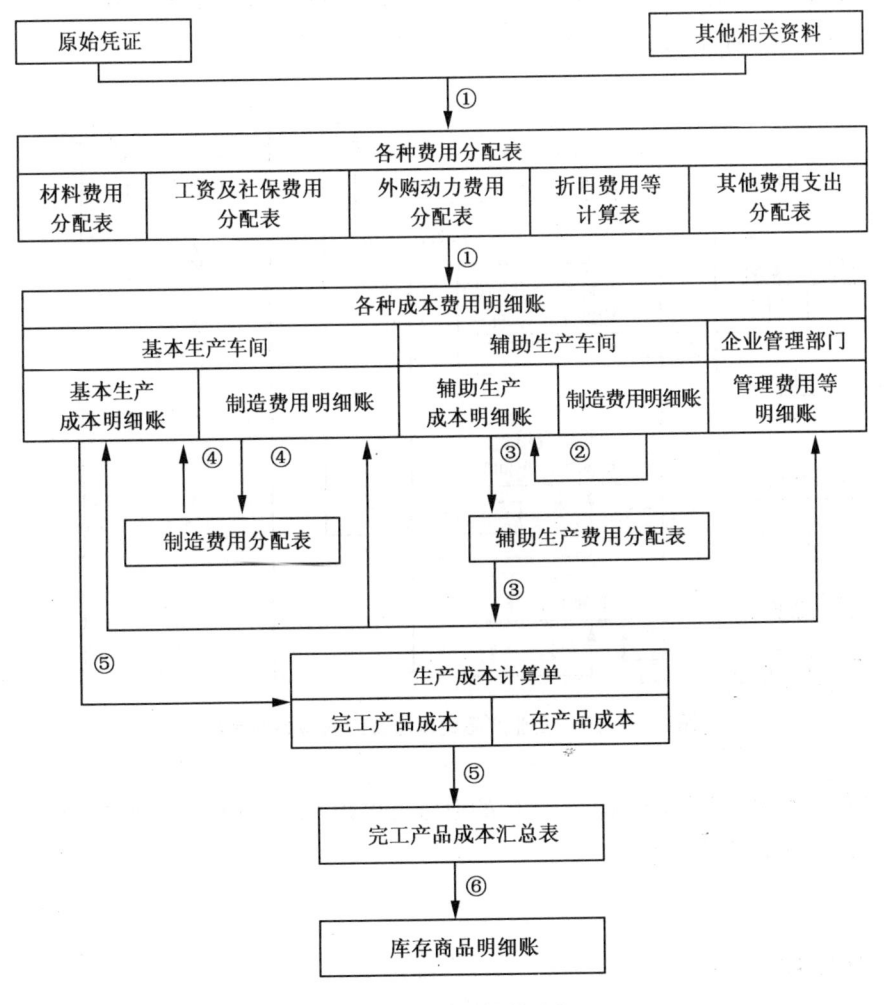

图 2-1 成本核算流程

图 2-1 中各业务流程的具体说明如下：

①根据原始凭证和其他相关资料，编制各种费用分配表；然后，根据各项费用分配表登记"基本生产成本""辅助生产成本""制造费用""管理费用"等明细账。

②将辅助生产车间"制造费用"明细账归集的辅助生产车间的制造费用转入"辅助生产成本"明细账。

③根据"辅助生产成本"明细账编制"辅助生产费用分配表"，然后记入"基本生产成本""制造费用""管理费用"等明细账。

④根据"制造费用"明细账归集的基本生产车间的制造费用，编制"制造费用分配表"，然后记入各种产品的"基本生产成本"明细账。

⑤根据"基本生产成本"明细账编制"产品成本计算单"，计算完工产品和期末在产品成本，并编制完工产品成本汇总表。

⑥根据完工产品成本汇总表，登记"库存商品"明细账。

(二)成本核算的账务处理程序

在产品成本核算流程中，企业要根据其业务内容与核算需要设置和运用有关成本类账户进行总分类核算。工业企业产品成本核算的账务处理程序如图 2-2 所示。

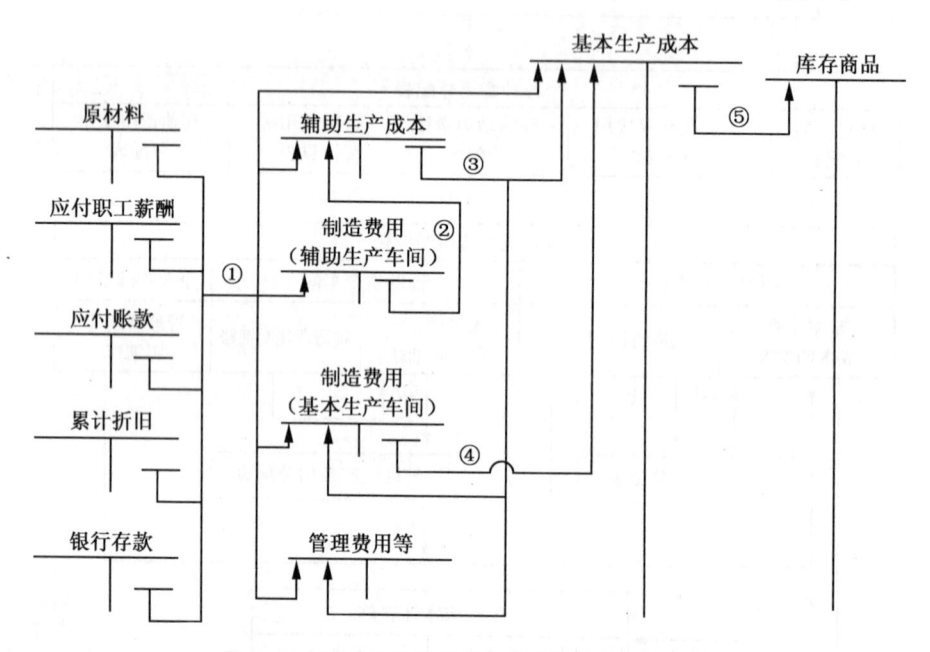

图 2-2 工业企业产品成本核算的账务处理程序

说明：图 2-2 中账务处理与图 2-1 中的业务流程相对应，两者从不同侧面共同说明了工业企业产品成本核算的基本程序。

本章小结

成本核算就是把一定时期内企业生产经营过程中所发生的各项费用，按其性质和发生地点,进行分类、归集和分配,计算出该时期内生产经营发生的费用总额,并按成本核算对象计算出各种产品的实际总成本和单位成本的管理活动。成本核算对不断改进成本管理工作、提高企业的经济效益具有重要意义。

遵守成本核算原则是成本会计信息正确的保证。成本核算应遵守合法性原则、可靠性原则、实际成本计价原则、权责发生制原则、重要性原则、相关性原则、一致性原则和分期核算原则。

成本核算应严格按照要求进行,企业应严格遵守国家规定的成本开支范围和费用开支标准,正确划分各项费用界限,做好成本核算的基础工作,合理确定成本核算工作的组织形式和成本计算方法。

成本核算的一般程序:确定成本计算对象,确定成本项目和成本计算期,审核和控制生产费用,对生产费用进行归集和分配,计算完工产品成本和月末在产品成本。

企业进行成本核算,应设置"基本生产成本""辅助生产成本"和"制造费用"等账户,在遵守成本核算原则的基础上,按照成本核算流程和成本核算的账务处理程序核算成本。

思考题

1. 成本核算的原则有哪些?
2. 成本核算有哪些要求?
3. 成本核算应划分哪些费用界限?
4. 成本核算应做好哪些基础工作?
5. 简述产品成本核算的一般程序。

同步实训题

一、单项选择题

1. 正确计算产品成本,应做好的基础工作是(   )。
   A. 正确划分各种费用界限   B. 确定成本计算对象
   C. 确定成本计算项目   D. 建立健全原始记录
2. 企业多计成本、费用,会(   )。
   A. 减少企业利润   B. 减少生产成本
   C. 增加国家财政收入   D. 减少库存商品
3. 正确划分各个月份的费用界限,体现的是(   )。
   A. 重要性原则   B. 权责发生制原则
   C. 一致性原则   D. 实际成本计价原则
4. 企业应当(   ),选择适当的成本计算方法计算成本。
   A. 根据其生产产量的多少   B. 根据生产的产品
   C. 根据领导的指示   D. 根据自身的生产特点和成本管理要求
5. 下列各项中,不属于成本计算对象的是(   )。
   A. 产品的品种   B. 产品的生产步骤
   C. 产品的大小   D. 产品的批别

二、多项选择题

1. 正确划分各项费用界限,主要有(　　)。
   A. 正确划分各种支出的界限
   B. 正确划分产品成本和期间费用的界限
   C. 正确划分各种产品的费用界限
   D. 正确划分完工产品和期末在产品的界限
2. 做好成本核算的基础工作,主要包括(　　)。
   A. 制定先进合理的消耗定额
   B. 建立健全原始记录
   C. 做好材料物资的计量、验收和盘点工作
   D. 制定内部结算价格
3. 成本项目主要包括(　　)。
   A. 直接材料　　　　　　　　　　B. 直接人工
   C. 制造费用　　　　　　　　　　D. 燃料与动力
4. 进行成本核算需要设置的成本账户有(　　)。
   A. 基本生产成本　　　　　　　　B. 辅助生产成本
   C. 制造费用　　　　　　　　　　D. 管理费用
5. 下列各项中,不计入产品成本的有(　　)。
   A. 广告费　　　　　　　　　　　B. 财务人员工资
   C. 制造费用　　　　　　　　　　D. 支付的税金

三、判断题

1. 企业的消耗定额一旦制定,就不能轻易变动。(　　)
2. 凡不应计入产品成本的支出,应全部作为营业外支出处理。(　　)
3. 在一定的会计期间内,一家企业的生产费用总额与其完工产品成本总额一定相等。(　　)
4. 企业可以根据自己的生产特点和管理要求,对成本项目做适当的增减。(　　)
5. "辅助生产成本"账户根据产品品种设置明细账户。(　　)
6. 企业可在"生产成本"一级账户下分别设置"基本生产成本"和"辅助生产成本"两个二级账户,也可以将两个二级账户直接升为一级账户。(　　)

第三章 工业企业生产费用的核算

学习目标

知识目标
- 掌握各项要素费用的归集和分配方法
- 掌握辅助生产费用、制造费用、废品损失的归集与分配方法
- 掌握生产费用在完工产品和在产品之间分配的方法

技能目标
- 能对各项生产费用进行计算、归集和分配,并做出相应的账务处理

素养目标
- 培养自主学习习惯
- 能自觉树立遵纪守法意识

学习导图

工业企业生产费用的核算
- 材料费用的核算
  - 材料费用核算的内容与要求
  - 材料的分类
  - 材料的计价
  - 材料费用的归集与分配
- 外购动力费用的核算
  - 外购动力费用的归集与分配
  - 外购动力费用分配的账务处理
- 职工薪酬的核算
  - 职工薪酬概述
  - 职工薪酬的计算
  - 职工薪酬分配的核算
- 折旧费用及其他费用的核算
  - 折旧费用的核算
  - 其他费用的核算

```
                              ┌ 辅助生产费用的归集
            ┌ 辅助生产费用的核算 ┤
            │                 └ 辅助生产费用的分配
            │                 ┌ 制造费用的归集
            │ 制造费用的核算   ┤
            │                 └ 制造费用的分配
工业企业生产 │                 ┌ 废品损失的核算
费用的核算   ┤ 生产损失的核算   ┤
            │                 └ 停工损失的核算
            │ 生产费用在完工产品与 ┌ 在产品的核算
            │ 在产品之间分配的核算 ┤
            │                    └ 生产费用在完工产品与在产品之间分配
            │                 ┌ 销售费用的核算
            └ 期间费用的核算   ┤ 财务费用的核算
                              └ 管理费用的核算
```

第一节　材料费用的核算

一、材料费用核算的内容与要求

材料属于企业生产过程中的劳动对象,在生产过程中,经过一个生产周期就被消耗掉,有的构成产品的实体,有的虽不构成产品实体,但有助于产品的形成或生产的正常进行,其价值随着实物的消耗,一次、全部地转移到所生产的产品中去,构成产品的主要成本。

材料费用是产品生产过程中所消耗的各种材料物资的货币表现,材料费用在产品成本中占有的比重较大,因此,加强对材料费用的控制与核算,对于正确计算产品成本、降低材料消耗、节约材料费用,进而降低产品成本,具有重要的意义。

（一）材料费用核算的内容

企业在生产经营过程中,需要购进各种所需材料,为此需要计算购进材料的成本,为生产做准备;生产时会从仓库领用所需材料,为此需要计算发出材料的成本,以确定产品所耗用的材料成本和其他部门的用料费用。因此,材料费用核算的内容:

1. 正确计算所购材料的成本,为材料发出的核算奠定基础。
2. 正确计算发出材料的成本,以正确计算产品成本和期间费用。
3. 正确计算库存材料的成本,为计算下期材料成本和编制会计报表提供真实的数据。

其中,正确计算发出材料的成本,从产品成本核算的角度看,就是材料费用的归集与分配过程。

（二）材料费用核算的要求

在成本核算中,材料费用的表单格式、内容、核算程序与会计处理,都必须满足以下要求:

1. 能够反映和控制材料收入、发出及结存的情况。
2. 能为企业管理部门在材料管理方面做出正确决策提供依据。
3. 能反映生产过程中生产产品和部门管理耗用材料的情况,正确计算产品成本和期间费用。

二、材料的分类

工业企业的材料品种繁多,收发频繁,为了便于管理和核算,应按照材料在生产过程中的用途和所起的作用,对材料进行必要的分类。

材料一般可以分为以下几类:

(一)原料及主要材料

原料及主要材料是指经过加工后能够构成产品主要实体的各种原料和材料。原料一般指直接取自自然界的天然状态的农产品和矿产品等劳动对象,如原棉、矿石等。材料一般指来自加工企业的已被劳动加工过的劳动对象,如棉纱、钢材等。在实际工作中,把两者合称为原材料。

(二)辅助材料

辅助材料是指直接用于生产,有助于产品形成或便于生产进行,但不构成产品主要实体的各种材料。其中,有的同原料及主要材料相结合,有助于产品的形成,如催化剂、染料、油漆等;有的用于提供正常劳动条件,如灯泡等。

(三)燃料

燃料是指企业生产用的各种固体、液体和气体燃料,如汽油、焦炭、天然气等。

(四)外购半成品

外购半成品是指企业从外部购入、需要本企业进一步加工或装配于本企业的产品中,构成产品主要实体的半成品及零配件,如生产汽车配套的轮胎、电冰箱厂外购的压缩机等。

(五)修理用备件

修理用备件是指为修理本企业机器设备和运输设备的各种专用零件和备件,如轴承、齿轮、轮胎等。

(六)包装物

包装物是指为包装本企业产品,并准备随同产品一同出售以及在销售过程中借给或租给购货单位使用的各种包装物品,如箱、桶、瓶、坛等。

(七)低值易耗品

低值易耗品是指不能作为固定资产核算的各种劳动资料,如一般工具、专用工具、管理用具、玻璃器皿以及在生产经营过程中周转使用的包装容器等。包装物和低值易耗品统称为周转材料。

三、材料的计价

材料的日常核算可按实际成本计价,也可按计划成本计价。

(一)材料按实际成本计价

材料按实际成本计价,是指在进行材料日常核算时,收料凭证按收入材料的实际成本计价。发出材料的金额,则应采用一定的计算方法先确定发出材料的单价,即发出材料的实际单位成本,然后计算发出材料金额。发出材料实际单位成本的计算方法有先进先出法、全月一次加权平均法、移动加权平均法和个别计价法。

材料按实际成本计价，可以比较准确地核算产品成本中的材料费用和材料资金的占用额。

（二）材料按计划成本计价

材料按计划成本计价，是指在进行材料日常核算时，每种材料的收料凭证和发料凭证都按材料的计划单位成本计价。材料明细账中收入材料和发出材料的金额都应根据收料、发料凭证按计划成本登记。按计划成本计价时，企业应设置"材料成本差异"账户，核算材料计划成本与实际成本的差额，并按月分摊，将发出材料的计划成本调整为实际成本。

材料按计划成本计价，可以减轻材料的日常核算工作量，保证核算的及时性，及时反映材料的实际成本和计划成本的差异额，分析原因，提出改进措施，加强材料的管理。

四、材料费用的归集与分配

对于生产过程中发生的材料费用，应首先按其发生的地点和用途进行归集，并遵循"谁受益，谁负担"的原则进行分配。材料费用的核算，包括材料费用的归集和分配两个方面。

（一）材料费用的归集

1. 材料发出的原始凭证

企业在生产过程中耗用的各种材料，应根据审核无误的领、退料凭证，按照材料的不同类别和不同用途进行归类、整理。材料发出所依据的原始凭证是领料单、限额领料单、领料登记表和退料单等。材料发出时，应首先办理领料手续，领料凭证应由专人审核并签字后才能领料。会计部门应对发料凭证所列材料的种类、数量和用途等进行审核，只有经过审核、签章的发料凭证才能据以作为发料核算的原始凭证。为了节约材料消耗、控制材料的领发、降低材料费用，企业应尽量采用限额领料单，实行限额领料制度。领料单、限额领料单和退料单的格式如表3-1、表3-2和表3-3所示。

表3-1　　　　　　　　　　　　　　领料单

领料单位：　　　　　　　　　年　月　日　　　　　　　　编号：
用途：　　　　　　　　　　　　　　　　　　　　　　　发料仓库：

材料编号	材料名称	材料规格	计量单位	数　量		单　价	金　额
				请　领	实　发		

供应单位：　　　　领料单位：　　　　保管员：　　　　领料人：

表 3-2　　　　　　　　　　　　　　限额领料单

领料单位：　　　　　　　　　　　　　年　月　日　　　　　　　　　　　　　编号：

用途：　　　　　　　　　　　　　　　　　　　　　　　　　　　　　　　　　发料仓库：

材料类别	材料编号	材料名称	材料规格	计量单位	领用限额	实领总数量	计划单价	金额	备注
日期	请　领		实　发		退　料		限额结余	
^	数量	领料单位签章	数量	收料人签章	发料人签章	数量	收料人签章	发料人签章	^
合　计										

供应部门负责人：　　　　　　生产计划部门负责人：　　　　　　保管员：

表 3-3　　　　　　　　　　　　　　退料单

退料单位：　　　　　　　　　　　　　年　月　日　　　　　　　　　　　　　编号：

原因：　　　　　　　　　　　　　　　　　　　　　　　　　　　　　　　　　退回仓库：

材料编号	材料名称	材料规格	计量单位	数　量		单价	金额
^	^	^	^	实发	退回	^	^

供应单位：　　　　　退料单位：　　　　　保管员：　　　　　领料人：

2. 材料发出的核算

企业应将发料的原始凭证按其用途和耗用的部门进行汇总，编制"发料凭证汇总表"并据以进行账务处理。企业发出材料应按耗用部门与用途，分别借记"基本生产成本""辅助生产成本""制造费用""销售费用""管理费用""在建工程"等账户，贷记"原材料"账户。若按计划成本计价，上述应借、应贷账户的金额均按计划成本入账。

(1)材料按实际成本计价发出的核算

按实际成本计价发出材料，会计部门根据领料凭证编制"发料凭证汇总表"，其格式如表 3-4 所示。

【例 3-1】　假设启利工厂材料按实际成本计价，202×年 6 月份根据各部门领料凭证编制的"发料凭证汇总表"如表 3-4 所示。

表 3-4　　　　　　　　　　　　　发料凭证汇总表

　　　　　　　　　　　　　　　　　202×年 6 月　　　　　　　　　　　　　　　单位：元

应借账户	领用期间	应贷账户
^	^	原材料
基本生产成本	1—10 日	6 000
^	11—20 日	5 600
^	21—30 日	4 700
^	小　计	16 300

续表

应借账户	领用期间	应贷账户 原材料
辅助生产成本	1—10 日	4 000
	11—20 日	2 500
	21—30 日	3 200
	小　计	9 700
制造费用	1—10 日	900
	11—20 日	1 100
	21—30 日	600
	小　计	2 600
销售费用	1—10 日	700
	11—20 日	900
	21—30 日	600
	小　计	2 200
管理费用	1—10 日	330
	11—20 日	260
	21—30 日	310
	小　计	900
合　计		31 700

根据表3-4的资料,编制会计分录如下：

借：基本生产成本　　　　　　　　　　　　　　　　　　　　16 300
　　辅助生产成本　　　　　　　　　　　　　　　　　　　　　9 700
　　制造费用　　　　　　　　　　　　　　　　　　　　　　　2 600
　　销售费用　　　　　　　　　　　　　　　　　　　　　　　2 200
　　管理费用　　　　　　　　　　　　　　　　　　　　　　　　900
　　贷：原材料　　　　　　　　　　　　　　　　　　　　　　31 700

(2)材料按计划成本计价发出的核算

按计划成本计价发出材料,会计部门根据领料凭证编制"发料凭证汇总表",其格式如表3-5所示。

【例3-2】 假设启利工厂材料按计划成本计价,202×年6月份根据各部门领料凭证编制的"发料凭证汇总表"如表3-5所示。

表 3-5　　　　　　　　　　　发料凭证汇总表

202×年6月　　　　　　　　　　　　　　　　　　　单位:元

应借账户	领用期间	应贷账户:原材料、材料成本差异	
		计划成本	成本差异(差异率为1‰)
基本生产成本	1—10日	6 000	60
	11—20日	5 600	56
	21—30日	4 700	47
	小　计	16 300	163
辅助生产成本	1—10日	4 000	40
	11—20日	2 500	25
	21—30日	3 200	32
	小　计	9 700	97
制造费用	1—10日	900	9
	11—20日	1 100	11
	21—30日	600	6
	小　计	2 600	26
销售费用	1—10日	700	7
	11—20日	900	9
	21—30日	600	6
	小　计	2 200	22
管理费用	1—10日	330	3.3
	11—20日	260	2.6
	21—30日	310	3.1
	小　计	900	9
合　计		31 700	317

根据表3-5的资料,编制会计分录如下:

①借:基本生产成本　　　　　　　　　　　　　　　　　　　　　16 300
　　　辅助生产成本　　　　　　　　　　　　　　　　　　　　　9 700
　　　制造费用　　　　　　　　　　　　　　　　　　　　　　　2 600
　　　销售费用　　　　　　　　　　　　　　　　　　　　　　　2 200
　　　管理费用　　　　　　　　　　　　　　　　　　　　　　　900
　　贷:原材料　　　　　　　　　　　　　　　　　　　　　　　　31 700
②借:基本生产成本　　　　　　　　　　　　　　　　　　　　　163
　　　辅助生产成本　　　　　　　　　　　　　　　　　　　　　97
　　　制造费用　　　　　　　　　　　　　　　　　　　　　　　26
　　　销售费用　　　　　　　　　　　　　　　　　　　　　　　22
　　　管理费用　　　　　　　　　　　　　　　　　　　　　　　9
　　贷:材料成本差异　　　　　　　　　　　　　　　　　　　　　317

(二)材料费用的分配

材料费用的分配,是指根据审核后的领、退料凭证,按照材料的用途归类,将其中应计入产品成本的材料费用直接计入或分配计入各种产品成本的过程。下面以原材料和燃料为例,说明材料费用的分配方法。

1. 原材料费用分配的方法

计入产品成本的原材料费用,如果只生产一种产品,就属于直接计入费用,可根据领料凭证及按其编制的记账凭证直接记入该种产品成本明细账的"直接材料"成本项目中;如果是由几种产品共同耗用,这时原材料费用就属于间接计入费用,需采用一定的分配标准分配后,才能记入有关产品成本明细账中。分配标准的选择,要求既合理又简便。所谓"合理",是指所采用的分配标准与被分配的费用有较密切的关系,如制造铸铁件所用的生铁,其耗用量的大小与铸铁件的重量有密切关系,可采用铸铁重量作为分配标准。所谓"简便",是指作为分配标准的资料比较容易取得,以保证分配过程简便易行,具有可操作性。

多种产品共同耗用原材料费用的分配标准有定额消耗量、生产数量、产品体积、产品重量等。企业应根据具体情况选用适当的分配标准分配原材料费用,常用的分配方法有定额消耗量比例法、定额费用比例法。

(1)定额消耗量比例法

定额消耗量比例法是指一定产量下按照产品原材料定额消耗量比例分配原材料费用的方法。这种方法适用于各种原材料消耗定额比较健全而且相对准确的原材料费用的分配。其中,所谓"消耗定额",是指单位产品可以消耗的数量限额,可以根据企业的有关指标确定;定额消耗量是指一定产量下按照消耗定额计算的可以消耗的材料数量。

定额消耗量比例法的计算公式为:

某种产品原材料定额消耗量＝该种产品实际产量×单位产品原材料消耗定额

$$原材料消耗量分配率 = \frac{原材料实际消耗总量}{各种产品原材料定额消耗量之和}$$

某种产品应分配的原材料数量＝该种产品的原材料定额消耗量×原材料消耗量分配率

某种产品应分配的原材料费用＝该种产品应分配的原材料数量×材料单价

【例3-3】 启利工厂202×年7月份生产甲、乙两种产品,共同耗用A材料4 400千克,A材料每千克单价2元,共计8 800元。生产甲产品60件,单位消耗定额为40千克;生产乙产品80件,单位消耗定额为20千克。采用定额消耗量比例法分配A材料费用,其计算如下:

甲产品A材料定额消耗量＝60×40＝2 400(千克)

乙产品A材料定额消耗量＝80×20＝1 600(千克)

A材料定额消耗总量＝2 400＋1 600＝4 000(千克)

$$A材料消耗量分配率 = \frac{4\ 400}{4\ 000} = 1.1$$

甲产品应分配的A材料数量＝2 400×1.1＝2 640(千克)

乙产品应分配的A材料数量＝1 600×1.1＝1 760(千克)

甲产品应分配的A材料费用＝2 640×2＝5 280(元)

乙产品应分配的A材料费用＝1 760×2＝3 520(元)

A材料消耗量分配率为1.1,表明A材料的实际消耗量比定额消耗量超支了10%。这种分配方法可以考核原材料消耗定额的执行情况,有利于进行材料消耗的实物管理,但分配计算的工作量较大。为了简化分配计算工作,也可以直接按原材料定额消耗量分配原材料费用。

其计算公式为：

$$原材料费用分配率 = \frac{原材料实际费用总额}{各种产品原材料定额消耗之和}$$

某种产品应分配的原材料费用＝该种产品原材料定额消耗量×原材料费用分配率

【例3-4】 仍以【例3-3】资料为例，则原材料费用分配计算如下：

甲产品原材料定额消耗量＝60×40＝2 400(千克)

乙产品原材料定额消耗量＝80×20＝1 600(千克)

原材料定额消耗总量＝2 400＋1 600＝4 000(千克)

$$原材料费用分配率 = \frac{8\ 800}{4\ 000} = 2.2$$

甲产品应分配的原材料费用＝2 400×2.2＝5 280(元)

乙产品应分配的原材料费用＝1 600×2.2＝3 520(元)

上述两种分配的计算结果相同，但后一种方法不能反映各种产品所应负担的原材料消耗总量，不利于加强原材料消耗的实物管理。

(2)定额费用比例法

定额费用比例法是以产品消耗原材料的定额费用为标准分配原材料费用的一种方法。它适用于多种产品共同耗用多种原材料的情况。其计算公式为：

$$某种产品某种原材料定额费用 = 该种产品实际产量 \times 单位产品该种原材料费用定额$$

$$= 该种产品实际产量 \times 单位产品该种原材料消耗定额 \times 该种原材料计划单价$$

$$原材料费用分配率 = \frac{各种产品原材料实际费用总额}{各种产品各种材料定额费用之和}$$

某种产品应负担的原材料费用＝该种产品各种原材料定额费用之和×原材料费用分配率

【例3-5】 飞达工厂生产A、B两种产品，共同领用甲、乙两种主要材料，共计15 796元。本月生产A产品60件，B产品50件。A产品材料消耗定额：甲材料8千克，乙材料6千克；B产品材料消耗定额：甲材料5千克，乙材料4千克。甲材料单价12元，乙材料单价10元。分配计算如下：

(1)A产品材料定额费用：

　　甲材料定额费用＝60×8×12＝5 760(元)

　　乙材料定额费用＝60×6×10＝3 600(元)

　　A产品材料定额费用合计　　9 360(元)

　　B产品材料定额费用：

　　甲材料定额费用＝50×5×12＝3 000(元)

　　乙材料定额费用＝50×4×10＝2 000(元)

　　B产品材料定额费用合计　　5 000(元)

(2)材料费用分配率＝$\frac{15\ 796}{9\ 360+5\ 000}$＝1.1

(3)A、B产品应分配的实际材料费用：

A产品应分配材料费用＝9 360×1.1＝10 296(元)

B产品应分配材料费用＝5 000×1.1＝5 500(元)

上述直接用于产品生产并专设成本项目的各种材料费用,应记入"基本生产成本"账户借方及其所属各产品成本明细账的"直接材料"成本项目;直接用于辅助生产、产品销售以及组织和管理生产活动等方面的各种材料费用,应分别记入"辅助生产成本""制造费用""销售费用"和"管理费用"等账户的借方及其所属明细账中的有关成本项目或费用项目中。同时,将已发生的各种材料费用总额,记入"原材料"账户的贷方。

请思考

> 材料分配标准有哪些?常用的材料分配方法是什么?

(3)原材料费用分配的账务处理

在实际工作中,材料费用的分配是通过编制"材料费用分配表"进行的。材料费用分配表按照材料的具体用途,根据归类的领、退料凭证编制。领用材料用于产品生产的,借记"基本生产成本"账户;用于辅助生产的,借记"辅助生产成本"账户;用于车间一般消耗的,借记"制造费用"账户;用于企业管理部门、销售部门和在建工程的,应分别借记"管理费用""销售费用"和"在建工程"账户,贷记"原材料"账户。

【例3-6】 仍以【例3-4】资料为例,启利工厂材料费用分配表的格式如表3-6所示。

表3-6   材料费用分配表
202×年7月   单位:元

应借账户		成本或费用明细项目	直接计入	间接计入			合计
				定额消耗量	分配率	金额	
基本生产成本	甲产品	直接材料	1 700	2 400		5 280	6 980
	乙产品	直接材料		1 600		3 520	3 520
	小计		1 700	4 000	2.2	8 800	10 500
制造费用		材料费	600				600
辅助生产成本		材料费	2 100				2 100
管理费用		材料费	1 500				1 500
合计			5 900			8 800	14 700

根据表3-6的资料,编制会计分录如下:

借:基本生产成本——甲产品　　　　　　　　　　　　6 980
　　　　　　　　——乙产品　　　　　　　　　　　　3 520
　　辅助生产成本　　　　　　　　　　　　　　　　　2 100
　　制造费用　　　　　　　　　　　　　　　　　　　　600
　　管理费用　　　　　　　　　　　　　　　　　　　1 500
　　贷:原材料　　　　　　　　　　　　　　　　　　14 700

2.燃料费用的分配方法

燃料实际上也是材料,所以,燃料费用的分配及账务处理方法与原材料费用的分配及账务处理方法相同。但如果企业燃料费用比重较大,为了对其加强管理,可在"原材料"账户外,增设"燃料"账户进行核算,并在成本项目中与动力费用一起,单设"燃料及动力"项目进行成本核算。

燃料费用的分配核算方法:对直接用于产品生产的燃料费用,如热处理、烘干、溶解等所耗的燃料费用,如果分产品领用,则根据领料凭证及按其编制的记账凭证直接记入各该产品成本明细账的"燃料及动力"项目;如果不能分产品领用,则应采用适当分配方法先进行分配,然后再记入各有关产品成本明细账的"燃料及动力"项目。分配标准一般有产品的重量、体积、所耗原材料的数量或费用以及燃料的定额消耗量或定额费用等。对辅助生产部门所耗用的燃料以及基本生产管理部门、行政管理部门和产品销售部门等领用的燃料,则应分别列入"辅助生产成本""制造费用""管理费用"和"销售费用"等成本、费用账户。

燃料费用的分配是通过编制燃料费用分配表进行的,并根据分配表编制会计分录,据以登记有关总账和明细账。燃料费用分配表的格式如表3-7所示。

【例3-7】 飞达工厂202×年6月份共发生燃料费用39 960元,其中:基本生产车间用于甲、乙两种产品热处理21 960元,辅助生产车间消耗5 000元,基本生产车间一般消耗6 000元,行政管理部门消耗7 000元。甲、乙产品耗用的燃料费用按燃料的定额费用比例分配,甲产品的燃料费用定额66元,乙产品的燃料费用定额78元。甲、乙产品本月的实际产量分别为200件和300件,企业单独开设"燃料"账户。飞达工厂燃料费用的分配计算如下:

$$燃料费用分配率 = \frac{21\,960}{66 \times 200 + 78 \times 300} = 0.6$$

甲产品应负担的燃料费用 = 66 × 200 × 0.6 = 7 920(元)

乙产品应负担的燃料费用 = 78 × 300 × 0.6 = 14 040(元)

根据有关凭证和燃料费用分配的结果,飞达工厂编制燃料费用分配表,如表3-7所示。

表3-7　　　　　　　　　　　　　燃料费用分配表

车间或部门名称:　　　　　　　　　202×年6月　　　　　　　　　　　　单位:元

应借科目		成本或费用项目	直接计入金额	分配计入金额(分配率:0.6)		燃料费用合计
				定额燃料费用	分配金额	
基本生产成本	甲产品	燃料及动力		13 200	7 920	7 920
	乙产品	燃料及动力		23 400	14 040	14 040
小　　计				36 600	21 960	21 960
辅助生产成本		燃料及动力	5 000			5 000
制造费用	(基本生产车间)	其他	6 000			6 000
管理费用		其他	7 000			7 000
合　　计			18 000		21 960	39 960

根据表3-7的资料,编制会计分录如下:

借:基本生产成本——甲产品　　　　　　　　　　　　　　　　　7 920
　　　　　　　　——乙产品　　　　　　　　　　　　　　　　　14 040

辅助生产成本		5 000
制造费用		6 000
管理费用		7 000
贷：原材料——燃料		39 960

有关包装物和低值易耗品发出和摊销的核算在财务会计中已经涉及，此处略。

第二节　外购动力费用的核算

一、外购动力费用的归集与分配

动力费用主要包括电力和蒸汽费，可以分为自制与外购两种。自制部分应通过辅助生产核算，这里只说明外购动力费用的核算。

外购动力有的直接用于产品生产，如生产工艺用电；有的间接用于产品生产，如生产单位（或车间）照明用电；有的则用于经营管理，如企业行政管理部门照明用电和取暖等。外购动力费用的分配，如耗用的电费，一般根据电表记录作为本月可分配的费用。各车间、部门的动力用电和照明用电一般分别安装电表，外购电力费用在各车间、部门可按用电度数分配；车间中的动力用电，一般不按产品分别安装电表，因而车间动力用电费应在各种产品之间按产品的生产工时比例、机器工时比例或定额耗用量比例进行分配。

二、外购动力费用分配的账务处理

基本生产车间直接用于产品生产的动力费用，应记入"基本生产成本"明细账的"燃料及动力"成本项目中。生产某一产品单独耗用的动力费用，应直接记入该产品成本明细账的"燃料及动力"成本项目中；生产几种产品共同耗用的动力费用，应按合理的标准先进行分配，然后记入有关产品成本明细账的"燃料及动力"成本项目中。对于辅助生产车间耗用的外购动力，应记入"辅助生产成本"明细账；对于基本生产车间、辅助生产车间以及行政管理部门管理用电，如照明用电等，应分别记入"制造费用——基本生产车间""辅助生产成本"（或其下设的"制造费用——辅助生产车间"）、"管理费用"等有关明细账的相关项目中。

外购动力费用的分配，应通过编制"外购动力费用分配表"进行，然后根据分配表编制会计分录，据以登记有关总账和明细账。外购动力费用分配表的格式如表3-8所示。

表3-8　　　　　　　　　　　外购动力费用分配表

202×年6月

应借账户		成本或费用项目	生产工时（分配率：0.36元/小时）	度　数（价格：0.4元/度）	金额（元）
基本生产成本	甲产品	燃料及动力	60 000		21 600
	乙产品	燃料及动力	40 000		14 400
	小计		100 000	90 000	36 000

续表

应借账户		成本或费用项目	生产工时（分配率:0.36元/小时）	度 数（价格:0.4元/度）	金额(元)
辅助生产成本	机修车间	水电费		3 000	1 200
	运输车间	水电费		1 000	400
	小计			4 000	1 600
制造费用		水电费		7 000	2 800
管理费用		水电费		12 000	4 800
销售费用		水电费		2 000	800
合 计				119 000	47 600

根据表3-8的资料,编制会计分录如下:

借:基本生产成本——甲产品　　　　　　　　　　　21 600
　　　　　　　　——乙产品　　　　　　　　　　　14 400
　　辅助生产成本——机修车间　　　　　　　　　　 1 200
　　　　　　　　——运输车间　　　　　　　　　　 400
　　制造费用　　　　　　　　　　　　　　　　　　 2 800
　　管理费用　　　　　　　　　　　　　　　　　　 4 800
　　销售费用　　　　　　　　　　　　　　　　　　 800
　贷:应付账款　　　　　　　　　　　　　　　　　　47 600

第三节　职工薪酬的核算

一、职工薪酬概述

职工薪酬是指企业为获得职工提供的服务或解除劳动关系而给予的各种形式的报酬或补偿,包括短期薪酬、离职后福利、辞退福利和其他长期职工福利。企业提供给职工配偶、子女、受赡养人、已故员工遗属及其他受益人等的福利,也属于职工薪酬。

(一)短期薪酬

1. 职工工资、奖金、津贴和补贴,是指按照构成工资总额的计时工资、计件工资、支付给职工的超额劳动报酬和增收节支的劳动报酬、为补偿职工特殊或额外的劳动消耗和因其他特殊原因支付给职工的津贴,以及为保证职工工资水平不受物价影响支付给职工的物价补贴等。

2. 职工福利费,是指企业向职工提供的生活困难补助、丧葬补助费、抚恤费、职工异地安家费、防暑降温费等职工福利支出。

3. 医疗保险费、工伤保险费等社会保险费,是指企业按照国家规定的基准和比例计算,向社会保险经办机构缴纳的医疗保险费、工伤保险费。

4. 住房公积金,是指企业按照国家规定的基准和比例计算,向住房公积金管理机构缴存的住房公积金。

5. 工会经费和职工教育经费,是指企业为了改善职工文化生活、为职工学习先进技术及提高文化水平和业务素质,用于开展工会活动和职工教育及职业技能培训等相关支出。

6. 短期带薪缺勤,是指职工虽然缺勤但企业仍向其支付报酬的安排,包括年休假、病假、婚假、产假、丧假、探亲假等。长期带薪缺勤属于其他长期职工福利。

7. 短期利润分享计划,是指因职工提供服务而与职工达成的基于利润或其他经营成果提供薪酬的协议。长期利润分享计划属于其他长期职工福利。

8. 其他短期薪酬,是指除上述薪酬以外的其他为获得职工提供的服务而给予的短期薪酬。

(二) 离职后福利

离职后福利,是指企业为获得职工提供的服务而在职工退休或与企业解除劳动关系后,提供的各种形式的报酬和福利,短期薪酬和辞退福利除外。企业应当将离职后福利计划分类为设定提存计划和设定受益计划。离职后福利计划,是指企业与职工就离职后福利达成的协议,或者企业为向职工提供离职后福利制定的规章或办法等。其中,设定提存计划是指向独立的基金缴存固定金额后,企业不再对职工负有进一步支付义务的离职后福利计划;设定受益计划,是指除设定提存计划以外的离职后福利计划。

(三) 辞退福利

辞退福利,是指在企业与职工签订的劳动合同未到期之前,企业由于种种原因需要提前终止劳动合同而辞退员工,根据劳动合同,企业需要提供一笔资金作为对被辞退员工的补偿。

(四) 其他长期职工福利

其他长期职工福利,是指除短期薪酬、离职后福利、辞退福利之外所有的职工福利,包括长期带薪缺勤、长期残疾福利、长期利润分享计划等。

二、职工薪酬的计算

(一) 工资总额的组成

职工薪酬包括应付职工的工资总额和按工资总额一定比例计算的为职工缴纳的社会保险费、住房公积金等。

工资总额是指各单位在一定时期内直接支付给本单位全部职工的劳动报酬总额。工资总额由下列六个部分组成:

1. 计时工资

计时工资是指按照计时工资标准和职工工作时间支付给职工的劳动报酬。计时工资标准是指每个职工在一定时间(年、月、周、小时)内应得的工资额。职工工作时间根据企业的考勤记录确定。

2. 计件工资

计件工资是指按照计件单价和职工完成工作的数量支付给职工的劳动报酬。计件单价是指职工每完成一个单位工作应得的工资额。计件工资包括个人计件工资和集体计件工资。

3. 奖金

奖金是指支付给职工的超额劳动报酬以及增收节支业绩报酬,如生产奖、节约奖、劳动竞赛奖以及企业支付的其他奖金。

4. 津贴和补贴

津贴是指为补偿职工特殊劳动、额外劳动或其他劳动需支付的报酬,如技术津贴、保健津贴等。补贴是指为了保证职工工资水平不受物价变动影响而支付的物价补贴,如生活补贴等。

5. 加班加点工资

加班加点工资是指按照规定的工资标准和职工增加或延长的劳动时间支付给职工的劳动报酬,如节假日加班加点工资。

6. 特殊情况下支付的工资

特殊情况下支付的工资是指按照国家法规和政策规定,在特殊情况下支付给职工的工资。特殊情况包括职工病假、工伤假、事假、婚丧假、产假、探亲假、定期休假、停工学习等。有的情况下应全额发放职工的计时工资,而有的情况下则按照一定比例支付职工工资。

(二)工资核算的原始凭证

进行工资费用核算,必须以有关原始凭证为依据。工资费用核算的原始凭证主要有考勤记录和产量记录。

1. 考勤记录

考勤记录是登记职工出勤和缺勤情况的原始记录。在考勤记录中,应该登记企业内部每一部门、每一职工的出勤和缺勤时间。月末,考勤人员应将经过车间、部门负责人检查、签章以后的考勤记录送交会计部门审核。经过会计部门审核的考勤记录,即可计算每一职工的工资。考勤记录的主要形式有考勤簿、考勤卡、考勤钟等。

2. 产量记录

产量记录是登记工人或小组在出勤时间内完成产品的数量、质量和生产产品所耗工时数量的原始记录。产量记录是统计产量和工时的依据,也是计算计件工资和分配集体计件工资的依据。做好产量记录,不仅可以为计算计件工资提供正确的依据,而且可以为在各种产品之间分配与工时有关的费用提供合理的依据。产量记录和工时记录通常有工作通知单、工序进程单和工作班产量记录等。

会计部门应对产量记录进行审核,经过审核的产量记录,可以作为计算计件工资的依据。

(三)工资的计算方法

工资的计算就是根据企业的工资分配制度分别计算每一职工的应得工资额。它是工资费用归集和分配的基础,也是企业与职工之间进行工资结算的依据。工业企业可以根据具体情况采用不同的工资制度,其中最基本的工资制度是计时工资制度和计件工资制度。

1. 计时工资的计算

计时工资是根据考勤记录和规定的计时工资标准计算每位职工应得的工资额。其中,计时工资标准有年工资标准、月工资标准、日工资标准以及小时工资标准等。下面以月工资标准为例,介绍计时工资的计算。

采用月工资标准核算工资的企业,由于考勤时一般以日为单位记录,月工资标准需要换算为日工资标准。但是,每月的天数不同,会导致同一位职工在不同月份的日工资标准不同。为了简化核算,在计算日工资标准时,应采用固定天数计算,计算方法有以下两种:

(1)每月固定按 30 天计算

每月固定按 30 天计算,则日工资率＝月工资标准÷30。在这种制度下,由于节假日和双休日计算了工资,因此,如果缺勤期间有节假日和双休日,也应扣掉相应的工资。

(2)每月固定按 21.75 天计算

每月按年日历天数 365 减去 104 个双休日,再除以 12 个月后得月平均工作天数 21.75 天计算,日工资率＝月标准工资÷21.75。按国家劳动法规定,法定节假日用人单位应依法支付工资,即计算日工资时不剔除国家规定的法定节假日。

这种工资计算制度是在全年 365 天减去 104 个双休日基础上计算的每月平均天数,由于双休日没有计算工资,因此,即使缺勤期间有双休日,也不扣相应工资。

不论采用多少天计算工资,都可以用两种方式计算:一种是用日工资率乘以每月出勤天数计算应付工资;另一种是用月工资标准扣掉缺勤工资计算应付工资。企业可以根据实际情况选择其中的一个固定天数和一种计算方法核算工资,一经确定,不应随意变更。

【例 3-8】 某企业职工张华的月工资标准为 2 400 元,202×年 7 月份该职工的出勤情况如下:病假 2 天,事假 1 天,星期休假 8 天,实际出勤 20 天。按照该职工的工龄,病假期间支付其 90%的工资,且该职工缺勤期间没有双休日。该职工 202×年 7 月份应付工资计算如下:

(1)按 30 天计算日工资率:

日工资率＝2 400÷30＝80(元/天)

● 按出勤天数计算工资:

应付出勤工资＝80×(20＋8)＝2 240(元)

应付病假工资＝80×2×90%＝144(元)

应付工资＝2 240＋144＝2 384(元)

● 按月工资标准扣除缺勤计算工资:

应扣事假工资＝80×1＝80(元)

应扣病假工资＝80×2×(1－90%)＝16(元)

应付工资＝2 400－80－16＝2 304(元)

这两种方法下计算的应付工资并不相同,相差 80 元,即一天的工资,这是因为日工资率按 30 天计算,而 7 月份实际天数为 31 天。

(2)按 21.75 天计算日工资率:

日工资率＝2 400÷21.75＝110.34(元/天)

● 按出勤天数计算工资:

应付出勤工资＝110.34×20＝2 206.80(元)

应付病假工资＝110.34×2×90%＝198.61(元)

应付工资＝2 206.80＋198.61＝2 405.41(元)

● 按月工资标准扣除缺勤计算工资:

应扣事假工资＝110.34×1＝110.34(元)

应扣病假工资＝110.34×2×(1－90%)＝22.07(元)

应付工资＝2 400－110.34－22.07＝2 267.59(元)

这两种方法计算的应付工资也不相同,相差 137.82 元,即 1.25 天的工资,这是因为日工资率按 21.75 天计算,而 7 月份的计薪天数为 23 天。

> **请思考**
>
> 计算日工资标准时可以采用的天数分别是多少?按出勤天数计算的工资和按月工资标准扣除缺勤工资计算的工资有区别吗?

2. 计件工资的计算

计件工资是根据当月产量记录中的产品数量和规定的计件单价计算的工资。计件单价由产品的工时定额和某一级别职工的小时工资率计算确定。这里的产品数量包括实际完成的合格品的数量和生产过程中因材料不合格而造成的废品的数量,对于因工人过失而造成的废品,则不计付工资,有的还应由职工赔偿损失。计件工资的计算包括个人计件工资的计算和集体计件工资的计算。

(1) 个人计件工资的计算

个人计件工资是根据产量记录中登记的每一工人的产品产量,乘以规定的计件单价计算的工资。其计算公式为:

应付计件工资 = ∑(某工人本月生产每种产品产量×该种产品计件单价)

其中:

产品产量 = 合格品数量 + 料废品数量

某产品计件单价 = 该产品工时定额×该级别职工的小时工资率

【例 3-9】 某企业职工张刚本月生产甲、乙两种产品,生产甲产品 600 件,均为合格品;生产乙产品 512 件,其中合格品为 500 件,料废品 10 件,工废品 2 件。两种产品的工时定额分别为 0.56 小时和 0.60 小时,该职工的小时工资率为 4 元/小时。企业本月应付张刚的计件工资计算如下:

甲产品的计件单价 = 0.56×4 = 2.24(元)

乙产品的计件单价 = 0.60×4 = 2.40(元)

甲产品的计件工资 = 2.24 × 600 = 1 344(元)

乙产品的计件工资 = 2.40 × (500+10) = 1 224(元)

本月企业应付张刚的计件工资 = 1 344+1 224 = 2 568(元)

(2) 集体计件工资的计算

企业中有的产品生产是由集体(班、组)共同组织生产的,则计件工资就需要以班组为对象进行计算。具体计算过程分以下两步:

① 先计算出集体计件工资总额,计算方法与上述个人计件工资计算的方法相同。

② 然后将集体计件工资总额在集体各成员之间进行分配。由于工人的级别或工资标准会体现工人的劳动质量和技术水平,工作时间会体现劳动数量,因此,集体计件工资总额大多按每人的工资标准和该月实际工作时间的比例进行分配。

【例 3-10】 某生产小组由 3 人组成,共同完成产品加工任务,本月全组共得计件工资 8 686.50 元,则个人应得计件工资的计算如表 3-9 所示。

表 3-9　　　　　　　　　　　　　小组计件工资分配表

姓　名	月标准工资（元）	小时工资率①	实际工作小时	计时工资（元）	计件工资分配率②	应得计件工资（元）
	(1)	(2)	(3)	(4)=(2)×(3)	(5)	(6)=(4)×(5)
张明	2 175	12.50	170	2 125		3 187.50
王海	1 914	11.00	186	2 046		3 069.00
李昆	1 566	9.00	180	1 620		2 430.00
合　计			524	5 791	1.5	8 686.50

注：① 小时工资率 = $\dfrac{月标准工资}{21.75 \times 8}$；

② 计件工资分配率 = $\dfrac{8\,686.50}{5\,791}$ = 1.5。

当计算出应付给每一职工的计时工资或计件工资后，再根据有关资料和标准确定每个职工的奖金、津贴和补贴及加班加点工资，从而计算出企业的应付工资，从中扣除应由职工个人承担的房租、水电费等代扣与代垫款项，得出企业的实发工资金额。其计算公式如下：

实发工资 = 应付工资 - 代扣款项

企业应对工资发放情况按车间、部门编制"工资结算单"，详细记录应发工资、实发工资的具体内容。

请思考

> 集体计件工资总额在集体各成员之间进行分配时，应按每个人完成的产品数量分配工资费用，对吗？为什么？

三、职工薪酬分配的核算

（一）职工薪酬费用的分配对象

职工薪酬费用的分配，是指将企业职工的薪酬作为一种费用，按其用途分配记入产品成本或有关费用账户，或由规定的渠道开支。

职工薪酬费用分配对象的确定与材料费用的分配基本相同，即按"谁受益，谁负担"的原则进行分配。为生产产品而发生的职工薪酬应由基本生产部门生产的各种产品负担，为基本生产提供产品或劳务所发生的职工薪酬应由辅助生产部门生产的各种产品或劳务负担，各生产部门的管理人员发生的职工薪酬由各生产部门的制造费用负担，企业行政管理部门发生的职工薪酬则由管理费用负担。

（二）职工薪酬费用的分配方法

职工薪酬费用的分配方法指的是将其计入产品成本的方法。职工薪酬计入产品成本的方法，因工资的计算形式不同而不同。

1. 计时工资形式下的分配

在计时工资形式下，基本生产部门的生产工人工资计入产品成本的方法：如果该生产部门只生产一种产品,则直接记入"基本生产成本"明细账的"直接人工"成本项目;如果该生产部门生产两种或两种以上产品,则要把生产工人的工资先按适当的分配标准进行分配,然后记入"基本生产成本"明细账的"直接人工"成本项目。可选择的分配标准一般有两个:一是产品生产的实际工时,二是产品生产的定额工时。上述两种标准中按实际工时比例分配比较合理,因为它能够将产品所分配的工资与劳动生产率联系起来。但如果取得各种产品的实际生产工时的数据比较困难,而各种产品的单件工时定额比较准确,也可以按产品的定额工时比例进行分配。工资分配的计算公式如下:

$$工资费用分配率 = \frac{生产工人工资总额}{各种产品实际工时(或定额工时)之和}$$

某种产品应分配的工资费用 = 该产品的实际工时(或定额工时) × 工资费用分配率

2. 计件工资形式下的分配

生产工人的计件工资与产品生产直接联系,发生时直接记入"基本生产成本"明细账的"直接人工"成本项目中。对于基本生产工人的奖金、津贴,则要采用一定的标准分配记入产品成本的"直接人工"成本项目中。其分配方法一般是按直接计入产品成本的生产工人计件工资额的比例进行分配。

在实际工作中,工资费用的分配,一般是通过编制"工资费用分配表"进行的。编制的依据是工资结算单。下面以计时工资为例,说明工资费用分配表的编制。

【例 3-11】 宏达工厂 202×年 8 月份为生产甲、乙两种产品共支付生产工人工资 60 000 元,锅炉车间生产工人工资 2 200 元,机修车间生产工人工资 1 800 元,基本生产车间、锅炉车间和机修车间管理人员工资分别为 10 000 元、1 100 元和 900 元,企业行政部门管理人员工资为 14 000 元,销售部门人员工资 10 000 元。生产工人的工资按甲、乙两种产品的生产工时比例进行分配,甲、乙产品的生产工时分别为 20 000 小时和 10 000 小时。编制的"工资费用分配表"如表 3-10 所示。

表 3-10　　　　　　　　　　　工资费用分配表

202×年 8 月

应借账户		成本或费用项目	生产工时(小时)	分配率(元/小时)	分配的工资费用(元)
基本生产成本	甲产品	直接人工	20 000		40 000
	乙产品	直接人工	10 000		20 000
	小计		30 000	2	60 000
辅助生产成本	锅炉车间	直接人工			3 300
	机修车间	直接人工			2 700
	小计				6 000
制造费用(基本生产车间)		工资			10 000
销售费用		工资			10 000
管理费用		工资			14 000
合　计					100 000

(三)职工薪酬费用分配的会计处理

企业应设置"应付职工薪酬"账户,核算应付职工薪酬的提取、结算和使用等情况。该账户的贷方登记已分配计入有关成本费用项目的职工薪酬数额;借方登记实际发放职工薪酬的数额;该账户的贷方余额反映企业应付未付的职工薪酬。该账户应按"工资""职工福利费""社会保险费""住房公积金""工会经费""职工教育经费""非货币性福利"等应付职工薪酬项目设置明细账户,进行明细核算。职工薪酬具体分别按以下情况进行处理:

生产部门人员的职工薪酬,应借记"基本生产成本""辅助生产成本""制造费用"等账户,贷记"应付职工薪酬"账户。

管理部门人员的职工薪酬,应借记"管理费用"账户,贷记"应付职工薪酬"账户。

销售人员的职工薪酬,应借记"销售费用"账户,贷记"应付职工薪酬"账户。

在建工程、研发支出负担的职工薪酬,应借记"在建工程""研发支出"账户,贷记"应付职工薪酬"账户。

1. 工资费用分配的会计处理

工资费用的分配是通过编制"工资费用分配表"进行的。

【例3-12】 宏达工厂202×年8月份职工薪酬分配表如表3-10所示,其会计分录如下:

```
借:基本生产成本——甲产品              40 000
            ——乙产品              20 000
    辅助生产成本——锅炉车间            3 300
            ——机修车间            2 700
    制造费用                        10 000
    销售费用                        10 000
    管理费用                        14 000
      贷:应付职工薪酬——工资         100 000
```

2. 其他职工薪酬的会计处理

其他职工薪酬主要包括职工福利费①、社会保险费、工会经费和职工教育经费等。对于企业工资以外的职工薪酬项目,应注意国家是否有明确的计提标准而加以区别处理:如果国家明确规定计提基础和计提比例的,就应按规定标准计提,比如,企业应向社会保险经办机构(或企业年金基金账户管理人)缴纳的医疗保险费、养老保险费、失业保险费、工伤保险费、生育保险费等社会保险费,应向住房公积金管理中心缴存的住房公积金以及应向工会部门缴纳的工会经费等就是此类情况。对于国家(或企业年金计划)没有明确规定计提基础和计提比例的职工薪酬项目,如职工福利费等,企业就应当根据历史经验数据和实际情况,合理预计当期应付职工薪酬。当期实际发生金额大于预计金额的,应当补提应付职工薪酬;当期实际发生金额小于预计金额的,应当冲回多提的应付职工薪酬。其他职工薪酬的分配及会计处理比照工资费用进行。

---

① 由于新会计准则中没有明确规定职工福利费的计提基础和计提比例,本教材中关于职工福利费的计提均按原制度规定的按工资总额的14%比例计提。

【例3-13】 宏达工厂202×年8月份工资见【例3-11】，根据当地政府的规定，该企业分别按照职工工资总额的10%、20%、1%、2%和12%计提医疗保险费、养老保险费、失业保险费、工伤保险费和住房公积金，并缴纳给当地的社会保险经办机构和住房公积金经办机构。另按工资总额的14%、2%和2.5%分别计提了职工福利费、工会经费和职工教育经费。该企业其他职工薪酬分配业务的会计处理如下：

```
借：基本生产成本——甲产品                    25 400
              ——乙产品                    12 700
    辅助生产成本——锅炉车间                  2 095.50
              ——机修车间                  1 714.50
    制造费用                                6 350
    销售费用                                6 350
    管理费用                                8 890
   贷：应付职工薪酬——职工福利               14 000
                 ——社会保险费（医疗保险费） 10 000
                 ——社会保险费（养老保险费） 20 000
                 ——社会保险费（失业保险费）  1 000
                 ——社会保险费（工伤保险费）  2 000
                 ——住房公积金              12 000
                 ——工会经费和职工教育经费（工会经费）     2 000
                 ——工会经费和职工教育经费（职工教育经费） 2 500
```

其中：

(1)应记入"基本生产成本"科目的职工薪酬金额：

甲产品应负担的其他职工薪酬金额 = 40 000×(10%+20%+1%+2%+12%+14%+2%+2.5%)
= 25 400(元)

乙产品应负担的其他职工薪酬金额 = 20 000×(10%+20%+1%+2%+12%+14%+2%+2.5%)
= 12 700(元)

(2)应记入"辅助生产成本"科目的职工薪酬金额：

锅炉车间应负担的其他职工薪酬金额 = 3 300×(10%+20%+2%+1%+12%+14%+2%+2.5%)
= 2 095.50(元)

机修车间应负担的其他职工薪酬金额 = 2 700×(10%+20%+1%+2%+12%+14%+2%+2.5%)
= 1 714.50(元)

(3)应记入"制造费用"科目的其他职工薪酬金额：

应记入"制造费用"科目的其他职工薪酬金额 = 10 000×(10%+20%+1%+2%+12%+14%+2%+2.5%)
= 6 350(元)

(4)应记入"销售费用"科目的其他职工薪酬金额：

应记入"销售费用"科目的其他职工薪酬金额 $= 10\ 000 \times (10\% + 20\% + 1\% + 2\% + 12\% + 14\% + 2\% + 2.5\%)$
$= 6\ 350(元)$

(5)应记入"管理费用"科目的其他职工薪酬金额：

应记入"管理费用"科目的其他职工薪酬金额 $= 14\ 000 \times (10\% + 20\% + 1\% + 2\% + 12\% + 14\% + 2\% + 2.5\%)$
$= 8\ 890(元)$

企业工资以外的其他职工薪酬项目的分配一般也是通过编制分配表进行的，由于社会保险费、住房公积金等是按工资总额的一定比例提取的，因此可以将其与工资费用的分配合并编制分配表。

【例 3-14】 仍以宏达工厂 202×年 8 月份业务为例，工资费用分配的资料见【例 3-11】，其他职工薪酬分配的资料见【例 3-13】，则合并编制的分配表格式如表 3-11 所示。

表 3-11

职工薪酬分配表
（或工资及其他职工薪酬分配表）

202×年 8 月　　　　　　　　　　　　　　　　　金额单位：元

应借账户		成本或费用项目	生产工时（小时）	分配率（元/小时）	分配的工资费用	福利费用	社会保险费	住房公积金	工会经费	职工教育经费	合计
基本生产成本	甲产品	直接人工	20 000		40 000	5 600	13 200	4 800	800	1 000	65 400
	乙产品	直接人工	10 000		20 000	2 800	6 600	2 400	400	500	32 700
	小计		30 000	2	60 000	8 400	19 800	7 200	1 200	1 500	98 100
辅助生产成本	锅炉车间	直接人工			3 300	462	1 089	396	66	82.50	5 395.50
	机修车间	直接人工			2 700	378	891	324	54	67.50	4 414.50
	小计				6 000	840	1 980	720	120	150	9 810
制造费用		工资			10 000	1 400	3 300	1 200	200	250	16 350
销售费用		工资			10 000	1 400	3 300	1 200	200	250	16 350
管理费用		工资			14 000	1 960	4 620	1 680	280	350	22 890
合　计					100 000	14 000	33 000	12 000	2 000	2 500	163 500

根据表 3-11 的资料，编制会计分录如下：

借：基本生产成本——甲产品　　　　　　　　　65 400
　　　　　　　　——乙产品　　　　　　　　　32 700
　　辅助生产成本——锅炉车间　　　　　　　　5 395.50
　　　　　　　　——机修车间　　　　　　　　4 414.50
　　制造费用　　　　　　　　　　　　　　　　16 350
　　销售费用　　　　　　　　　　　　　　　　16 350
　　管理费用　　　　　　　　　　　　　　　　22 890

贷：应付职工薪酬——工资		100 000
——职工福利		14 000
——社会保险费（医疗保险费）		10 000
——社会保险费（养老保险费）		20 000
——社会保险费（失业保险费）		1 000
——社会保险费（工伤保险费）		2 000
——住房公积金		12 000
——工会经费		2 000
——职工教育经费		2 500

第四节　折旧费用及其他费用的核算

一、折旧费用的核算

折旧是指固定资产在使用过程中，由于损耗而转移到产品成本或费用中的那部分价值。固定资产损耗的这部分价值，应当在固定资产的有效使用年限内进行摊销形成折旧费用，计入各期有关产品成本或费用。

企业应根据折旧的范围和确定的折旧方法提取折旧。折旧费用应根据固定资产的经济用途，分别记入有关产品成本或费用项目。基本生产车间固定资产的折旧费用，记入"制造费用明细账"的折旧费项目；辅助生产车间固定资产的折旧费用，记入"辅助生产成本明细账"或其下设的"制造费用明细账"的折旧费项目；企业行政管理部门固定资产的折旧费用，记入"管理费用明细账"的折旧费项目；销售部门固定资产的折旧费用，记入"销售费用明细账"的折旧费项目。记入辅助生产成本项目的折旧费用与其他辅助生产费用汇集后，按受益比例分配给各受益单位；记入基本生产车间"制造费用"账户的折旧费用与其他间接制造费用汇集后，分配记入基本生产成本明细账"制造费用"成本项目。

企业提取折旧是通过折旧计算明细表和折旧计算汇总表进行的。折旧计算明细表一般分别按车间、部门按固定资产类别编制，其格式如表3-12所示。

表3-12　　　　　　　　　固定资产折旧计算明细表

第一车间　　　　　　　　　　202×年×月　　　　　　　　　　金额单位：元

固定资产类别	折旧率	上月计提		上月增加		上月减少		本月应提	
		原值	折旧额	原值	折旧额	原值	折旧额	原值	折旧额
房　屋	3‰	300 000	900	60 000	180	—	—	360 000	1 080
机器设备	5‰	500 000	2 500	100 000	500	45 000	225	555 000	2 775
合　计		800 000	3 400	160 000	680	45 000	225	915 000	3 855

"固定资产折旧计算汇总表"由会计部门根据各车间、部门编制的折旧计算明细表汇编而成，可代替折旧费用分配汇总表据以进行计提折旧的总分类核算，其格式如表3-13所示。

表 3-13   固定资产折旧计算汇总表

202×年×月   单位:元

车间部门	上月计提折旧额	上月增加折旧额	上月减少折旧额	本月应提折旧额
一车间	3 400	680	225	3 855
二车间	2 850	490	260	3 080
行政管理部	2 560		100	2 460
销售部门	800	120		920
合　计	9 610	1 290	585	10 315

根据表 3-13 的资料，编制会计分录如下：

借：制造费用——一车间　　　　　　　　　　　　　　3 855
　　　　　　——二车间　　　　　　　　　　　　　　3 080
　　管理费用　　　　　　　　　　　　　　　　　　　2 460
　　销售费用　　　　　　　　　　　　　　　　　　　　920
　　贷：累计折旧　　　　　　　　　　　　　　　　　10 315

二、其他费用的核算

其他费用是指除了本章以上各节所述的各成本费用以外的要素费用，具体包括邮电费、租赁费、印刷费、图书报刊资料费、办公用品费、试验检验费、排污费、差旅费、保险费、交通补助费、误餐补贴费和有关费用性税金等。这些费用发生时，根据有关的付款凭证，按照费用的用途进行归类。这些费用有的应计入产品成本，但由于未设其相应的成本项目，因此在其发生时记入"制造费用"账户；有的计入期间费用，即在发生时列入"管理费用""财务费用""销售费用"等账户。这些费用支出的具体会计核算方法在财务会计中都已阐述，这里仅以飞达工厂的"其他费用汇总表"为例，简单说明其会计处理方法。

【例 3-15】飞达工厂根据有关付款凭证，202×年 8 月份直接以银行存款支付其他费用，如表 3-14 所示。

表 3-14   其他费用汇总表   单位:元

总账科目	明细科目	办公费	劳动保护费	其 他	合 计
制造费用	基本生产车间	500	400	500	1 400
	供水车间	80	160	200	440
	锅炉车间	60	100	110	270
	小　计	640	660	810	2 110
管理费用		800	300	600	1 700
合　计		1 440	960	1 410	3 810

根据表 3-14 的资料,编制会计分录如下:

  借:制造费用——基本生产车间   1 400
      ——供水车间   440
      ——锅炉车间   270
    管理费用   1 700
    贷:银行存款   3 810

第五节　辅助生产费用的核算

一、辅助生产费用的归集

  辅助生产是指为基本生产车间、企业行政管理部门等单位服务而进行的产品生产和劳务供应。辅助生产有的只生产一种产品或提供一种劳务,如供电、供水、供气、运输等;有的则生产多种产品或提供多种劳务,如从事工具、模具、修理用备件的制造和机器设备的修理等。辅助生产提供的产品和劳务,有时也对外销售,但主要是为本企业服务。辅助生产产品和劳务成本的高低,对于基本生产产品成本和经营管理水平有着直接的影响,并且,只有在辅助生产产品和劳务成本确定以后,才能计算基本生产的产品成本和经营管理费用。因此,必须加强辅助生产费用的核算,正确、及时地组织辅助生产费用的归集和分配。

  辅助生产费用的归集和分配是通过"辅助生产成本"账户进行的。一般应按车间及产品或劳务的种类设置明细账,账内按成本项目或费用项目设置专栏,进行明细核算。对于直接用于辅助生产产品或提供劳务的费用,应直接记入"辅助生产成本"账户及其明细账的借方;对于辅助生产车间发生的制造费用,如该车间下设制造费用明细账,则记入"制造费用——辅助生产车间"账户及其明细账的借方进行汇总后,月末再从"制造费用——辅助生产车间"账户及其明细账的贷方,直接转入或分配转入"辅助生产成本"账户及其明细账的借方,从而计算辅助生产的产品或劳务的成本,并从"辅助生产成本"账户及其明细账的贷方转出,分配给各受益对象,期末如有借方余额,则为辅助生产的在产品成本。"辅助生产成本"明细账和其下设的"制造费用"明细账的格式如表 3-15、表 3-16 所示。

表 3-15　　　　　　　　　　　"辅助生产成本"明细账

辅助生产车间:修理车间　　　　　　202×年 7 月　　　　　　　　　　　　单位:元

摘　要	直接材料	动力	直接人工	制造费用	合计	转出
直接材料费用分配表	9 600				9 600	
动力费用分配表		700			700	
职工薪酬分配表			6 800		6 800	
制造费用分配表				2 100	2 100	
辅助生产成本分配表						19 200
合　计	9 600	700	6 800	2 100	19 200	19 200

表 3-16　　　　　　　　　　　　制造费用明细账
辅助生产车间:修理车间　　　　　　202×年 7 月　　　　　　　　　　　　单位:元

摘　要	材料	动力	工资及福利费	折旧费	办公费	保险费	其他	合计	转出
直接材料费用分配表	780							780	
动力费用分配表		60						60	
职工薪酬分配表			510					510	
折旧费用分配表				300				300	
办公费(付款凭证×号)					230			230	
保险费(付款凭证×号)						100		100	
其他(付款凭证×号)							120	120	
制造费用分配表									2 100
合　计	780	60	510	300	230	100	120	2 100	2 100

有的企业辅助生产车间规模较小,发生的费用较少,也不对外销售产品或提供劳务,为了简化核算工作,辅助生产车间的制造费用可以不单独设置"制造费用——辅助生产车间"明细账进行汇总,而是直接记入"辅助生产成本"账户及其明细账的借方。这时,"辅助生产成本"明细账就是按照成本项目与费用项目相结合设置专栏,而不是按成本项目设置专栏。

二、辅助生产费用的分配

归集在"辅助生产成本"账户及其明细账借方的辅助生产费用,由于辅助生产车间所生产的产品和提供劳务的种类不同,因此费用转出、分配的程序也不一样。工具和模具车间生产的工具、模具和修理用备件等产品成本,应在产品完工入库时,从"辅助生产成本"账户及其明细账的贷方分别转入"周转材料——低值易耗品""原材料"等账户的借方。在有关车间、部门领用时,再从"周转材料——低值易耗品""原材料"等账户的贷方,转入"制造费用——基本生产车间""管理费用"等账户的借方。

对于动力、机修和运输等车间生产和提供的电、水、汽、修理和运输等产品和劳务所发生的费用,要在各受益单位之间按照所耗数量或其他比例进行分配,分配时,应从"辅助生产成本"账户及其明细账的贷方转入"制造费用——基本生产车间""管理费用"等账户的借方。辅助生产费用的分配是通过编制"辅助生产费用分配表"进行的。

辅助生产主要是为基本生产车间和企业管理部门提供的产品和劳务。但在某些辅助生产车间之间,也有相互提供产品和劳务的情况。例如,修理车间为供电车间修理设备,供电车间也为修理车间提供电力。这样,为了计算修理成本,就要确定供电成本;为了计算供电成本,又要确定修理成本。因此,为了正确计算辅助生产产品和劳务的成本,并且将辅助生产费用正确地计入各受益单位,在分配辅助生产费用时,就应在各辅助生产车间之间进行费用的交互分配,然后才能按受益单位进行分配。

辅助生产费用的分配通常采用的方法有直接分配法、一次交互分配法、顺序分配法、代数分配法和计划成本分配法。

(一)直接分配法

直接分配法是指各辅助生产车间发生的费用,直接分配给辅助生产车间以外的各受益对象,而不考虑各辅助生产车间之间相互提供产品或劳务的情况。其计算公式为:

$$单位成本(分配率)=\frac{待分配辅助生产费用}{辅助生产劳务(产品)总量-其他辅助生产劳务(产品)耗用量}$$

某受益对象分配的费用=该受益对象耗用劳务(产品)数量×单位成本(分配率)

【例 3-16】 某企业有供电和供水两个辅助生产车间,主要为本企业基本生产车间和行政管理部门等服务,供电车间本月发生费用 5 500 元,供水车间本月发生费用 2 100 元。各辅助生产车间供应产品或劳务数量如表 3-17 所示。

表 3-17　　　　　　　　　各辅助生产车间供应产品或劳务数量

受益单位	用电度数(度)	用水吨数(吨)
供电车间		200
供水车间	2 000	
基本生产车间:		
甲产品生产耗用	15 500	
一般耗用	3 000	3 100
厂部管理部门	1 000	600
专设销售机构	500	300
合　计	22 000	4 200

采用直接分配法编制的"辅助生产费用分配表"如表 3-18 所示。

$$电单位成本(分配率)=\frac{5\ 500}{22\ 000-2\ 000}=0.275(元/度)$$

$$水单位成本(分配率)=\frac{2\ 100}{4\ 200-200}=0.525(元/吨)$$

表 3-18　　　　　　　　　　辅助生产费用分配表
(直接分配法)　　　　　　　　　　　　　　　　　金额单位:元

项　目		供电车间	供水车间	合　计
待分配辅助生产费用		5 500	2 100	7 600
供应辅助生产以外的劳务数量		20 000	4 000	
单位成本(分配率)		0.275	0.525	
甲产品生产	耗用数量	15 500		
	分配金额	4 262.50		4 262.50
基本生产车间管理部门	耗用数量	3 000	3 100	
	分配金额	825	1 627.50	2 452.50

续表

项　目		供电车间	供水车间	合　计
厂部管理部门	耗用数量	1 000	600	
	分配金额	275	315	590
专设销售机构	耗用数量	500	300	
	分配金额	137.50	157.50	295
合　计		5 500	2 100	7 600

根据辅助生产费用分配表，编制会计分录如下：

借：基本生产成本——甲产品　　　　　　　　　　　4 262.50
　　制造费用　　　　　　　　　　　　　　　　　　2 452.50
　　管理费用　　　　　　　　　　　　　　　　　　　590
　　销售费用　　　　　　　　　　　　　　　　　　　295
　贷：辅助生产成本——供电车间　　　　　　　　　　5 500
　　　　　　　　——供水车间　　　　　　　　　　2 100

采用直接分配法，由于各辅助生产费用直接对外分配，计算工作简单。但在各辅助生产单位相互提供产品和劳务成本差额较大时，将影响分配结果的准确性。因此，这种分配方法只适宜在辅助生产内部相互提供产品或劳务不多、不进行费用的交互分配、对辅助生产成本和产品制造成本影响不大的情况下采用。

（二）一次交互分配法

一次交互分配法是指将辅助生产车间发生的生产费用，先在各辅助生产车间之间进行一次相互分配后，再对其他受益单位进行分配的一种方法。这种方法把辅助生产车间的费用分为两个阶段进行分配。首先，将各辅助生产成本明细账本身发生的费用总额按供应劳务量，求出分配率，在各辅助生产车间之间，按相互提供的劳务数量进行一次交互分配，以确定各辅助生产车间的费用。而各辅助生产车间本身直接发生的费用，加上交互分配转入的费用，减去分配转出的费用，则为各辅助生产车间的实际费用。然后，将各辅助生产车间交互分配后的实际费用在辅助生产车间以外的各受益对象之间再进行分配。其计算公式为：

（1）交互分配

$$某辅助生产车间费用分配率 = \frac{该辅助生产车间的待分配费用}{该辅助生产车间劳务供应总量}$$

其他辅助生产车间应负担的该项费用＝该辅助生产车间该项劳务的耗用量×该项费用交互分配率

（2）对外分配

$$某辅助生产费用对外分配率 = \frac{该辅助生产分配前费用＋交互分配转入费用－交互分配转出费用}{该辅助生产车间对其他辅助车间以外部门提供的劳务总量}$$

某产品（部门）应负担的该项辅助生产费用＝该产品（部门）该项劳务的耗用量×该项费用对外分配率

【例3-17】　仍以【例3-16】的资料为准，用一次交互分配法分配辅助生产费用，其结果如表3-19所示。

表 3-19　　　　　　　　　　　　　　辅助生产费用分配表

（一次交互分配法）　　　　　　　　　　　　　　金额单位：元

项目			交互分配			对外分配		
			供电车间	供水车间	合计	供电车间	供水车间	合计
待分配费用			5 500	2 100	7 600	5 100	2 500	7 600
供应劳务量			22 000	4 200		20 000	4 000	
分配率（单位成本）			0.25	0.5		0.255	0.625	
辅助生产	供电车间	消耗数量		200				
		分配金额		100	100			
	供水车间	消耗数量	2 000					
		分配金额	500		500			
基本生产	甲产品生产	消耗数量				15 500		
		分配金额				3 952.50		3 952.50
制造费用	基本生产车间	消耗数量				3 000	3 100	
		分配金额				765	1 937.50	2 702.50
管理费用	厂部管理部门	消耗数量				1 000	600	
		分配金额				255	375	630
销售费用	专设销售机构	消耗数量				500	300	
		分配金额				127.50	187.50	315
合计						5 100	2 500	7 600

表 3-19 中计算分配如下：

(1) 交互分配

供电车间交互分配费用分配率 $=\dfrac{5\ 500}{22\ 000}=0.25$ (元/度)

供水车间交互分配费用分配率 $=\dfrac{2\ 100}{4\ 200}=0.5$ (元/吨)

供水车间应负担电费 $=2\ 000\times 0.25=500$ (元)

供电车间应负担水费 $=200\times 0.5=100$ (元)

根据交互分配结果，编制会计分录如下：

　　借：辅助生产成本——供电车间　　　　　　　　　　　　　100
　　　　　　　　　　　——供水车间　　　　　　　　　　　　　500
　　　　贷：辅助生产成本——供水车间　　　　　　　　　　　　　100
　　　　　　　　　　　　——供电车间　　　　　　　　　　　　　500

交互分配后的实际费用：

供电车间：$5\ 500+100-500=5\ 100$ (元)

供水车间：$2\ 100+500-100=2\ 500$ (元)

(2)对外分配

供电车间费用分配率 $=\dfrac{5\,500+100-500}{22\,000-2\,000}=\dfrac{5\,100}{20\,000}=0.255$(元/度)

供水车间费用分配率 $=\dfrac{2\,100+500-100}{4\,200-200}=\dfrac{2\,500}{4\,000}=0.625$(元/吨)

甲产品应负担的辅助生产费用：

(电费)15 500×0.255=3 952.50(元)

基本生产车间管理部门应负担的辅助生产费用：

(电费)3 000×0.255=765(元)

(水费)3 100×0.625=1 937.50(元)

厂部管理部门应负担的辅助生产费用：

(电费)1 000×0.255=255(元)

(水费)600×0.625=375(元)

专设销售机构应负担的辅助生产费用：

(电费)500×0.255=127.50(元)

(水费)300×0.625=187.50(元)

根据对外分配结果，编制会计分录如下：

借：基本生产成本——甲产品	3 952.50
制造费用	2 702.50
管理费用	630
销售费用	315
贷：辅助生产成本——供电车间	5 100
——供水车间	2 500

一次交互分配法克服了直接分配法不能反映辅助生产车间相互提供产品和劳务的不足，提高了辅助生产成本计算的准确性。但如果企业的辅助生产车间较多，则这种分配方法的工作量较大。若企业实行两级核算，各辅助生产车间的费用交互分配则必须由企业会计部门集中进行，而不能由各辅助生产车间分散进行。只有等到厂部财会部门进行交互分配后，各辅助生产车间才能计算其实际费用，所以它往往会影响成本计算的及时性。这种方法一般适用于各辅助生产车间之间相互提供劳务较多的企业。

(三)顺序分配法

顺序分配法是指各辅助生产车间分配费用按受益多少的顺序排列，受益少的排在前面，先将费用分配出去；受益多的排在后面，后将费用分配出去，后列车间负担前列车间分配转入的费用，但不再向前列车间分配费用。其计算公式为：

某辅助生产车间的可供分配费用＝本车间发生的直接费用＋排在它前面的车间分配转入的费用

$$\text{某辅助生产车间的费用分配率}\atop\text{(对外分配的单位成本)}=\dfrac{\text{该辅助生产车间可供分配的费用}}{\text{该辅助生产车间对外供应劳务总量}}$$

【例3-18】 仍以【例3-16】的资料为准，采用顺序分配法分配辅助生产费用，其结果如表3-20所示。

表 3-20　　　　　　　　　　　　辅助生产费用分配表

(顺序分配法)　　　　　　　　　　金额单位:元

项目	辅助生产车间						甲产品生产		基本生产车间		厂部管理部门		专设销售机构		分配金额合计
	供电车间			供水车间											
	劳务量	待分配费用	分配率	劳务量	待分配费用	分配率	耗用量	分配金额	耗用量	分配金额	耗用量	分配金额	耗用量	分配金额	
	22 000	5 500		4 200	2 100										7 600
分配电费	-22 000	-5 500	0.25	2 000	500		15 500	3 875	3 00	750	1 000	250	500	125	5 500
				待分配劳务量及水费	4 000	2 600									
				分配水费	-4 000	-2 600	0.65		3 100	2 015	600	390	300	195	2 600
				分配金额合计			3 875		2 765		640		320	7 600

注：供电车间受益少、先行分配，供水车间受益多，排后分配。

表中计算如下：

$$电费分配率 = \frac{5\ 500}{2\ 000 + 15\ 500 + 3\ 000 + 1\ 000 + 500} = 0.25$$

$$水费分配率 = \frac{2\ 100 + 500}{3\ 100 + 600 + 300} = 0.65$$

根据辅助生产费用分配表，编制会计分录如下：

(1) 分配电费：

借：辅助生产成本——供水车间　　　　　　　　　500
　　基本生产成本——甲产品　　　　　　　　　3 875
　　制造费用　　　　　　　　　　　　　　　　750
　　管理费用　　　　　　　　　　　　　　　　250
　　销售费用　　　　　　　　　　　　　　　　125
　　贷：辅助生产成本——供电车间　　　　　　5 500

(2) 分配水费：

借：制造费用　　　　　　　　　　　　　　　2 015
　　管理费用　　　　　　　　　　　　　　　　390
　　销售费用　　　　　　　　　　　　　　　　195
　　贷：辅助生产成本——供水车间　　　　　　2 600

上列辅助生产费用分配表的下线呈梯形，因而这种分配方法也叫梯形分配法。由于排列在前面的辅助生产车间不负担排列在后面的辅助生产车间的费用，因此仍存在分配结果不够准确的情况。这种分配方法只适宜在各辅助生产车间之间相互受益具有明显差异的企业采用。

> **请思考**
>
> 辅助生产费用有哪些分配方法？最准确的分配方法是哪种？

(四) 代数分配法

代数分配法是指运用代数中多元一次联立方程的原理来计算确定辅助生产车间提供产品或劳务的单位成本,然后根据各受益部门耗用产品或劳务的数量和确定的单位成本分配辅助生产费用。

【例 3-19】 仍以【例 3-16】的资料为准,采用代数分配法分配辅助生产费用。

设：x＝每度电的成本

y＝每吨水的成本

列联立方程如下：

$$\begin{cases} 5\,500+200y=22\,000x \\ 2\,100+2\,000x=4\,200y \end{cases}$$

解方程得：

$$\begin{cases} x=0.255\,652 \\ y=0.621\,72 \end{cases}$$

根据各受益单位的耗用量和以上求得的单位成本,编制辅助生产费用分配表,在全部受益单位(包括其他辅助生产车间)之间分配辅助生产费用,其结果如表 3-21 所示。

根据辅助生产费用分配表,编制会计分录如下：

借：辅助生产成本——供电车间	124.34
——供水车间	511.30
基本生产成本——甲产品	3 962.61
制造费用	2 694.29
管理费用	628.68
销售费用	314.42
贷：辅助生产成本——供电车间	5 624.34
——供水车间	2 611.30

采用代数分配法分配辅助生产费用,分配结果最准确,但在辅助生产车间较多的情况下,未知数较多,计算复杂,要用到高等数学中的矩阵方法求解,因此,该方法只适宜在辅助生产车间较少或计算工作已经实现电算化的企业采用。

表 3-21

辅助生产费用分配表
（代数分配法）

金额单位：元

项 目		计量单位	单位成本（分配率）	费用合计	辅助生产				甲产品生产		基本生产车间		厂部管理部门		专设销售机构	
					供电车间		供水车间									
					数量	金额	数量	金额	数量	金额	数量	金额	数量	金额	数量	金额
待分配辅助生产费用				7 600	22 000	5 500	4 200	2 100								
费用分配	供电车间	度	0.255 652	5 624.34①			2 000	511.30	15 500	3 962.61	3 000	766.96	1 000	255.65	500	127.82③
	供水车间	吨	0.621 72	2 611.30②	200	124.34					3 100	1 927.33	600	373.03	300	186.60④
	合计			8 235.64		124.34		511.30		3 962.61⑤		2 694.29⑥		628.68⑦		314.42⑧

注：① 5 624.34＝5 500＋124.34。
② 2 611.30＝2 100＋511.30。
③ 供电车间费用分配的计算尾差 0.01 计入管理费用。
④ 供水车间费用分配的计算尾差 0.08 计入管理费用。
⑤＋⑥＋⑦＋⑧＝7 600。

(五)计划成本分配法

计划成本分配法是指按辅助生产车间生产的产品或劳务的计划单位成本分配辅助生产费用的一种方法。辅助生产为各受益单位(包括其他辅助生产车间)提供的产品或劳务,一律按产品或劳务的实际耗用量和计划单位成本进行分配;辅助生产车间实际发生的费用,包括辅助生产交互分配转入的费用在内,与按计划单位成本分配转出的费用之间的差额,即辅助生产产品或劳务的成本差异,可以在辅助生产以外的各受益单位,按其耗用该产品或劳务的数量或已分配计划成本的比例再进行分配。为简化核算工作,也可将成本差异合计数转入"管理费用"账户。

【例 3-20】 仍以【例 3-16】的资料为准,采用计划分配法分配辅助生产费用,其结果如表 3-22 所示。

表 3-22　　　　　　　　　　辅助生产费用分配表
(计划成本分配法)　　　　　　　　　　　金额单位:元

辅助生产费用分配	供电车间 供电数量	金额	供水车间 供水吨数	金额	分配费用合计
待分配数	22 000	5 500	4 200	2 100	7 600
计划单位成本	0.26		0.62		
生产成本——辅助生产成本					
(供电车间)			200	124	124
(供水车间)	2 000	520			520
生产成本——基本生产成本					
(甲产品)	15 500	4 030			4 030
制造费用	3 000	780	3 100	1 922	2 702
管理费用	1 000	260	600	372	632
销售费用	500	130	300	186	316
按计划成本分配费用		5 720		2 604	8 324
辅助生产实际成本		5 624		2 620	8 244
辅助生产成本差异		−96		+16	−80

注:(1)辅助生产实际成本:
　　供电车间:5 624=5 500+124
　　供水车间:2 620=2 100+520
(2)辅助生产成本差异:
　　供电车间:−96=5 624−5 720
　　供水车间:+16=2 620−2 604
(3)分配计入成本、费用的金额为:
　　(4 030+2 702+632+316)−80
　　=7 600(元)

根据费用分配表,编制会计分录如下:

(1)按计划成本分配费用:

  借:辅助生产成本——供电车间   124

       ——供水车间   520

    基本生产成本——甲产品   4 030

    制造费用   2 702

    管理费用   632

    销售费用   316

    贷:辅助生产成本——供电车间   5 720

       ——供水车间   2 604

(2)分配成本差异:

  借:管理费用   80

    贷:辅助生产成本——供电车间   96

       ——供水车间   16

采用计划成本分配法可以简化核算工作,并有利于明确内部经济责任,便于辅助车间和各受益部门的成本考核和分析,尤其适用于实行内部经济核算的企业采用。但采用这种分配方法,辅助生产产品或劳务的计划单位成本应力求准确,以保证分配结果合理。

第六节 制造费用的核算

一、制造费用的归集

(一)制造费用的内容

制造费用是指企业为生产产品(或提供劳务)而发生的,应计入产品成本但没有专设成本项目的各项费用,包括:

1. 直接用于产品生产,但管理上不要求单独核算,也不专设成本项目的费用,包括机器设备的折旧费、租赁费和保险费,生产工具摊销费,设计制图费,以及未专设成本项目的生产工艺用动力等。

2. 间接用于产品生产的费用,包括机物料消耗、车间生产用房屋及建筑物的折旧费、租赁费和保险费,车间生产用的照明费、取暖费、运输费和劳动保护费等。

3. 车间用于组织和管理生产的费用,包括车间管理人员工资及福利费,车间管理用房屋和设备的折旧费、租赁费和保险费,车间管理用具摊销费,车间管理用的照明费、水电费、取暖费和办公费等。

(二)制造费用的归集

制造费用的归集和分配是通过"制造费用"账户进行的,该账户应按车间(基本生产车间、辅助生产车间)、部门设置明细账,账内按照费用项目设专栏,分别反映各个车间、部门各项制造费用的支出情况。发生制造费用时,应记入"制造费用"账户及其明细账的借方,并视具体情况,分别记入"银行存款""原材料""应付职工薪酬""累计折旧"等账户的贷方;期末按照一定的标准进行分配时,从"制造费用"账户及其明细账的贷方转出,记入"基本生产成本"等账户及有关明细账的借方;除季节性生产的车间外,"制造费用"账户期末应无余额。

如果辅助生产车间发生的制造费用是通过下设"制造费用——辅助生产车间"账户及其明细账单独核算,则应比照基本生产车间发生的制造费用进行核算;如果辅助生产车间发生的制造费用不通过"制造费用"账户及其明细账单独核算,则应全部记入"辅助生产成本"账户及其明细账的有关成本或费用项目。

二、制造费用的分配

为了正确计算产品或劳务的成本,企业必须合理地分配制造费用。分配的原则:

基本生产车间的制造费用是产品生产成本的组成部分,在只生产一种产品的车间,制造费用可以直接计入该种产品的生产成本;在生产多种产品的车间,制造费用应该采用既合理又比较简便的分配方法,分配计入各种产品的生产成本。分配时,应从"制造费用——基本生产车间"账户及其明细账的贷方,转入"基本生产成本"账户及其明细账的借方。

辅助生产车间发生的制造费用,若是通过"制造费用——辅助生产车间"账户及其明细账进行核算,则在分配制造费用时,应视具体情况进行处理:在只生产一种产品或提供一种劳务的辅助生产车间,制造费用可以直接计入该种辅助生产产品或劳务的成本;在生产多种产品或提供多种劳务的辅助生产车间,则应采用适当的分配方法,分配计入辅助生产产品或劳务的成本。分配时,应从"制造费用——辅助生产成本"账户及其明细账的贷方转出,记入"辅助生产成本"账户及其明细账的借方。制造费用明细账的格式如表3-23所示。

表3-23 制造费用明细账

车间:基本生产车间　　　　　　　202×年×月　　　　　　　　　　　单位:元

摘　要	机物料消耗	外购动力	工资及福利费	折旧费	办公费	水电费	保险费	低值易耗品	其他	合计	转出
付款凭证					2 800				290	3 090	
材料费用分配表	460									460	
低值易耗品摊销								760		760	
动力费用分配表		3 100								3 100	
职工薪酬分配表			1 260							1 260	
保险费分配表							360			360	
折旧费分配表				9 000						9 000	
辅助生产费用分配表						3 890				3 890	
制造费用分配表											21 920
合　计	460	3 100	1 260	9 000	2 800	3 890	360	760	290	21 920	21 920

由于各个车间制造费用水平不同,因此,制造费用应该按照各个车间分别进行分配,而不能将各车间的制造费用统一起来在整个企业范围内统一分配。制造费用的分配方法很多,一

一般有生产工时比例法、生产工人工资比例法、机器工时比例法和按年度计划率分配法等。

(一)生产工时比例法

生产工时比例法是按照各种产品所耗用生产工时的比例分配制造费用的一种方法。其工时可以是实际工时,也可以是定额工时。其计算公式为:

$$制造费用分配率 = \frac{制造费用总额}{车间产品生产工时总额}$$

某种产品应分配的制造费用 = 该种产品的生产工时数 × 制造费用分配率

【例3-21】 某企业基本生产车间生产甲、乙两种产品,202×年7月份发生的制造费用及有关资料如表3-24所示。

表3-24　　　　　　　　　　　制造费用及有关资料

项 目	甲产品	乙产品	合 计
产量	3 000件	5 000件	
生产工人工时	15 000小时	25 000小时	40 000小时
生产工人工资	60 000元	100 000元	160 000元
机器工时	9 000小时	13 000小时	22 000小时
7月份发生的制造费用			176 000元

该企业制造费用按生产工时比例分配,计算如下:

$$制造费用分配率 = \frac{176\ 000}{15\ 000 + 25\ 000} = 4.4$$

甲产品应分配的制造费用 = 15 000 × 4.4 = 66 000(元)

乙产品应分配的制造费用 = 25 000 × 4.4 = 110 000(元)

根据上述计算结果,编制制造费用分配表,如表3-25所示。

表3-25　　　　　　　　　　　制造费用分配表
基本生产车间　　　　　　　　　202×年7月　　　　　　　　　　　单位:元

应借账户		生产工时	分配金额(分配率)
基本生产成本	甲产品	15 000	66 000
	乙产品	25 000	110 000
合 计		40 000	176 000

根据表3-25的资料,编制会计分录如下:

借:基本生产成本——甲产品　　　　　　　　　　　　　　　　　66 000
　　　　　　　　　——乙产品　　　　　　　　　　　　　　　　110 000
　贷:制造费用　　　　　　　　　　　　　　　　　　　　　　　176 000

按生产工时比例分配是比较常用的一种分配方法,它能将劳动生产率的高低与产品负担费用的多少联系起来,使分配结果比较合理。但必须正确组织产品生产工时的核算,做好生产工时的记录和核算工作,以确保生产工时的正确、可靠。

(二)生产工人工资比例法

生产工人工资比例法是按照计入各种产品成本的生产工人实际工资的比例分配制造费用的一种方法。其计算公式为：

$$制造费用分配率 = \frac{制造费用总额}{该车间各产品生产工人工资总额}$$

某种产品应分配的制造费用 = 该产品生产工人工资 × 制造费用分配率

【例3-22】仍以【例3-21】的资料为准，按生产工人工资比例法分配制造费用如下：

$$制造费用分配率 = \frac{176\,000}{60\,000 + 100\,000} = 1.1$$

甲产品应分配的制造费用 = 60 000 × 1.1 = 66 000(元)

乙产品应分配的制造费用 = 100 000 × 1.1 = 110 000(元)

由于生产工人工资的资料很容易获得，因此，这种分配方法比较简便，但使用机器设备会发生很多相关费用，如机械设备的折旧费、租赁费等，若车间各种产品生产的机械化程度不同，采用这种分配方法，就会使机械化水平低、用工多的产品因其工资费用多而多分配制造费用；反之，会使机械化水平高、用工少的产品，因其工资费用少而少分配制造费用，这显然不合理。因此，采用这种分配方法的前提是各种产品的机械化水平大致相同。

请思考

常用的制造费用分配方法有哪些？各自的特点是什么？

(三)机器工时比例法

机器工时比例法是按照各种产品所用机器设备运转时间的比例分配制造费用的一种方法。其计算公式为：

$$制造费用分配率 = \frac{制造费用总额}{机器工时总额}$$

某种产品应分配的制造费用 = 该种产品机器工时 × 制造费用分配率

【例3-23】仍以【例3-21】的资料为准，采用机器工时比例法分配制造费用如下：

$$制造费用分配率 = \frac{176\,000}{9\,000 + 13\,000} = 8$$

甲产品应分配的制造费用 = 9 000 × 8 = 72 000(元)

乙产品应分配的制造费用 = 13 000 × 8 = 104 000(元)

机器工时比例法适于在机械化程度较高的车间采用，因为在这种车间中，折旧费用的多少与机器设备的运转时间有着密切联系。采用这种分配方法，更符合费用的发生情况，但必须正确组织各种产品所耗用机器工时的记录工作，以确保机器工时的准确性。

(四)按年度计划率分配法

按年度计划率分配法是根据企业正常生产经营条件下的年度制造费用预算数和计划产量的定额标准(定额工时、预计工人工资等)计算年度计划分配率，再根据计划分配率分配制造费用的方法。其计算公式为：

$$年度计划分配率=\frac{年度制造费用计划总额}{年度各种产品计划产量的定额标准}$$

某种产品应分配的制造费用＝该产品实际产量的定额标准数×年度计划分配率

【例 3-24】 某车间全年计划制造费用总额为 30 000 元,全年计划生产甲产品 2 000 件,乙产品 1 000 件;甲产品工时定额为 3 小时,乙产品工时定额为 4 小时。202×年 7 月份甲产品实际产量为 170 件,乙产品实际产量为 90 件,7 月份实际发生的制造费用总额为 2 500 元,制造费用分配率计算如下:

甲产品年度计划产量的定额工时＝2 000×3＝6 000(小时)

乙产品年度计划产量的定额工时＝1 000×4＝4 000(小时)

$$制造费用年度计划分配率=\frac{30\ 000}{2\ 000\times3+1\ 000\times4}=3$$

甲产品本月实际产量的定额工时＝170×3＝510(小时)

乙产品本月实际产量的定额工时＝90×4＝360(小时)

本月甲产品应分配的制造费用＝510×3＝1 530(元)

本月乙产品应分配的制造费用＝360×3＝1 080(元)

该车间本月按计划分配率分配转出的制造费用为:

1 530＋1 080＝2 610(元)

假设"制造费用"账户 7 月初为借方余额 150 元,则该月制造费用的实际发生额和分配转出额登记结果如图 3-1 所示。

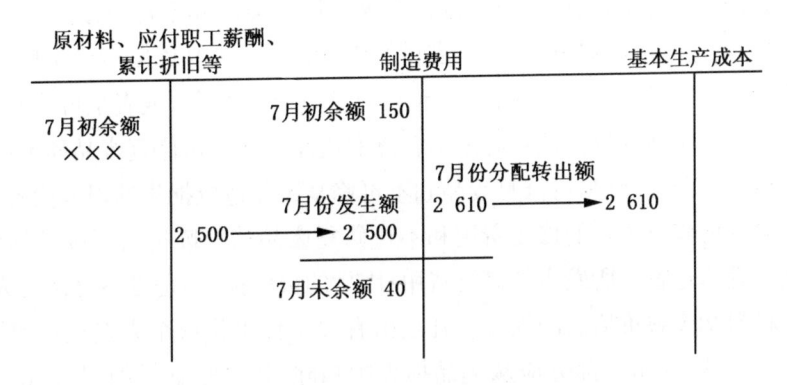

```
原材料、应付职工薪酬、
  累计折旧等              制造费用              基本生产成本

7月初余额               7月初余额 150
  ×××
                      7月份发生额      7月份分配转出额
                                      2 610 ———→ 2 610
  2 500 ———→ 2 500

                      7月末余额 40
```

图 3-1 账户记录示意图

采用年度计划率分配法,不管各月实际发生的制造费用是多少,每月各种产品负担的制造费用都按年度计划分配率分配。月末,对于本月实际发生的制造费用与按年度计划率分配的制造费用之间的差额不予调整,而是逐月累计,因此,"制造费用"账户平时一般有余额,可能是借方余额,也可能是贷方余额。借方余额表示实际发生的制造费用大于按计划分配的费用,贷方余额表示实际发生的制造费用小于按计划分配的费用。"制造费用"账户如有年末余额,就是全年制造费用的实际发生额与计划分配额的差额,应采用一定的方法进行追加调整分配,一次计入 12 月份生产的各种产品成本中去。如果实际发生额大于计划分配额,则应借记"基本生产成本"账户,贷记"制造费用"账户;如果实际发生额小于计划分配额,则用红字冲减,或借记"制造费用"账户,贷记"基本生产成本"账户。但是,在年度内如果发现全年的制造费用实际数和按实际产量与年度计划分配率分配的计划数发生较大的差额时,应及时调整计划分配率,以确保分配费用的准确性。

这种分配方法核算工作简便,特别适用于季节性生产的车间,因为它不受淡月与旺月产量相差悬殊的影响,从而不会使各月单位产品成本中制造费用忽高忽低,便于进行成本分析。但是,采用这种分配方法要求计划工作水平较高,否则会影响产品成本计算的正确性。

无论采用哪一种制造费用分配方法,都应该根据分配计算的结果,编制制造费用分配表,据以进行制造费用的总分类核算和明细核算。

第七节 生产损失的核算

一、废品损失的核算

废品是指因生产操作等原因,造成质量不符合规定的技术标准,不能按原定用途使用,或需经加工修理才能使用的在产品、半产品或产成品,包括生产过程中发现的废品和入库后发现的废品。

废品按其产生的原因不同,可分为工废和料废两种。工废是指由于工人操作上的原因造成的废品,属于操作工人的责任;料废是由于被加工的原材料或半成品的质量不符合要求所造成的废品,不属于操作人员的责任。

废品按其能否修复与是否具有修复价值,分为可修复废品和不可修复废品两种。可修复废品是指技术上、工艺上可以修复,而且所支付的修理费用与废品修复后可实现的经济价值比较起来合算的废品;不可修复废品是指在技术上、工艺上不可修复,或者虽可修复,但所支付的修理费用与修复后可实现的价值比较起来不合算的废品。区分可修复废品和不可修复废品是进行废品损失核算的前提,因为可修复废品和不可修复废品造成损失的组成内容不同。

废品损失包括可修复废品的修复费用和不可修复废品的报废损失。废品的修复费用,是指可修复废品在返修过程中所发生的修复费用;废品的报废损失,是指不可修复废品的生产成本扣除回收的材料和废料价值后的损失。凡是由有关责任单位或个人造成的废品,应由过失单位和个人负担赔款,其赔偿部分应从废品损失中扣除,扣除赔款后的损失,即废品净损失。应当注意,不需返修而降价出售的不合格品,其降价损失体现为销售收益的减少,不作为废品损失处理;产成品入库后,由于保管不善而损坏变质的损失,属于管理问题,应作为管理费用,不做废品损失处理。废品损失核算的依据,是经过质量检验部门填制并审核后的废品通知单。

在经常有废品损失的企业,为了考核和控制废品损失的需要,应当设置"废品损失"账户,在成本项目中应设置"废品损失"项目。

废品损失的归集和分配,应根据废品损失计算表和分配表等有关凭证,通过"废品损失"账户进行。"废品损失"账户应当分生产车间按产品设置明细账,账内按成本项目登记废品损失的详细资料。"废品损失"账户的借方登记(归集)可修复废品的修复费用和不可修复废品的生产成本;贷方登记废品残料回收的价值和应收的赔款,以及应由本月生产的同种产品成本负担的废品净损失,即从"废品损失"账户的贷方转入"基本生产成本"账户的借方(记入本月同种产品成本明细账的"废品损失"成本项目);月末将废品净损失转入生产成本后,"废品损失"账户应无余额。

> **请思考**
>
> 废品产生的原因是什么?废品损失包括哪些内容?

(一)不可修复废品损失的核算

核算不可修复废品的损失,应首先计算不可修复废品的生产成本,并从"基本生产成本"账户的贷方转入"废品损失"账户的借方及废品损失计算表进行归集;对于回收的残料价值,应从废品损失中扣除,由"废品损失"账户的贷方转入"原材料"账户的借方。应由造成废品的单位或过失人负担的赔款,也应从废品损失中扣除,由"废品损失"账户的贷方转入"其他应收款"账户的借方;扣除残料价值和应收赔款后的废品净损失,应全部由本月所产同种产品的合格产品成本负担,转入"基本生产成本"账户及其明细账的"废品损失"项目,并全部归由本月完工产品负担。由于废品在报废之前所发生的各项生产费用是与合格品一起归集在"基本生产成本"账户的,因此,在确定不可修复废品的生产成本时,有以下两种计算方法:

1. 按废品所耗实际费用计算的方法

采用按废品所耗实际费用计算时,就需要按一定比例,将归集在"基本生产成本"账户的各项生产费用在合格品与废品之间进行分配,计算出废品的实际生产成本,然后,从"基本生产成本"账户的贷方转入"废品损失"账户的借方。

【例3-25】 某车间202×年8月生产甲产品800件,其中验收时发现不可修复废品10件;合格品生产工时为9 900小时,废品工时为100小时,甲产品成本计算单(基本生产成本明细账)所列合格品和废品的全部生产费用为:直接材料48 000元,燃料及动力11 000元,直接人工12 800元,制造费用6 600元,共计78 400元。废品残料回收价值200元,原材料于生产开工时一次投入,原材料费用按合格品数量和废品数量的比例分配;其他费用按生产工时比例分配。根据上列资料,编制废品损失计算表,其结果如表3-26所示。

表3-26   **废品损失计算表**   产品名称:甲产品
(按实际成本计算)   废品数量:10
202×年8月   金额单位:元

项 目	数量(件)	直接材料	生产工时	燃料及动力	直接人工	制造费用	成本合计
费用总额	800	48 000	10 000	11 000	12 800	6 600	78 400
费用分配率		60		1.1	1.28	0.66	
废品成本	10	600	100	110	128	66	904
减:废品残料		200					200
废品损失		400	100	110	128	66	704

根据表3-26的资料,编制会计分录如下:

(1)结转废品成本(实际成本):

借:废品损失——甲产品　　　　　　　　　　　　　　　　　904
　　贷:基本生产成本——甲产品——原材料　　　　　　　　　600
　　　　　　　　　　　　　　　——燃料及动力　　　　　　110
　　　　　　　　　　　　　　　——直接人工　　　　　　　128
　　　　　　　　　　　　　　　——制造费用　　　　　　　 66

(2)回收废品残料价值:
　借:原材料　　　　　　　　　　　　　　　　　　　　　　200
　　　贷:废品损失——甲产品　　　　　　　　　　　　　　　200

(3)费用净损失转入该种合格品产品成本:
　借:基本生产成本——甲产品——废品损失　　　　　　　　　704
　　　贷:废品损失——甲产品　　　　　　　　　　　　　　　704

在完工以后发现的废品,单位废品应负担的各项生产费用与单位合格品负担的各项生产费用完全相同,可将各项生产费用按废品数量与合格品产量之间的比例进行分配,计算废品的实际成本。按废品的实际成本计算和分配废品损失,符合实际,但核算工作量较大。

2. 按废品所耗定额费用计算的方法

按废品所耗定额费用计算的方法,也称按定额成本计算的方法。它是根据废品的数量和各项费用定额计算废品的定额成本,然后从"基本生产成本"账户转入"废品损失"账户。

【例3-26】　某车间202×年8月生产乙产品,在验收入库时发现不可修复废品8件,回收废品残值360元,按定额成本计算废品成本和废品损失。根据上列资料,编制废品损失计算表,其结果如表3-27所示。

表3-27　　　　　　　　　　废品损失计算表　　　　　　　　产品名称:乙产品
　　　　　　　　　　　　　　　(按定额成本计算)　　　　　　废品数量:8
　　　　　　　　　　　　　　　　202×年8月　　　　　　　　　　单位:元

项　目	直接材料	燃料及动力	直接人工	制造费用	成本合计
费用定额	300	60	20	15	395
废品定额成本	2 400	480	160	120	3 160
减:回收残值	360				360
废品损失	2 040	480	160	120	2 800

根据表3-27的资料,编制会计分录如下:

(1)结转废品成本(定额成本):
　借:废品损失——乙产品　　　　　　　　　　　　　　　3 160
　　　贷:基本生产成本——乙产品——直接材料　　　　　　2 400
　　　　　　　　　　　　　　　——燃料及动力　　　　　　480
　　　　　　　　　　　　　　　——直接人工　　　　　　　160
　　　　　　　　　　　　　　　——制造费用　　　　　　　120

(2)回收废品残料价值：

　　借:原材料　　　　　　　　　　　　　　　　　　　　　　　　　　360
　　　　贷:废品损失——乙产品　　　　　　　　　　　　　　　　　　　360

(3)废品损失转入该种合格品产品成本：

　　借:基本生产成本——乙产品——废品损失　　　　　　　　　　　2 800
　　　　贷:废品损失——乙产品　　　　　　　　　　　　　　　　　　2 800

采用按废品所耗定额费用计算和分配废品损失,核算工作比较简单,有利于考核和分析废品损失及产品成本；但必须具备比较准确的定额成本资料,否则会影响成本计算的正确性。

> **请思考**
>
> 废品损失由完工产品和期末在产品共同负担,对吗？请说明理由。

(二)可修复废品损失的核算

可修复废品在返修以前发生的生产费用,不是废品损失,由于可修复废品修复后仍可作为合格品入库待售,因此不必计算原来的生产成本而只需计算其修复费用。返修发生的各种费用,应根据各种费用分配表,记入"废品损失"账户的借方。其回收的残料价值和应收的赔款,应从"废品损失"账户的贷方转入"原材料"和"其他应收款"账户的借方。废品修复费用减去残值和赔款后的废品净损失,也应从"废品损失"账户的贷方转入"基本生产成本"的借方,并在所属有关的产品成本明细账中,记入"废品损失"成本项目。

不单独核算废品损失的企业,不设"废品损失"账户和"废品损失"成本项目,在回收废品残料时,记入"原材料"账户的借方和"基本生产成本"账户的贷方,并从所属有关产品成本明细账的"原材料"成本项目中扣除残料价值。

以上所述废品损失均指基本生产的废品损失。为了简化核算工作,辅助生产一般不单独核算废品损失。

二、停工损失的核算

停工损失是指生产车间或车间内某个班组在停工期内发生的各项费用,包括停工期内支付的生产工人的工资和提取的福利费、所耗燃料和动力费以及应负担的制造费用等。过失单位、过失人员或保险公司负担的赔款,应从停工损失中扣除。计算停工损失的范围和时间起点,可由企业主管部门规定,或由主管部门授权企业自行规定。为了简化核算工作,停工不满一个工作日的,可以不计算停工损失。

导致停工的原因很多,应分别不同情况进行处理。由于自然灾害引起的停工损失,应按规定转做营业外支出；其他停工损失,如原材料供应不足、机器设备发生故障,以及计划减产等原因发生的停工损失,应计入产品成本。当发生停工时,车间应填制停工报告单,并在考勤记录中登记。在停工报告单中,应详细列明停工的范围、起止时间、原因、过失单位等内容。停工报告单经有关部门审核后,作为停工损失核算的原始凭证。

单独核算停工损失的企业,应增设"停工损失"账户,并在产品生产成本明细账中增设"停工损失"成本项目。该账户应按车间设置明细账,账内按成本项目分设专栏或专行进行明细分类核算。根据停工报告单和各种费用分配表、分配汇总表等有关凭证,将停工期内发生、应列作停工损失的费用记入"停工损失"账户;过失单位、过失人员或保险公司的赔款,应从该账户的贷方转入"其他应收款"等账户的借方。将停工净损失从该账户贷方转出,属于自然灾害部分转入"营业外支出"账户的借方;应由本月产品成本负担的部分,则转入"基本生产成本"账户的借方,并采用合理的分配标准,分配记入各车间各种产品成本明细账的"停工损失"成本项目。各产品应负担的停工损失,一般由当月完工产品承担,当月在产品和自制半产品不负担停工损失。"停工损失"账户月末一般无余额。

第八节 生产费用在完工产品与在产品之间分配的核算

一、在产品的核算

(一)在产品的含义

在产品是指企业已经投入生产,但尚未最后完工,不能作为商品销售的产品。在产品有广义和狭义之分。广义的在产品是针对整个企业而言的,它是指产品生产从投料开始,到最终制成产成品交付验收入库前的一切产品,包括期末正在各个生产单位加工中的在制品和已经完成一个或几个生产步骤,尚需继续加工的自制半成品,以及等待验收入库的产成品、正在返修或等待返修的返修品等。狭义的在产品是针对企业某一生产单位(如车间或分厂)或某一生产步骤而言的,它仅指本生产单位或本步骤尚未加工或尚未装配完成的在制品。该生产单位或生产步骤已经完工交出的自制半成品不包括在内。本节的在产品是指狭义的在产品。

(二)在产品数量的确定

要准确核算在产品成本,必须准确地确定在产品数量。在产品数量的确定方式通常有两种:一是通过账面核算资料确定,二是通过月末实地盘点确定。在采用前种确定方式下,要求企业设置"在产品收发存账簿",这种账簿也叫"在产品台账",通过在产品台账的登记,反映在产品的数量。

在产品台账应当分生产单位(分厂、车间),按产品的品种和零部件的名称来设置,以反映各生产单位各种在产品收入、发出和结存情况。在产品台账还可以结合企业生产工艺特点和内部管理的需要,进一步按照加工工序(生产步骤)来组织在产品数量核算。在产品台账的一般格式如表 3-28 所示。

表 3-28   在产品台账
零部件名称: 车间名称: 计量单位:

日期	摘要	收入		转出			结存			备注
		凭证号数	数量	凭证号数	合格品	废品	已完工	未完工	废品	
	合计									

在产品台账根据有关领料凭证、在产品内部转移凭证、产品检验凭证和产品入库单等原始凭证逐笔登记。

在实际工作中,在产品数量的两种确定方式往往同时运用,即在做好在产品收发日常核算工作的同时,做好在产品的定期盘点工作,以便随时掌握在产品的动态,确定在产品的数量,以保证在产品数量的准确性。

(三)在产品清查的核算

为了核实在产品实际结存数量,保证在产品的安全完整,做到账实相符,必须定期对在产品进行清查盘点。

在产品清查一般于月末结账前进行,并采用实地盘点法。盘点的结果,应填制"在产品盘点表",并与在产品的台账核对。如有不符,还应填制"在产品盘盈盘亏报告表",并说明发生盈亏的原因及处理意见等。对于毁损的在产品,还要登记残值。企业会计人员应在认真审核并报经有关部门和领导审批后,对清查的结果进行相应的账务处理。具体处理程序和方法如下:

1. 盘盈的会计处理

(1)发生盘盈时:

借:基本生产成本——某产品
　　贷:待处理财产损溢——待处理流动资产损溢

(2)批准后予以转销时:

借:待处理财产损溢——待处理流动资产损溢
　　贷:管理费用

2. 盘亏及毁损的会计处理

(1)发生盘亏及毁损时:

借:待处理财产损溢——待处理流动资产损溢
　　贷:基本生产成本——某产品

(2)批准后转销时,应区别不同情况来处理:

借:原材料(毁损在产品收回的残值)
　　其他应收款(应由过失人或保险公司赔偿的损失)
　　营业外支出(非常损失的净损失)
　　管理费用(无法收回的损失)
　　贷:待处理财产损溢——待处理流动资产损溢

(四)在产品数量与完工产品成本计算的关系

在产品数量是核算在产品成本的基础,在产品成本与完工产品成本之和就是产品的生产费用总额。由于本期期末在产品成本就是下期期初在产品成本,因此,在产品成本与完工产品成本的计算关系可用下列公式表示:

月初在产品成本+本月生产费用=本月完工产品成本+月末在产品成本

要将生产产品所发生的生产费用累计数在完工产品与在产品之间进行分配。分配的方法可以有两类:一类是将公式前两项费用之和在完工产品与月末在产品之间按一定的比例进行分配,同时计算完工产品成本和月末在产品成本;另一类是先确定公式中的月末在产品成本,再用前两项费用之和减去月末在产品成本,计算完工产品成本。

二、生产费用在完工产品与在产品之间分配

通过本章前边各节对各要素费用的归集和分配,应计入本月各种产品的费用都已记入了"基本生产成本"账户的借方,并按成本项目分别登记在各自的产品成本计算单(生产成本明细账)中。如果当月产品全部完工,则生产成本明细账中的生产费用总和即为该产品的完工成本;如果当月全部没有完工,则产品生产成本明细账所归集的生产费用就是该产品的在产品成本。然而,本月投入生产的产品月末不一定全部完工,为了正确计算当期完工产品成本,就必须将生产费用的总和在完工产品和月末在产品之间进行合理分配。

如何简便、合理地将生产费用在完工产品与在产品之间进行分配,是成本计算工作又一个重要而复杂的问题。企业应当根据产品的生产特点并考虑成本管理的要求,如在产品数量的多少、各月末在产品数量变化的大小、各项费用在成本中所占的比重以及定额管理基础的好坏等具体条件选择适当的分配方法。分配方法一经确定,不得随意变更。

生产费用在完工产品与在产品之间进行分配,常用的分配方法有以下几种:在产品忽略不计法、在产品按固定成本计价法、在产品按所耗原材料费用计算法、约当产量法、在产品按完工产品计算法、在产品按定额成本计价法和定额比例法。

(一)在产品忽略不计法

在产品忽略不计法是指企业在月末虽有在产品,但不计算在产品成本,基本生产成本明细账中归集的全部生产费用全部由本月完工产品负担,月末在产品不分担生产费用。它适用于各月在产品数量很少且稳定的产品。因为各月在产品数量很少,那么月初和月末在产品的成本就很小,月初在产品成本与月末在产品成本的差额更小,因而算不算各月在产品成本对于完工产品成本的影响也就很小,所以,在计算完工产品成本时,可以将期末在产品忽略不计。如采煤企业,由于工作面小,在产品数量很少,月末在产品就可以不计算成本。

(二)在产品按固定成本计价法

在产品按固定成本计价法是指年内各月在产品成本都按年初在产品成本计算,各月发生的生产费用就是该月完工产品成本,但年末在产品成本必须根据实地盘点数重新计算,以免影响成本计算的正确性。这种方法适用于月末在产品数量虽大,但各月之间在产品数量变化不大的产品,如有固定容器装置的在产品。

(三)在产品按所耗原材料费用计算法

在产品按所耗原材料费用计算法是指月末在产品成本只按所耗的原材料费用计算确认,人工成本和制造费用则全部由完工产品成本承担。它适用于各月末在产品数量较大,各月末在产品数量变化也较大,同时原材料费用在产品成本中所占比重较大的产品。

(四)约当产量法

约当产量法就是按完工产品数量(加工程度为100%的约当产量)和月末在产品约当产量的比例来分配生产费用,以确定完工产品成本和月末在产品实际成本的一种方法。在产品约当产量是指将月末在产品数量按其加工程度或投料程度,分别折算为相当于完工产品的数量。

在产品约当产量加上完工产品产量就是约当总产量,简称约当产量。

约当产量法适用于月末在产品数量较多,各月在产品数量变化较大,同时产品成本中直接材料、直接人工及制造费用的比重相差不多的产品。

按约当产量法在完工产品和月末在产品之间分配生产费用的公式为:

月末在产品约当产量＝在产品数量×在产品完工程度(或投料程度)

$$某项费用分配率=\frac{月初在产品成本+本月生产费用}{完工产品数量+月末在产品约当产量}$$

完工产品成本＝完工产品数量×该项费用分配率

月末在产品成本＝在产品约当产量×该项费用分配率

或:

月末在产品成本＝全部生产费用－完工产品成本

可见,计算约当产量的关键是合理确定在产品的投料程度和加工程度,它对于正确计算在产品约当产量,从而准确地将生产费用在完工产品和在产品之间进行分配至关重要。

1. 投料程度的确定

投料程度是指在产品已投材料占完工产品应投材料的百分比。其计算分以下三种情况:

(1)原材料在生产开始时一次投入,在产品投料程度为100%,这时不论在产品完工程度如何,直接材料成本都可以直接按完工产品和月末在产品的数量进行分配。

(2)原材料在每道工序开始时一次投入,则在产品投料程度计算公式如下:

$$某工序在产品投料程度=\frac{单位在产品上道工序累计投入原材料(数量)成本+单位在产品本道工序投入原材料(数量)成本}{单位完工产品原材料应投(数量)成本}$$

【例 3 - 27】 假定某企业生产的乙产品由两道工序加工而成,其原材料分两道工序在每道工序开始时一次投入。其每道工序的原材料消耗定额为:第一道工序 30 千克,第二道工序 20 千克,则每道工序在产品投料程度计算如下:

$$第一道工序在产品的投料程度=\frac{30}{50}×100\%=60\%$$

$$第二道工序在产品的投料程度=\frac{30+20}{50}×100\%=100\%$$

(3)原材料随着产品生产进度陆续投料时,在产品投料程度计算公式如下:

$$某工序在产品投料程度=\frac{单位在产品上道工序累计投入原材料(数量)成本+单位在产品本道工序投入原材料(数量)成本×50\%}{单位完工产品原材料应投(数量)成本}$$

【例 3 - 28】 仍以【例 3 - 27】的资料为例,则每道工序在产品投料程度计算如下:

$$第一道工序在产品的投料程度=\frac{30×50\%}{50}=30\%$$

$$第二道工序在产品的投料程度=\frac{30+20×50\%}{50}=80\%$$

2. 完工程度的确定

对于直接人工和制造费用,也称加工费用,通常是按完工程度计算约当产量。

各工序在产品的完工程度是指各工序在产品累计工时定额占完工产品工时定额的百分

比。其计算公式分以下两种情况：

(1)在生产进度比较均衡，各道工序在产品的加工数量相差不多的情况下，后面各道工序多加工的程度可以弥补前面各道工序少加工的程度，此时，全部在产品的加工程度均可以按50%平均计算。

(2)各道工序的在产品数量和加工量差别较大时，后面各道工序多加工的程度不可以弥补前面各工序少加工的程度，则应分工序计算在产品的加工程度。其计算公式为：

$$某道工序在产品的完工程度 = \frac{前面各道工序的累计工时定额 + 本道工序工时定额 \times 50\%}{完工产品工时定额}$$

【例 3-29】 某企业生产 A 产品，其单件工时定额为 20 小时，经过两道工序制成。其中，第一道工序的工时定额为 8 小时，第二道工序的工时定额为 12 小时。其加工程度计算如下：

$$第一道工序在产品的完工程度 = \frac{8 \times 50\%}{20} = 20\%$$

$$第二道工序在产品的完工程度 = \frac{8 + 12 \times 50\%}{20} = 70\%$$

【例 3-30】 假定某企业生产的 A 产品本月完工 280 件，月末在产品 40 件，在产品完工程度平均按 50%计算，材料在生产开始时一次投入，A 产品月初在产品成本和本月生产费用合计为 29 700 元，其中：直接材料 19 200 元，直接人工 6 000 元，制造费用 4 500 元。

(1)直接材料费用的分配：

$$直接材料费用分配率 = \frac{19\ 200}{280 + 40} = 60$$

完工产品应负担的直接材料费用 = 280×60 = 16 800(元)

在产品应负担的直接材料费用 = 40×60 = 2 400(元)

(2)直接人工费用的分配：

$$直接人工费用分配率 = \frac{6\ 000}{280 + 40 \times 50\%} = 20$$

完工产品应负担的直接人工费用 = 280×20 = 5 600(元)

在产品应负担的直接人工费用 = 40×50%×20 = 400(元)

(3)制造费用的分配：

$$制造费用分配率 = \frac{4\ 500}{280 + 40 \times 50\%} = 15(元)$$

完工产品应负担的制造费用 = 280×15 = 4 200(元)

在产品应负担的制造费用 = 40×50%×15 = 300(元)

通过以上计算，可以汇总 A 产品的完工产品成本和在产品成本：

A 产品完工产品成本 = 16 800+5 600+4 200 = 26 600(元)

A 产品在产品成本 = 2 400+400+300 = 3 100(元)

根据 A 产品完工产品和在产品成本，编制完工产品入库的会计分录：

借：库存商品——A 产品　　　　　　　　　　　　　　　26 600
　　贷：基本生产成本——A 产品　　　　　　　　　　　　　26 600

(五)在产品按完工产品计算法

在产品按完工产品计算法是指在产品视同完工产品分配费用,即生产费用合计按照完工产品的数量和月末在产品的实际数量作为分配标准进行分配。它适用于月末在产品已经接近完工,或者已经加工完毕,但尚未验收入库的产品。采用这种方法可以简化成本计算工作,而且对完工产品成本计算的准确性影响不大。

> **请思考**
>
> 生产费用在完工产品和在产品之间进行分配有哪些方法?各种方法的特点和适用范围是什么?

(六)在产品按定额成本计价法

在产品按定额成本计价法是指根据月末在产品的数量和在产品的单位定额成本计算月末在产品成本,然后用生产费用合计数扣除月末在产品成本,计算出完工产品成本的一种方法。采用这种方法,每月实际生产费用脱离定额成本的差异将全部由当月完工产品成本负担。它适用于产品各项消耗定额或费用定额准确、稳定,各月在产品数量变化不大的产品。其计算公式为:

某产品月末在产品定额成本=月末在产品数量×在产品单位定额成本

某产品完工产品总成本=该产品本月生产费用合计-该产品月末在产品定额成本

【例3-31】 某企业所生产的甲产品由一道工序完成,在产品成本按定额成本计算,原材料在生产开始时一次投入,月末在产品150件,每件在产品材料费用定额为40元,在产品单位定额工时为10小时,每小时直接人工2元,每小时制造费用为1.2元。本月生产费用合计(月初在产品成本加本月发生的生产费用)为:直接材料36 000元,直接人工12 000元,制造费用8 000元。甲产品完工产品成本与在产品成本计算如下:

(1)月末在产品定额成本:

　　直接材料定额成本=150×40=　6 000(元)

　　直接人工定额成本=150×10×2=

　　　　　　　　　　　　　　　3 000(元)

　　制造费用定额成本=150×10×1.2=1 800(元)

　　合　　计　　　　　10 800(元)

(2)完工产品成本:

　　直接材料成本=36 000-6 000=30 000(元)

　　直接人工成本=12 000-3 000= 9 000(元)

　　制造费用成本=8 000-1 800= 6 200(元)

　　合　　计　　　　　45 200(元)

(七)定额比例法

定额比例法是生产费用在完工产品与月末在产品之间按照两者的定额消耗量或定额费用的比例分配。其中,直接材料成本按材料的定额消耗量或定额费用的比例分配,直接人工等加工成本按各该定额成本的比例分配,也可按定额工时比例分配。这种方法适用于各项消耗定额或费用定额比较准确、稳定，但各月末在产品数量变动较大的产品。

定额比例法的计算公式为：

1. 直接材料费用的分配

$$直接材料费用分配率 = \frac{月初在产品原材料成本 + 本月发生的原材料费用}{完工产品原材料定额消耗量（或费用）+ 月末在产品原材料定额消耗量（或费用）}$$

$$完工产品应分配的直接材料费用 = 完工产品原材料定额耗用量（或费用）\times 直接材料费用分配率$$

$$月末在产品应分配的直接材料费用 = 月末在产品原材料定额耗用量（或费用）\times 直接材料费用分配率$$

2. 直接人工（或制造费用）的分配

$$直接人工（或制造费用）分配率 = \frac{月初在产品直接人工（或制造费用）+ 本月发生的直接人工（或制造费用）}{完工产品定额工时 + 月末在产品定额工时}$$

$$完工产品应分配的直接人工（或制造费用）= 完工产品定额工时 \times 直接人工（或制造费用）分配率$$

$$月末在产品应分配的直接人工（或制造费用）= 月末在产品定额工时 \times 直接人工（或制造费用）分配率$$

【例 3-32】某企业生产甲产品，单位产品直接材料消耗量为 60 千克，单位产品工时定额 10 小时。本月生产完工产品 600 件，月末在产品 200 件，原材料在生产开始时一次投入，月末在产品完工程度为 50%。有关资料及计算结果如表 3-29 所示。

表 3-29   产品成本计算单   金额单位：元

摘　　要	直接材料	直接人工	制造费用	合　计
月初在产品成本	12 000	2 200	1 100	15 300
本月生产费用	40 800	11 800	5 900	58 500
生产费用合计	52 800	14 000	7 000	73 800
完工产品定额消耗量	36 000（千克）	6 000（小时）	6 000（小时）	
月末在产品定额消耗量	12 000（千克）	1 000（小时）	1 000（小时）	
定额消耗量合计	48 000（千克）	7 000（小时）	7 000（小时）	
费用分配率	1.1	2	1	
完工产品实际成本	39 600	12 000	6 000	57 600
完工产品单位成本	66	20	10	96
月末在产品成本	13 200	2 000	1 000	16 200

其中：

完工产品定额消耗量 = 600 × 60 = 36 000（千克）

月末在产品定额消耗量 = 200 × 60 = 12 000（千克）

完工产品定额工时 = 600 × 10 = 6 000（小时）

月末在产品定额工时 = 200 × 50% × 10 = 1 000（小时）

根据表 3-29 的资料,编制结转本月完工入库产品成本的会计分录如下:
  借:库存商品——甲产品   57 600
    贷:基本生产成本——甲产品   57 600

第九节　期间费用的核算

期间费用是指企业在生产经营过程中发生的,与产品生产活动没有直接联系,属于某一时期耗用的费用。期间费用包括销售费用、财务费用和管理费用。期间费用不计入产品的生产成本,而是直接计入当期损益。

一、销售费用的核算

产品销售费用是指企业在销售产品、自制半成品和提供工业性劳务等过程中发生的各项费用以及为销售本企业产品而专设销售机构的各项费用,具体包括应由企业负担的运输费、装卸费、包装费、保险费、广告费以及销售机构人员的工资、福利费、差旅费等。

核算销售费用要设置"销售费用"账户,并按费用项目设置明细账,进行明细核算。发生销售费用时,借记"销售费用"账户,贷记"库存现金""银行存款""应付职工薪酬"等账户。月末,将"销售费用"账户的余额全部转入"本年利润"账户。结转后,"销售费用"账户及其所属明细账应无余额。销售费用明细账的格式如表 3-30 所示。

表 3-30　　　　　　　　　　　销售费用明细账
202×年×月

日期	摘要	费用项目									合计	转出	余额
		工资	福利费	折旧费	修理费	水电费	广告费	运输费	保险费	其他			

二、财务费用的核算

财务费用是指企业为筹集生产经营资金而发生的各项费用,包括企业经营期间发生的利息净支出、汇兑净损失、金融机构手续费以及筹集生产经营资金发生的其他费用等。

核算财务费用要设置"财务费用"账户,并按费用项目设置明细账,进行明细核算。发生财务费用时,借记"财务费用"账户,贷记"银行存款""应付利息""长期借款"等账户;发生应冲减财务费用的利息收入、汇兑收益时,借记"银行存款"等账户,贷记"财务费用"账户。月末,将"财务费用"账户的余额全部转入"本年利润"账户。结转后,"财务费用"账户及其所属明细账应无余额。"财务费用"明细账的格式如表 3-31 所示。

表3-31　　　　　　　　　　　　　　财务费用明细账
202×年×月

日期	摘要	费用项目				转出
		利息支出	汇兑损失	手续费	其他	

三、管理费用的核算

管理费用是指企业行政管理部门为组织和管理生产经营活动所发生的各项费用，包括公司经费、工会经费、董事会费、咨询费、修理费、业务招待费、技术转让费、无形资产摊销、开办费摊销及其他费用等。

核算管理费用应设置"管理费用"账户，并按费用项目设置明细账，进行明细核算。发生管理费用时，借记"管理费用"账户，贷记"库存现金""银行存款""累计折旧""应付职工薪酬""应交税费"等账户。月末，将"管理费用"账户的余额全部转入"本年利润"账户。结转后，"管理费用"账户应无余额。管理费用明细账的格式如表3-32所示。

表3-32　　　　　　　　　　　　　　管理费用明细账
202×年×月

日期	摘要	费用项目								转出
		消耗材料	工资及福利费	办公费	折旧费	业务招待费	工会经费	水电费	其他	

请思考

> 期间费用包括哪些内容？期间费用计入产品成本吗？

本章小结

企业正确地核算生产费用是准确计算产品成本的前提。计入产品成本的生产费用分为直接费用和间接费用。根据有关凭证凡能分清是用于某种产品生产的，应直接计入该种产品成本；而不能分清是用于某种产品生产的，应选择合理的标准，首先在各受益产品之间进行分配，然后计入有关产品成本。

多种产品共同耗用原材料费用的主要分配标准有定额消耗量比例法、定额费用比例法等。

燃料费用分配标准一般有产品的重量、体积、所耗原材料的数量或费用以及燃料的定额消耗量或定额费用等。动力费用一般按产品的生产工时比例、机器工时比例或定额耗用量比例进行分配。

工资的具体计算方法有计时工资和计件工资两种。对于同时生产两种产品以上的生产工人的计时工资，需要按产品的实际工时比例或定额工时比例进行分配。职工福利费、社会保险费、住房公积金等，也需要按工资总额的一定比例计算。

辅助生产费用应在辅助生产成本明细账中归集。辅助生产费用按受益对象进行分配，分配的方法有直接分配法、一次交互分配法、顺序分配法、代数分配法和计划成本分配法。

制造费用是产品成本的组成内容，企业发生的制造费用应在制造费用明细账中进行归集，然后采用合理的标准，在所生产的产品中进行分配。制造费用的分配方法很多，一般有生产工时比例法、生产工人工资比例法、机器工时比例法和按年度计划率分配法等。

在经常有废品损失的企业，如果废品损失在产品成本中所占比重较大，为了考核和控制废品损失的需要，应当设置"废品损失"账户，在成本项目中应设置"废品损失"项目，对废品损失进行单独核算。

企业月末若有在产品，则存在将生产费用在完工产品和月末在产品之间如何分配的问题。生产费用在完工产品和在产品之间分配的方法有在产品忽略不计法、在产品按固定成本计价法、在产品按所耗原材料费用计算法、约当产量法、在产品按完工产品计算法、在产品按定额成本计价法和定额比例法。

企业的期间费用包括销售费用、财务费用和管理费用。企业应当在销售费用明细账、财务费用明细账及管理费用明细账中归集所发生的期间费用。

思考题

1. 工资总额包括哪些内容？
2. 计时工资和计件工资在核算上的主要区别是什么？
3. 制造费用的分配方法主要有哪些？它们各自的特点是什么？
4. 辅助生产费用的分配方法主要有哪些？
5. 什么是废品？导致废品产生的原因有哪些？
6. 什么是废品损失？废品损失包括哪些内容？
7. 简述在产品广义和狭义的概念。
8. 生产费用在完工产品和在产品之间的分配方法有哪些？分别有何适用条件？
9. 采用约当产量比例法分配原材料费用时，投料程度分为原材料在生产开始时一次投入、原材料随加工进度陆续投入、原材料在每道工序开始时一次投入。在这三种情况下，原材料费用分配率在计算上有什么不同？
10. 在计算在产品完工率时前面各工序定额按100%计算，而本工序工时定额按50%计算，原因是什么？

同步实训题

一、单项选择题

1. 材料按计划成本计价时,材料的收发凭证都应按( )计价。
   A. 计划成本　　　　　　　　　　B. 实际成本
   C. 定额成本　　　　　　　　　　D. A 或 B 都可以

2. 直接用于产品生产的材料费用应记入( )科目。
   A. 基本生产成本　　　　　　　　B. 期间费用
   C. 制造费用　　　　　　　　　　D. 管理费用

3. 辅助生产费用交互分配后的实际费用,应在( )之间进行分配。
   A. 基本生产车间　　　　　　　　B. 辅助生产车间之外的各受益单位
   C. 各辅助车间　　　　　　　　　D. 所有的受益单位

4. 在辅助生产费用的各种分配方法中,分配结果最精确的是( )。
   A. 计划成本分配法　　　　　　　B. 一次交互分配法
   C. 顺序分配法　　　　　　　　　D. 代数分配法

5. 下列各项中,不属于废品的是( )。
   A. 生产过程中发现的不可修复的在产品
   B. 生产过程中发现的可修复的半成品
   C. 入库后发现的可修复的产成品
   D. 入库后发现的由于保管不善导致的变质品

6. 企业基本生产车间固定资产的修理费,应计入( )。
   A. 基本生产成本　　　　　　　　B. 辅助生产成本
   C. 制造费用　　　　　　　　　　D. 管理费用

7. 企业销售部门人员的工资及福利费,应计入( )。
   A. 生产成本　　　　　　　　　　B. 管理费用
   C. 制造费用　　　　　　　　　　D. 销售费用

8. 若产品的各项消耗定额比较准确、稳定,各月末在产品数量变化不大,完工产品和在产品费用分配应采用( )。
   A. 约当产量法　　　　　　　　　B. 定额成本法
   C. 定额比例法　　　　　　　　　D. 年初固定法

9. 完工产品与在产品之间分配费用时,在产品成本忽略不计法适用的情况是( )。
   A. 没有在产品,或在产品数量很少　B. 月末在产品数量较大
   C. 各月在产品数量变化较小　　　　D. 各月末在产品数量变化很大

10. 在下列( )的条件下,可按完工产品与月末在产品的数量比例,分配原材料费用。
    A. 原材料在生产开工时一次投入　　B. 原材料按生产进度陆续投入
    C. 产品成本中原材料费用比重较大　D. 原材料费用消耗定额比较准确

11. 在产品成本按完工产品成本计算的前提条件是( )。
    A. 月末在产品数量较大　　　　　　B. 在产品已接近完工
    C. 在产品原材料费用比重大　　　　D. 月末在产品数量稳定

12. 在产品成本按定额成本计算,月末在产品定额成本与实际成本的差异应该( )。

A. 全部由完工产品负担　　　　　　　　B. 全部由在产品负担
C. 结转给管理费用负担　　　　　　　　D. 由完工产品和在产品共同负担

二、多项选择题

1. 对几种产品共同耗用的原材料,常用的分配方法有(　　)。
   A. 定额耗用量比例法　　　　　　　　B. 定额费用比例法
   C. 约当产量法　　　　　　　　　　　D. 定额工时法
2. 材料按实际成本计价时,发出材料成本可以采用(　　)加以确定。
   A. 先进先出法　　　　　　　　　　　B. 全月一次加权平均法
   C. 移动加权平均法　　　　　　　　　D. 个别计价法
3. (　　)是工资费用核算的主要原始记录。
   A. 领料单　　　　　　　　　　　　　B. 考勤记录
   C. 限额领料单　　　　　　　　　　　D. 产量记录
4. 计件工资按照工资支付对象的不同,可分为(　　)两种形式。
   A. 个人计件工资　　　　　　　　　　B. 定额工资
   C. 小组集体计件工资　　　　　　　　D. 计划工资
5. 下列项目中,不作为成本项目的有(　　)。
   A. 燃料及动力　　　　　　　　　　　B. 直接材料
   C. 折旧　　　　　　　　　　　　　　D. 税金
6. 下列项目中,属于制造费用的有(　　)。
   A. 车间管理人员的工资　　　　　　　B. 车间固定资产折旧费
   C. 车间机物料消耗　　　　　　　　　D. 车间人员的劳动保护费
7. 可采用定额比例法分配完工产品与月末在产品费用的条件包括(　　)。
   A. 消耗定额比较准确　　　　　　　　B. 消耗定额比较稳定
   C. 各月末在产品数量变化较大　　　　D. 各月末在产品数量变化不大
8. 完工产品与月末在产品之间的费用分配方法有(　　)。
   A. 约当产量法　　　　　　　　　　　B. 在产品按完工产品成本计算法
   C. 定额比例法　　　　　　　　　　　D. 在产品成本按直接材料成本计算法
9. 在产品成本按直接材料成本计算法,其适用的条件为(　　)。
   A. 产品成本中,原材料费用比重较大　B. 各月末在产品数量十分稳定
   C. 各月末在产品数量较大　　　　　　D. 各月末在产品数量变化较大
10. 在产品按定额成本计算法的适用条件有(　　)。
    A. 消耗定额比较准确、稳定　　　　　B. 消耗定额变化较大
    C. 各月末在产品数量变化不大　　　　D. 各月末在产品数量变化较大
11. 确定完工产品与月末在产品之间费用分配的方法时,应考虑(　　)。
    A. 在产品数量多少　　　　　　　　　B. 各月末在产品数量变化情况
    C. 在产品完工程度　　　　　　　　　D. 各项费用在产品成本中所占比重大小
12. 下列项目中,不属于狭义的在产品有(　　)。
    A. 本生产步骤正在加工中的产品　　　B. 本步骤已完工的半成品
    C. 不可修复废品　　　　　　　　　　D. 外销的自制半成品
13. 以下关于在产品按定额成本计价的各种说法,正确的有(　　)。

A. 月末在产品成本按在产品数量和产品费用定额计算
B. 每月实际生产费用脱离定额成本差异由当月全部完工产品成本负担
C. 全部生产费用扣除月末在产品定额成本,余额即完工产品成本
D. 适用于各项消耗定额或费用定额比较准确、稳定,而且各月在产品数量变化不大的产品

14. 约当产量法适用于( )。
A. 月末在产品接近完工
B. 期末在产品数量较大
C. 各月在产品数量变化较大
D. 各月在产品数量变化较小

三、判断题

1. 燃料、动力、辅助材料的分配,与原材料分配方法相同。   ( )
2. 凡生产车间领用材料,均应直接计入产品生产成本。   ( )
3. 从计入产品成本的方式看,要素费用都是间接费用。   ( )
4. 除了采用年度计划率分配法的企业外,"制造费用"总账账户和明细账户都没有月末余额。   ( )
5. 基本生产车间制造费用的分配程序,在辅助生产成本分配之后。   ( )
6. 按计划成本分配法分配辅助生产费用时,为简化分配,成本差异数额较小时,可以全部计入管理费用。   ( )
7. 辅助生产的主要任务是,在为基本生产车间提供服务的同时,主要对外销售产品和提供劳务。   ( )
8. 不论是在生产过程中发现的废品,还是入库后发现的废品,只要是生产原因造成的,都应作为废品处理。   ( )
9. 一般情况下,废品净损失全部由当月完工产成品成本负担。   ( )
10. 各月末的在产品数量变化不大的产品,可以不计算月末在产品成本。   ( )
11. 在产品按耗用原材料费用计价时,都应按完工产品与月末在产品的数量比例分配原材料费用。   ( )
12. 按定额比例法计算月末在产品成本时,一般以原材料定额消耗量作为分配标准。   ( )

四、业务核算题

(一)按定额消耗量比例分配材料费用

目的:练习按定额消耗量比例分配材料费用。

资料:飞达工厂本月份生产甲、乙两种产品,共同耗用 A 材料 6 600 千克,A 材料每千克单价 3 元,共计 19 800 元。生产甲产品 80 件,单位消耗定额为 50 千克;生产乙产品 50 件,单位消耗定额为 40 千克。

要求:按定额消耗量比例法分配 A 材料费用。

(二)按定额费用比例分配材料费用

目的:练习按定额费用比例分配材料费用。

资料:飞达工厂生产 A、B 两种产品,共同领用甲、乙两种主要材料,共计 42 592 元。本月生产 A 产品 100 件,B 产品 80 件。A 产品材料消耗定额为:甲材料 10 千克,乙材料 5 千克;B 产品材料消耗定额为:甲材料 8 千克,乙材料 3 千克。甲材料单价 20 元,乙材料单价 8 元。

要求:按定额费用比例分配材料费用。

(三)计时工资的计算

目的:练习计时工资的计算。

资料:某企业职工李海的月工资标准为 3 000 元,202×年 7 月份该职工的出勤情况如下:病假 2 天,事假

1天,星期休假8天,实际出勤20天。按照该职工的工龄,病假期间支付其90%的工资,且该职工缺勤期间没有双休日。

要求:

(1)按30天计算日工资率时,按出勤天数计算工资。

(2)按30天计算日工资率时,按月工资标准扣除缺勤计算工资。

(3)按21.75天计算日工资率时,按出勤天数计算工资。

(4)按21.75天计算日工资率时,按月工资标准扣除缺勤计算工资。

(四)计件工资的计算

目的:练习个人计件工资的计算。

资料:某企业职工王刚本月生产甲、乙两种产品。生产甲产品300件,均为合格品;生产乙产品272件,其中合格品为260件,料废品10件,工废品2件。两种产品的工时定额分别为0.5小时和0.3小时,该职工的小时工资率为8元/小时。

要求:计算该企业本月应付王刚的工资。

(五)辅助生产费用的分配

目的:练习一次交互分配法。

资料:假设某厂有供电和供水两个辅助生产车间,本月份发生的直接费用各为7 040元和1 680元。两个车间供应劳务量情况如下表所示:

车间部门	用电度数(其中照明用电)	供水吨数
第一车间	10 000　　　　(750)	1 800
第二车间	9 000　　　　(500)	2 100
供电车间		200
供水车间	2 000	
厂部管理部门	1 000	100
合计	22 000	4 200

要求:采用一次交互分配法分配辅助生产费用(见下表),并编制相应的会计分录。

辅助生产费用分配表(一次交互分配法)　　　　　金额单位:元

项目			交互分配			对外分配		
			供电车间	供水车间	合计	供电车间	供水车间	合计
待分配费用									
供应劳务量									
分配率(单位成本)									
辅助生产	供电车间	消耗数量							
^	^	分配金额							
^	供水车间	消耗数量							
^	^	分配金额							

续表

项目			交互分配			对外分配		
			供电车间	供水车间	合计	供电车间	供水车间	合计
基本生产	第一车间	消耗数量						
		分配金额						
	第二车间	消耗数量						
		分配金额						
制造费用	第一车间	消耗数量						
		分配金额						
	第二车间	消耗数量						
		分配金额						
管理费用		消耗数量						
		分配金额						
合计								

(六)制造费用的分配及账务处理

目的:练习制造费用的分配及账务处理。

资料:某车间全年计划制造费用总额为 40 000 元,全年计划生产甲产品 2 000 件、乙产品 1 000 件;甲产品工时定额为 3 小时,乙产品工时定额为 4 小时。1 月份甲产品实际产量 180 件,乙产品实际产量 100 件;1 月份制造费用总额为 3 700 元。

要求:按计划分配法分配甲、乙产品本月应负担的制造费用,并编制相应的会计分录。

(七)废品损失的核算

目的:练习废品损失的核算。

资料:某车间本月生产甲产品 500 件,其中验收时发现不可修复废品 20 件;合格品生产工时为 9 600 小时,废品工时为 400 小时。甲产品成本计算单(基本生产成本明细账)所列合格品和废品的全部生产费用为:直接材料 30 000 元,燃料及动力 5 600 元,直接人工 8 600 元,制造费用 3 800 元,共计 48 000 元。废品残料回收价值 600 元,原材料于生产开工时一次投入。原材料费用按合格品数量和废品数量的比例分配,其他费用按生产工时比例分配。

要求:根据资料编制废品损失计算表(见下表),并编制相应的会计分录。

废品损失计算表 产品名称:甲产品
(按实际成本计算) 废品数量:20
202×年×月 金额单位:元

项目	数量(件)	直接材料	生产工时	燃料及动力	直接人工	制造费用	成本合计
费用总额							
费用分配率							
废品成本							

续表

项 目	数量（件）	直接材料	生产工时	燃料及动力	直接人工	制造费用	成本合计
减:废品残料							
废品损失							

(八)生产费用在完工产品和在产品之间的分配

1. 投料程度的确定

目的:练习原材料在每道工序开始时一次投入时投料程度的确定。

资料:假定某企业生产的甲产品由两道工序加工而成,其原材料分两道工序在每道工序开始时一次投入。其每道工序的原材料消耗定额为:第一工序 60 千克,第二工序 40 千克。

要求:计算每道工序在产品的投料程度。

2. 投料程度的确定

目的:练习原材料在每道工序随着产品生产进度陆续投入时投料程度的确定。

资料:假定某企业生产的甲产品由两道工序加工而成,其原材料分两道工序在每道工序随着产品生产进度陆续投入。其每道工序的原材料消耗定额为:第一工序 60 千克,第二工序 40 千克。

要求:计算每道工序在产品的投料程度。

3. 各道工序完工程度的确定

目的:练习在产品加工程度的确定。

资料:某企业生产甲产品,其单件工时定额为 10 小时,经两道工序制成。其中,第一道工序的工时定额为 4 小时,第二道工序的工时定额为 6 小时。

要求:计算各道工序的加工程度。

4. 采用约当产量法分配生产费用

目的:练习约当产量法分配生产费用。

资料:假定某企业生产的甲产品本月完工 190 件,月末在产品 20 件,在产品完工程度平均按 50% 计算,材料在生产开始时一次投入。甲产品月初在产品成本和本月生产费用合计为 21 700 元,其中:直接材料 14 700 元,直接人工 4 000 元,制造费用 3 000 元。

要求:采用约当产量法计算完工产品成本和在产品成本。

5. 在产品按定额成本计价

目的:练习在产品按定额成本计价。

资料:某企业所生产的甲产品由一道工序完成,采用按定额成本计算在产品成本,原材料在生产开始时一次投入。月末在产品 100 件,每件在产品材料费用定额为 30 元,在产品单位定额工时为 10 小时,每小时直接人工为 1 元,每小时制造费用为 0.8 元。本月生产费用合计(月初在产品成本加本月发生的生产费用)为:直接材料 23 000 元,直接人工 10 000 元,制造费用 7 000 元。

要求:按定额成本计算甲产品完工成本与在产品成本。

6. 采用定额比例法分配生产费用

目的:练习按定额比例法在完工产品与在产品之间分配生产费用。

资料:某企业生产乙产品,单位产品直接材料消耗量为 100 千克,工时定额为 10 小时。6 月份生产完工产品 450 件,月末在产品 100 件,原材料在生产开始时一次投入,月末在产品完工程度为 50%。有关资料见下表:

产品成本计算单

金额单位:元

摘 要	直接材料	直接人工	制造费用	合 计
月初在产品成本	12 900	1 200	800	14 900
本月生产费用	53 100	8 800	4 200	66 100
生产费用合计	66 000	10 000	5 000	81 000
完工产品定额消耗量				
月末在产品定额消耗量				
定额消耗量合计				
费用分配率				
完工产品实际成本				
完工产品单位成本				
月末在产品成本				

要求:采用定额比例法计算完工产品成本和在产品成本。

第四章 产品成本计算方法概述

学习目标

知识目标
- 了解企业生产的类型
- 掌握生产类型及管理要求对产品成本计算方法的影响
- 了解成本计算的基本方法和辅助方法

技能目标
- 能根据企业生产类型和管理要求确定产品计算方法

素养目标
- 养成自主学习习惯,遵守国家有关法律、法规的有关规定

学习导图

产品成本计算方法概述
- 生产特点与成本管理要求对成本计算方法的影响
  - 企业生产的分类
  - 生产类型及成本管理要求对产品成本计算方法的影响
- 产品成本的计算方法
  - 产品成本计算的基本方法
  - 产品成本计算的辅助方法

第一节 生产特点与成本管理要求对成本计算方法的影响

一、企业生产的分类

工业企业生产按不同的生产标准,可以分为不同的生产类型。企业的生产类型可以按生产工艺过程的特点和生产组织方式进行划分。

(一)按生产工艺过程的特点分类

企业的生产按照工艺过程是否间断划分,可分为单步骤生产和多步骤生产。

1. 单步骤生产

单步骤生产,又称简单生产,是指生产工艺过程不能间断,或者不便于分散在不同地点进行的生产。这类生产工艺技术较简单,生产周期较短,产品品种不多且稳定,在产品数量较少,或者几乎没有,通常只能由一家企业整体进行,而不能由几家企业协作进行。如发电、采掘、铸造等企业的生产。

2. 多步骤生产

多步骤生产又称复杂生产,是指生产工艺过程由若干个可以间断的、分散在不同地点、分别在不同时间进行的生产步骤所组成的生产。这类生产工艺技术较复杂,生产周期较长,产品品种较多且不稳定,如纺织、机械、服装等企业的生产。多步骤生产按其产品的加工方式和各个生产步骤的内在联系,划分为连续式生产和装配式生产。

(1)连续式生产,是指原材料投入后顺序经过若干步骤的连续加工制成产成品的生产。其特点是除了最后步骤生产出完工产品外,其他各步骤完工的产品都是自制半成品,而这些自制半成品往往又是后续步骤的加工对象,如纺织、冶金等企业的生产。在纺织生产过程中,棉花需经过清棉、梳棉、并条、粗纺、细纺等步骤制成棉纱,棉纱经过络筒、整经、浆纱、穿经、织造等步骤,织成棉布。

(2)装配式生产,又称平行式生产,是指各种原材料平行投入不同的加工部门(生产步骤),先在各个部门进行平行加工,制成产成品所需的各种零部件,再将零部件装配成产成品的生产,如自行车、手表等企业的生产。在自行车厂,金属材料分别经过冲压、切削、电焊、电镀等加工步骤,制成车架、前叉、车把等零部件,然后与其他材料构成的部件装配成自行车。

(二)按生产组织方式分类

生产组织方式是指生产的专业化程度,即一定时期内产品生产的重复性。按生产组织方式划分为大量生产、成批生产和单件生产。

1. 大量生产

大量生产,是指企业不断地重复相同品种的产品生产。其特点是所生产的产品品种稳定,产量大,由于生产专业化程度高,可采用专用设备进行生产,如纺织、造纸等企业的生产。

2. 成批生产

成批生产,是指企业按照事先规定的产品批别和数量进行的生产。其特点是产品的种类多,且各种产品的生产往往是成批地、轮番地、重复地进行。或者是企业产品种类不多,但零部件很多,而且是成批配套地进行生产,如服装、机械制造等企业都属于这种类型。成批生产按照产品批量的大小,又可以分为大批生产和小批生产。大批生产,由于产品批量大,往往在几个月内不断地重复生产一种或几种产品,因而大批生产的性质接近大量生产;小批生产,由于生产产品的批量小,一批产品一般可以同时完工,因而小批生产的性质接近单件生产。

3. 单件生产

单件生产,是指根据购买单位订单制成的特定品种与规格的个别产品的生产。其主要特点是在单件生产的车间或企业里,产品种类较多,且很少重复生产,如重型机器制造和船舶制造等。

单步骤生产和连续式多步骤生产的生产组织多为大量生产；装配式多步骤生产的生产组织则分为大量生产、成批生产和单件生产。

产品制造企业的生产类型如图 4-1 所示。

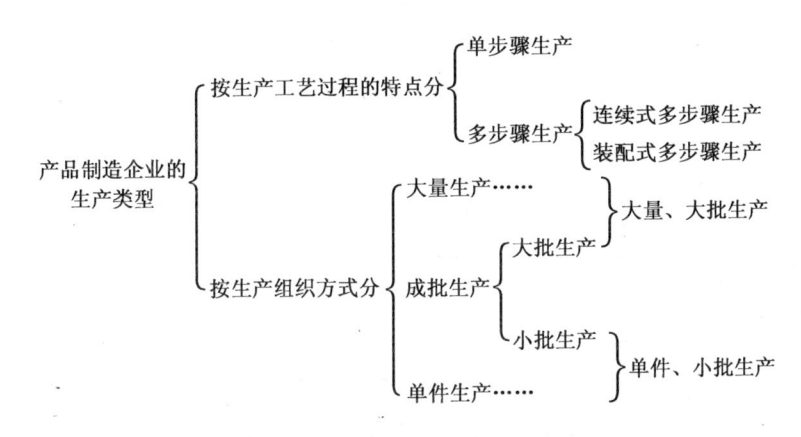

图 4-1 产品制造企业的生产类型

二、生产类型及成本管理要求对产品成本计算方法的影响

企业为了正确计算产品成本，就必须正确确定成本计算方法。成本计算方法的确定，取决于企业的生产类型特点与成本管理要求。企业生产类型不同，对成本进行管理的要求也就不同，生产类型特点与成本管理要求必然影响产品成本计算方法的确定。这一影响主要表现在如何确定成本计算对象、如何确定成本计算期、生产费用在完工产品与期末在产品之间是否分配以及如何分配等方面。

(一)对成本计算对象的影响

成本计算对象是指为计算产品成本而确定的归集和分配生产费用的各个对象，即成本的承担者。不同的生产类型及成本管理要求，会产生不同的成本计算对象。

从产品生产工艺过程看，在单步骤生产中，因其生产工艺过程不能间断，因而不可能也不需要按照生产步骤计算产品成本，只能按照生产产品的品种计算成本；在多步骤生产中，由于其生产工艺过程是由若干个可以间断的、分布在多个地点进行的生产步骤构成，为了加强各个生产步骤的成本管理，不仅要按照产品的品种或批别计算成本，而且还要按照产品生产的步骤计算成本，以便检查和考核各生产步骤成本计划的实施和完成情况，从而有效地控制整个产品生产成本。但是，如果企业规模较小，半成品不对外出售，且管理上不要求按照生产步骤考核生产费用、计算产品成本，则也可以不按照生产步骤计算成本，而只按照产品品种或批别计算成本。

从产品生产组织特点看，在大量生产情况下，产品生产连续不断地重复进行，一方面，同样的原材料不断投入；另一方面，相同的产品不断产出，因而管理上只要求而且也只能按照产品的品种计算成本。在大批生产情况下，产品批量大，往往在一段时间内连续重复生产某些品质相同的产品，所以，大批生产往往和大量生产一样，也只要求按照产品品种计算产品成本。在小批生产情况下,产品批量小,一批产品往往同时完工,因而可分批计算各批产品的成本。在单件生产情况下,生产是按件组织的,则须按产品件别归集费用,计算单件产品成本。同时,在确定小批、单件生产的成本计算对象时,应根据经济、合理地组织生产的原则以及便于管理的需要,对客户的订单做适当合并或再划小批别,按重新组织后的批别作为成本计算对象。

因此,在产品成本计算工作中,有三种成本计算对象:

1. 以产品品种为成本计算对象;
2. 以产品批别为成本计算对象;
3. 以产品生产步骤为成本计算对象。

成本计算对象的确定,是正确设置产品成本明细账、归集生产费用、计算产品成本的前提,也是区分各种成本计算基本方法的主要标志。

请思考

> 区分各种成本计算基本方法的主要标志是什么?

(二)对成本计算期的影响

成本计算期是指对生产费用计入产品成本所规定的起止日期。成本计算期主要取决于生产组织的特点。

在大量、大批生产情况下,由于生产活动连续不断地进行,在会计分期原则下,只能按月定期地计算产品成本,以满足分期计算盈亏的需要,因此成本计算期与会计报告期一致。

在单件、小批生产情况下,每月不一定都有产品完工,并且各批产品的生产周期往往也不同,产品成本有可能在某批或某件产品完工以后计算,因而产品成本的计算是不定期的,而与生产周期一致。产品的生产周期是指从原材料投入到产品制成并验收为止所经过的时间,它通常与日历月份不相吻合,因此,单件、小批生产的成本计算期与会计报告期往往不一致。

(三)对生产费用在完工产品与在产品之间分配的影响

生产类型不同还影响每月月末是否计算在产品成本,即生产费用是否需要在完工产品与在产品之间进行分配,应按以下情况进行:

1. 在单步骤生产中,生产过程不能间断,生产周期也短,一般没有在产品,或者在产品数量很少,计算产品成本时,生产费用不必在完工产品与在产品之间进行分配,产品成本明细账中所汇集的生产费用全部计入完工产品成本,不计算在产品成本。

2. 在多步骤生产中,生产费用是否需要在完工产品与在产品之间分配,在很大程度上取决于生产组织的特点。在大量、大批生产中,生产连续不断地进行,月末经常存有在产品,在计算成本时,就需要采用适当的方法,将生产费用在完工产品与在产品之间进行分配,计算在产品成本。

3. 在小批、单件生产中,以产品的批别和件别作为成本计算对象。如果成本计算期与生产周期一致,在每批、每件产品完工前,产品成本明细账中所汇集的生产费用就是在产品成本,完工后,其所汇集的生产费用就是完工产品成本,因而不必将生产费用在完工产品与在产品之间进行分配。

第二节　产品成本的计算方法

一、产品成本计算的基本方法

成本计算方法的确定，取决于企业的生产类型特点和成本管理要求。根据前述，为了适应生产类型的特点和满足成本管理要求，在确定产品成本计算对象时，有三种不同的成本计算对象，即产品的品种、产品的批别和产品的生产步骤。而不同的成本计算对象，就形成了以成本计算对象为主要标志（或以其命名）的三种成本计算方法：

1. 以产品品种为成本计算对象的产品成本计算方法，称为品种法。其适用于单步骤的大量、大批生产企业，如发电、采掘等；也适用于不需要分步骤计算成本的多步骤的大量、大批生产企业，如造纸、水泥等。

2. 以产品的批别为成本计算对象的产品成本计算方法，称为分批法。其适用于小批、单件生产或管理上不要求分步骤计算成本而要求按批别计算成本的多步骤生产企业，如船舶制造、重型机器制造、电梯制造等。

3. 以产品生产步骤为成本计算对象的产品成本计算方法，称为分步法。其适用于大量、大批多步骤生产企业，如纺织、冶金、机器制造等。

下面将企业的生产类型、管理要求与成本计算对象和成本计算方法之间的关系列表 4-1 说明。

表 4-1　　　　　产品成本计算三种基本方法的特点

成本计算方法	成本计算对象	成本计算期	期末在产品成本的计算	适用范围	
				生产类型	成本管理要求
品种法	产品品种	定期按月计算	单步骤生产，一般不需计算；多步骤生产，一般需要计算	大量、大批单步骤生产或大量、大批多步骤生产	管理上不要求分步计算成本
分批法	每批或每件产品	与生产周期一致，一般不定期计算	一般不需要计算	单件、小批单步骤生产或单件、小批多步骤生产	管理上不要求分步计算成本
分步法	产品品种及其所经过的生产步骤	定期按月计算	需要计算	大量、大批多步骤生产	管理上要求分步骤计算成本

上述这三种成本计算方法是以成本计算对象命名的，它们分别是品种法、分批法和分步法。由于这三种方法是计算产品实际成本必不可少的方法，因而是产品成本计算的基本方法。

企业应根据自身生产类型的特点及管理要求，选择正确的计算方法，计算产品生产成本。

> **请思考**
>
> 企业应如何选择正确的方法计算产品成本？

二、产品成本计算的辅助方法

在实际工作中，在上述三种基本方法的基础上，还采用其他成本计算方法，即分类法和定额法。

在产品品种、规格繁多的企业，如果采用品种法计算成本工作量较大，为了简化成本计算工作，可采用一种简便的产品成本计算方法——分类法。分类法是以产品类别为成本计算对象，将生产费用先按产品的类别进行归集，计算各类产品成本，然后按照一定的分配标准在类内各种产品之间分配，以计算各种产品成本的方法。

在定额管理工作基础好的企业，为了配合和加强定额管理，加强成本控制，更有效地发挥成本计算的分析和监督作用，可采用一种将符合定额的费用和脱离定额的差异分别核算的产品成本计算方法——定额法。定额法是以产品定额成本为基础，加上（或减去）脱离定额差异和定额变动差异来计算产品成本的一种方法。

这两种方法与生产类型无直接联系，主要与简化成本计算工作和加强成本管理有联系。从计算产品实际成本角度来说，不是必不可少的产品成本计算方法。因此，分类法和定额法是产品成本计算的辅助方法，这些辅助方法一般与基本方法结合使用，而不能单独使用。

在工业企业中，根据生产类型的特点和管理要求采用不同的成本计算方法，主要是为了正确提供成本核算资料，以加强成本管理。但是，不论哪种类型企业，无论采用哪种成本计算方法，最终都必须按照产品品种计算出产品成本。因此，按照产品品种计算成本，是产品成本计算最一般、最起码的要求，在成本计算的基本方法中，品种法是最基本的成本计算方法。

本章小结

成本计算方法是指按一定的成本计算对象归集和分配生产费用，并计算其总成本和单位成本的方法。成本计算方法的确定，取决于企业的生产类型特点和成本管理要求。生产类型特点和成本管理要求对产品成本计算方法的影响主要表现在以下三个方面：一是影响成本计算对象，二是影响成本计算期，三是影响生产费用在完工产品与在产品之间的分配。

企业的生产按照工艺过程是否间断划分，可分为单步骤生产和多步骤生产。多步骤生产按其产品的加工方式和各个生产步骤的内在联系，又可以分为连续式生产和装配式生产。

企业的生产按组织方式划分，可分为大量生产、成批生产和单件生产。成批生产按照产品批量的大小，又可以分为大批生产和小批生产。

为了适应生产类型的特点和满足成本管理要求，在确定产品成本计算对象时，有三种不同的成本计算对象，即产品品种、产品批别和产品生产步骤。而不同的成本计算对象，就形成了以成本计算对象为主要标志（或以其命名）的三种成本计算方法：品种法、分批法和分步法。

产品制造企业计算产品的基本方法有品种法、分批法和分步法三种,成本计算的辅助方法有分类法和定额法。企业应根据本企业产品的生产特点和成本管理要求来确定适当的成本计算方法。

思考题

1. 企业生产按工艺过程的特点分类,可分为哪几种形式?
2. 企业生产按组织方式分类,可以分为哪几种形式?
3. 企业生产类型特点及成本管理要求对成本计算方法有何影响?
4. 产品成本计算的基本方法有哪些?
5. 产品成本计算的辅助方法有哪些?

同步实训题

一、单项选择题

1. 企业应当( ),确定适合本企业的成本计算方法。
   A. 根据其生产规模的大小　　B. 根据生产类型的特点和成本管理要求
   C. 根据生产车间的多少　　　D. 根据生产的步骤
2. 区分各种成本计算基本方法的主要标志是( )。
   A. 成本计算期　　　　　　　B. 成本计算对象
   C. 产品的生产过程　　　　　D. 生产组织
3. 下列方法中,不属于成本计算基本方法的是( )。
   A. 品种法　　　　　　　　　B. 分步法
   C. 分类法　　　　　　　　　D. 分批法
4. 最基本的成本计算方法是( )。
   A. 分类法　　　　　　　　　B. 成本计算对象
   C. 分批法　　　　　　　　　D. 品种法
5. 以产品生产步骤为成本计算对象的方法是( )。
   A. 分步法　　　　　　　　　B. 分批法
   C. 分类法　　　　　　　　　D. 定额法

二、多项选择题

1. 工业企业的生产,按其生产组织方式分类,可分为( )。
   A. 大量生产　　　　　　　　B. 成批生产
   C. 单步骤生产　　　　　　　D. 单件生产
2. 生产特点和成本管理要求对成本计算方法的影响,主要表现在对( )有影响。
   A. 成本计算对象　　　　　　B. 成本计算期
   C. 成本计算目的　　　　　　D. 生产费用在完工产品与在产品之间分配
3. 企业确定的成本计算对象有( )。
   A. 产品的品种　　　　　　　B. 产品的批别

C. 产品的生产步骤 　　　　　　　　D. 产品的生产规模
4. 产品成本计算的基本方法有（　　）。
A. 品种法 　　　　　　　　B. 分批法
C. 定额法 　　　　　　　　D. 分步法
5. 产品成本计算的辅助方法有（　　）。
A. 品种法 　　　　　　　　B. 分批法
C. 定额法 　　　　　　　　D. 分类法

三、判断题

1. 企业的生产按其生产工艺过程的特点划分，可分为单步骤生产和多步骤生产。（　　）
2. 分类法和定额法不必结合成本计算的基本方法使用。（　　）
3. 企业应当依据其生产规模的大小和订单的多少来选择成本计算方法。（　　）
4. 成本计算对象是区分成本计算基本方法的主要标志。（　　）
5. 成本计算的辅助方法是在基本方法的基础上派生出来的，可以单独使用。（　　）

第五章 品种法

学习目标

知识目标
- 了解品种法的特点
- 掌握品种法的适用范围
- 掌握品种法的成本核算程序

技能目标
- 能熟练运用品种法计算产品成本

素养目标
- 能养成自觉学习习惯
- 能遵守成本核算有关法律、法规的有关规定

学习导图

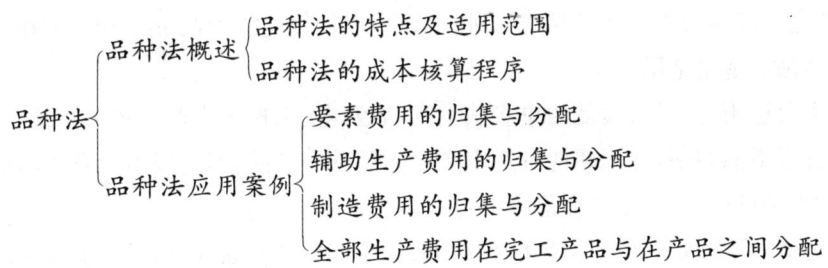

品种法
- 品种法概述
  - 品种法的特点及适用范围
  - 品种法的成本核算程序
- 品种法应用案例
  - 要素费用的归集与分配
  - 辅助生产费用的归集与分配
  - 制造费用的归集与分配
  - 全部生产费用在完工产品与在产品之间分配

第一节 品种法概述

一、品种法的特点及适用范围

产品成本计算的品种法是按照产品品种归集生产费用、计算产品成本的一种方法。品种

法是产品成本计算方法中最基本的方法,其他各种成本计算方法都是在品种法的基础上发展而来的。

(一)品种法的特点

品种法的特点主要表现在以下几个方面:

1. 以生产的产品品种为成本计算对象

品种法的成本计算对象是所生产的每种产品,因此,在计算产品成本时,需要为每一品种产品开设成本计算单或设置生产成本明细账。如果企业只生产一种产品,该种产品就是成本计算对象,并为其设置生产成本明细账,按成本项目设专栏,归集生产费用,计算产品成本,所发生的各种生产费用都是该种产品的直接费用,可以直接记入该种产品的成本明细账。

如果企业生产多种产品,则应按产品品种分别设置生产成本明细账,分别归集生产费用,计算产品成本。生产多种产品的直接费用,可以根据有关凭证或费用分配表,直接记入有关产品成本明细账;应由几件产品共同负担的间接费用,应采用适当的方法,在各种产品之间进行分配,并编制费用分配表,然后记入各产品成本明细账。

2. 成本计算期与会计期间一致

采用品种法计算产品成本的企业,其生产类型主要是大量大批生产,其生产是连续不断地进行的,其产品是陆续投入、陆续完工的,不可能等产品全部完工后再计算产品成本,而只能定期地在每月月末计算当月产出的完工产品成本,以满足管理的需要。因此,品种法的成本计算期与会计期间一致,与产品生产周期不一致。

3. 生产费用在完工产品与在产品之间的分配要视具体情况而定

采用品种法月末计算产品成本时,在单步骤生产中,月末一般没有在产品或在产品数量很少,是否计算在产品成本对产品成本影响不大,因而可以不计算在产品成本。在这种情况下,生产成本明细账中按成本项目归集的生产费用就是该产品的总成本,用该产品的产量去除,就是该产品的平均单位成本。

在规模较小而且管理上又不要求按照生产步骤计算成本的大量、大批的多步骤生产中,月末一般有在产品,而且数量较多,这就需要将生产成本明细账中归集的生产费用,选择适当的分配方法,在完工产品与月末在产品之间进行分配,以计算完工产品成本和月末在产品成本。

(二)品种法的适用范围

品种法主要适用于大量、大批的单步骤生产,如发电、采掘等生产。在单步骤生产企业中,其生产工艺过程不能间断,并不断地重复生产相同品种的产品,因而成本计算不可能按产品生产步骤、产品批别进行,只能按产品品种计算成本。

品种法还适用于大量、大批且管理上不要求分步骤计算产品成本的多步骤生产,如制砖、玻璃制品等生产。在多步骤生产中,企业或车间规模较小,或者车间是封闭的,从材料投入到产品完工都在一个车间内进行,或者生产是按流水线组织的,不需要按生产步骤计算产品成本,只要求按照产品品种计算成本。

二、品种法的成本核算程序

品种法是产品成本计算方法中的最基本方法,其核算程序体现了产品成本计算的一般程序。采用品种法计算产品成本时,应先按产品品种开设生产成本明细账,然后按照以下步骤归集和分配费用,计算产品成本。

1. 根据各项生产费用发生的原始凭证和其他有关资料,编制各要素费用分配表,分配各项要素费用。

2. 根据各要素费用分配表及其他费用凭证,登记基本生产成本明细账、辅助生产成本明细账、制造费用明细账等有关明细账。

3. 根据辅助生产成本明细账所归集的全月费用,编制辅助生产费用分配表,采用适当分配方法,在各受益部门之间分配,并据以登记有关明细账。

4. 根据制造费用明细账所归集的全月费用,编制制造费用分配表,在各种产品之间分配费用,并据以登记各产品生产成本明细账。

5. 根据生产成本明细账所归集的全部生产费用,采用适当的方法,在本月完工产品和月末在产品之间进行分配,确定完工产品成本和月末在产品成本。编制完工产品成本汇总表,计算各种完工产品的总成本和单位成本。

品种法的成本核算程序如图 5-1 所示。

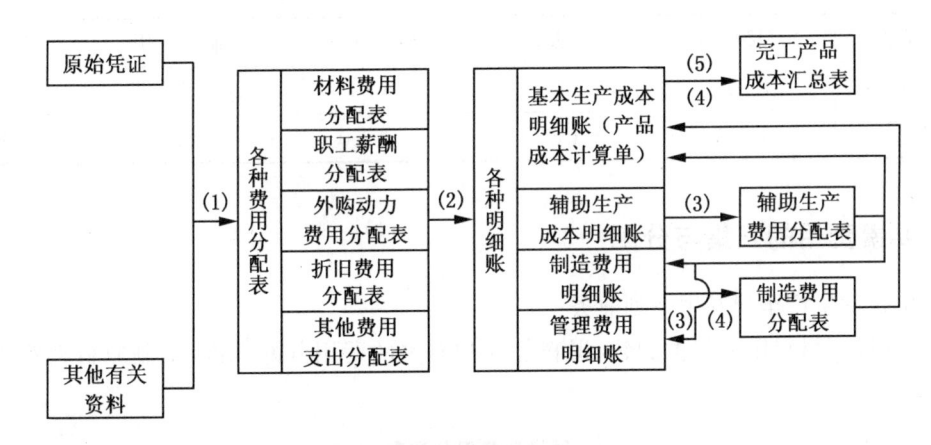

图 5-1 品种法的成本核算程序

品种法下的成本明细账应按所生产的产品品种设置,并按成本项目分别设置专栏。发生的生产费用中,能分清是哪种产品耗用的,可以直接记入各该产品成本明细账的有关成本项目,分不清的则要采用适当的分配方法,在各种产品之间进行分配,然后分别记入各产品成本明细账的有关成本项目。月终,有月末在产品的,应将归集在各成本明细账中的生产费用,采用适当的分配方法,在完工产品与在产品之间进行分配,计算出完工产品成本与在产品成本。

请思考

为什么说品种法是最基本的计算方法?

第二节　品种法应用案例

某工业企业设有一个基本生产车间,大量生产甲、乙两种产品,其生产工艺过程属于单步骤生产。根据生产特点和成本管理要求,采用品种法计算产品成本。该企业还设有供水和锅炉两个辅助生产车间,辅助生产车间的制造费用通过"制造费用"账户核算,产品成本按"直接材料""燃料及动力""直接人工"和"制造费用"四个成本项目设专栏,用于计算产品成本。该企业202×年9月份有关产品成本核算资料如表5-1、表5-2所示。

表5-1　　　　　　　　　202×年9月份产量和实际消耗工时

产品名称	完工产品数量(件)	在产品数量(件)	消耗工时(小时)
甲产品	180	40	25 000
乙产品	190		15 000

表5-2　　　　　202×年9月份甲、乙产品的月初在产品成本　　　　　单位:元

产品名称	直接材料	燃料及动力	直接人工	制造费用	合　计
甲产品	8 800	3 650	6 300	505	19 255
乙产品	7 800	1 895	4 750	260	14 705

一、要素费用的归集与分配

9月份企业生产车间发生下列业务:

1. 根据按原材料用途归类的领、退料凭证和有关的费用分配标准,编制原材料费用分配表,如表5-3所示。

表5-3　　　　　　　　　　　原材料费用分配表
　　　　　　　　　　　　　　　202×年9月　　　　　　　　　　　　　　　单位:元

总账科目	明细科目	原料及主要材料	辅助材料	其他材料	合　计
基本生产成本	甲产品	85 000	4 000	1 200	90 200
	乙产品	63 000	2 800	500	66 300
	小　计	148 000	6 800	1 700	156 500
辅助生产成本	供水车间	3 200	600	300	4 100
	锅炉车间	3 000	400	100	3 500
	小　计	6 200	1 000	400	7 600
制造费用	基本生产车间	1 800	200		2 000
	供水车间	400	100		500
	锅炉车间	300	50		350
	小　计	2 500	350		2 850

续表

总账科目	明细科目	原料及主要材料	辅助材料	其他材料	合　计
管理费用	物料消耗	3 500			3 500
合　计		160 200	8 150	2 100	170 450

根据表5-3的资料，编制会计分录如下：

借：基本生产成本——甲产品　　　　　　　　　　　　　90 200
　　　　　　　——乙产品　　　　　　　　　　　　　　66 300
　　辅助生产成本——供水车间　　　　　　　　　　　　 4 100
　　　　　　　——锅炉车间　　　　　　　　　　　　　 3 500
　　制造费用——基本生产车间　　　　　　　　　　　　 2 000
　　　　　——供水车间　　　　　　　　　　　　　　　　 500
　　　　　——锅炉车间　　　　　　　　　　　　　　　　 350
　　管理费用　　　　　　　　　　　　　　　　　　　　 3 500
　　贷：原材料　　　　　　　　　　　　　　　　　　 170 450

2. 根据各车间、部门耗电数量、电价和有关的费用分配标准（各种产品耗用的生产工时），编制外购动力费用（电费）分配表，如表5-4所示。

表5-4　　　　　　　　　外购动力费用（电费）分配表

202×年9月　　　　　　　　　　　　　　　　　　　单位：元

总账科目	明细科目	生产工时（分配率0.45）	耗电量（单价0.4）	金　额
基本生产成本	甲产品	25 000		11 250
	乙产品	15 000		6 750
	小　计	40 000	45 000	18 000
辅助生产成本	供水车间		5 000	2 000
	锅炉车间		3 000	1 200
	小　计		8 000	3 200
制造费用	基本生产车间		2 000	800
	供水车间		600	240
	锅炉车间		500	200
	小　计		3 100	1 240
管理费用			3 000	1 200
合　计			59 100	23 640

根据表5-4的资料，编制会计分录如下：

借：基本生产成本——甲产品　　　　　　　　　　　　　11 250
　　　　　　　——乙产品　　　　　　　　　　　　　　 6 750
　　辅助生产成本——供水车间　　　　　　　　　　　　 2 000

——锅炉车间		1 200
制造费用——基本生产车间		800
——供水车间		240
——锅炉车间		200
管理费用		1 200
贷:应付账款(或银行存款)		23 640

3. 根据各车间、部门的工资结算凭证和福利费的计提办法,编制职工薪酬分配表,如表5-5所示。

表5－5　　　　　　　　　　职工薪酬分配表

202×年9月　　　　　　　　　　　　　金额单位:元

总账科目	明细科目	生产工时	工资			职工福利费	合计
			生产工人（分配率2.2）	管理人员	小计		
基本生产成本	甲产品	25 000	55 000		55 000	7 700	62 700
	乙产品	15 000	33 000		33 000	4 620	37 620
	小计	40 000	88 000		88 000	12 320	100 320
辅助生产成本	供水车间		1 400		1 400	196	1 596
	锅炉车间		1 100		1 100	154	1 254
	小计		2 500		2 500	350	2 850
制造费用	基本生产车间			2 000	2 000	280	2 280
	供水车间			600	600	84	684
	锅炉车间			500	500	70	570
	小计			3 100	3 100	434	3 534
管理费用				3 600	3 600	504	4 104
合计			90 500	6 700	97 200	13 608	110 808

根据表5-5的资料,编制会计分录如下:

(1)编制工资分配的会计分录:

借:基本生产成本——甲产品	55 000
——乙产品	33 000
辅助生产成本——供水车间	1 400
——锅炉车间	1 100
制造费用——基本生产车间	2 000
——供水车间	600
——锅炉车间	500
管理费用	3 600
贷:应付职工薪酬——工资	97 200

(2)编制计提福利费的会计分录:

借:基本生产成本——甲产品	7 700
——乙产品	4 620

```
    辅助生产成本——供水车间                                    196
             ——锅炉车间                                    154
    制造费用——基本生产车间                                   280
           ——供水车间                                       84
           ——锅炉车间                                       70
    管理费用                                                504
      贷:应付职工薪酬——职工福利                          13 608
```

4. 根据本月应计折旧固定资产原值和月折旧率,计算本月应计提固定资产折旧,编制折旧费用分配表,如表5-6所示。

表 5-6　　　　　　　　　　　固定资产折旧费用分配表
　　　　　　　　　　　　　　　　　202×年9月　　　　　　　　　　　　　单位:元

总账科目	制造费用				管理费用	合 计
明细科目	基本生产车间	供水车间	锅炉车间	小 计	折旧费	
金 额	2 150	340	356	2 846	400	3 246

根据表5-6的资料,编制会计分录如下:

```
    借:制造费用——基本生产车间                                2 150
             ——供水车间                                     340
             ——锅炉车间                                     356
      管理费用                                                400
      贷:累计折旧                                          3 246
```

5. 根据有关付款凭证汇总,9月份直接以银行存款支付其他费用,如表5-7所示。

表 5-7　　　　　　　　　　　　其他费用分配表
　　　　　　　　　　　　　　　　　202×年9月　　　　　　　　　　　　　单位:元

总账科目	明细科目	办公费	劳保费	其 他	合 计
制造费用	基本生产车间	500	400	500	1 400
	供水车间	80	160	200	440
	锅炉车间	60	100	110	270
	小 计	640	660	810	2 110
管理费用		800	300	600	1 700
合 计		1 440	960	1 410	3 810

根据表5-7的资料,编制会计分录如下:

```
    借:制造费用——基本生产车间                                1 400
             ——供水车间                                     440
             ——锅炉车间                                     270
```

　　　　管理费用　　　　　　　　　　　　　　　　　　　1 700
　　　　　贷:银行存款　　　　　　　　　　　　　　　　　　　　3 810

6. 根据各项要素费用分配表和其他有关资料,登记甲、乙产品成本明细账(表5-16、表5-17)、供水车间和锅炉车间的辅助生产成本明细账(表5-8、表5-9)以及辅助车间制造费用明细账(表5-10、表5-11)。其他明细账的登记从略。

表5-8　　　　　　　　　　　　　辅助生产成本明细账
供水车间　　　　　　　　　　　　　202×年9月　　　　　　　　　　　　　　　单位:元

202×年		摘　要	直接材料	燃料及动力	直接人工	制造费用	合　计
月	日						
9	略	根据原材料费用分配表	4 100				4 100
		根据外购动力费用分配表		2 000			2 000
		根据职工薪酬分配表			1 596		1 596
		转入制造费用				2 204	2 204
		合　计	4 100	2 000	1 596	2 204	9 900
		结转各受益部门	4 100	2 000	1 596	2 204	9 900

表5-9　　　　　　　　　　　　　辅助生产成本明细账
锅炉车间　　　　　　　　　　　　　202×年9月　　　　　　　　　　　　　　　单位:元

202×年		摘　要	直接材料	燃料及动力	直接人工	制造费用	合　计
月	日						
9	略	根据原材料费用分配表	3 500				3 500
		根据外购动力费用分配表		1 200			1 200
		根据职工薪酬分配表			1 254		1 254
		转入制造费用				1 746	1 746
		合　计	3 500	1 200	1 254	1 746	7 700
		结转各受益部门	3 500	1 200	1 254	1 746	7 700

表5-10　　　　　　　　　　　　　　制造费用明细账
车间名称:供水车间　　　　　　　　　202×年9月　　　　　　　　　　　　　　　单位:元

202×年		摘　要	机物料消耗	水电费	直接人工	折旧费	办公费	劳保费	其他	合计
月	日									
9	略	根据原材料费用分配表	500							500
		根据外购动力费用分配表		240						240
		根据职工薪酬分配表			684					684
		根据折旧费用分配表				340				340
		根据其他费用分配表					80	160	200	440
		合　计	500	240	684	340	80	160	200	2 204
		结转至辅助生产成本明细账	500	240	684	340	80	160	200	2 204

表 5-11　　　　　　　　　　　　　制造费用明细账
车间名称:锅炉车间　　　　　　　　　　202×年9月　　　　　　　　　　　　　单位:元

202×年 月	日	摘　要	机物料消耗	水电费	直接人工	折旧费	办公费	劳保费	其他	合计
9	略	根据原材料费用分配表	350							350
		根据外购动力费用分配表		200						200
		根据职工薪酬分配表			570					570
		根据折旧费用分配表				356				356
		根据其他费用分配表					60	100	110	270
		合　计	350	200	570	356	60	100	110	1 746
		结转至辅助生产成本明细账	350	200	570	356	60	100	110	1 746

二、辅助生产费用的归集与分配

1. 在各辅助生产车间的直接费用登记入账的情况下,将各辅助生产车间所属的制造费用明细账(表 5-10、表 5-11)汇集的制造费用总额,分别转入各该车间的辅助生产成本明细账,会计分录如下:

借:辅助生产成本——供水车间　　　　　　　　　　　　　　　　2 204
　　　　　　　　——锅炉车间　　　　　　　　　　　　　　　　1 746
　　贷:制造费用——供水车间　　　　　　　　　　　　　　　　　2 204
　　　　　　　　——锅炉车间　　　　　　　　　　　　　　　　1 746

2. 根据各辅助生产成本明细账及其供应劳务量(见表 5-12),采用直接分配法分配辅助生产费用,编制辅助生产费用分配表(见表 5-13),并登记有关明细账。

表 5-12　　　　　　　　　　　　辅助生产车间劳务供应量汇总表
　　　　　　　　　　　　　　　　　　202×年9月　　　　　　　　　　　　　　　单位:吨

受益单位	供水量	供气量
供水车间		203
锅炉车间	200	
基本生产车间一般消耗	1 000	100
厂部管理部门耗用	5 000	400
专设销售部门耗用	500	100
基建部门施工耗用	5 875	400
合　计	12 575	1 203

表 5-13   辅助生产费用分配表
                                    （直接分配法）
                                     202×年9月   金额单位：元

项　　目		供水车间	锅炉车间	合　计
待分配费用		9 900	7 700	17 600
供应辅助生产车间以外单位的劳务数量		12 375（吨）	1 000（吨）	
费用分配率		0.8	7.7	
基本生产车间	耗用数量	1 000	100	
	分配金额	800	770	1 570
厂部管理部门	耗用数量	5 000	400	
	分配金额	4 000	3 080	7 080
专设销售机构	耗用数量	500	100	
	分配金额	400	770	1 170
基建部门（施工用）	耗用数量	5 875	400	
	分配金额	4 700	3 080	7 780
合　计		9 900	7 700	17 600

根据表 5-13 的资料，编制会计分录如下：
　　借：制造费用——基本生产车间　　　　　　　　　　　　1 570
　　　　　管理费用　　　　　　　　　　　　　　　　　　　7 080
　　　　　销售费用　　　　　　　　　　　　　　　　　　　1 170
　　　　　在建工程　　　　　　　　　　　　　　　　　　　7 780
　　　　贷：辅助生产成本——供水车间　　　　　　　　　　9 900
　　　　　　　　　　　　——锅炉车间　　　　　　　　　　7 700

三、制造费用的归集与分配

根据基本生产车间制造费用明细账归集的制造费用总额（见表 5-14）及各种产品耗用工时，编制制造费用分配表（见表 5-15），并登记甲、乙生产成本明细账。

表 5-14   制造费用明细账
车间名称：基本生产车间   202×年9月   单位：元

摘　要	机物料消耗	水电费	直接人工	折旧费	办公费	劳保费	蒸汽费	其他	合　计
根据原材料费用分配表	2 000								2 000
根据外购动力费用分配表		800							800
根据职工薪酬分配表			2 280						2 280
根据折旧费用分配表				2 150					2 150

续表

摘要	机物料消耗	水电费	直接人工	折旧费	办公费	劳保费	蒸汽费	其他	合计
根据其他费用分配表					500	400		500	1 400
根据辅助生产费用分配表		800					770		1 570
合计	2 000	1 600	2 280	2 150	500	400	770	500	10 200
期末分配转出	2 000	1 600	2 280	2 150	500	400	770	500	10 200

表5-16   制造费用分配表

车间名称:基本生产车间   202×年9月   金额单位:元

总账科目	明细科目	生产工时	分配率	分配金额
基本生产成本	甲产品	25 000	0.255	6 375
	乙产品	15 000	0.255	3 825
合计		40 000		10 200

根据表5-15的资料,编制会计分录如下:

借:基本生产成本——甲产品   6 375
        ——乙产品   3 825
    贷:制造费用——基本生产车间   10 200

四、全部生产费用在完工产品与在产品之间分配

1. 将甲产品生产成本明细账所归集的全部生产费用,采用约当产量法进行分配,计算完工产品成本和在产品成本(见表5-16)。甲产品所用材料于生产开始时一次投入,月末在产品加工程度为50%。乙产品本月全部完工(见表5-17)。

表5-16   生产成本明细账   完工产量:180件
                                在产品数量:40件

产品名称:甲产品   202×年9月   金额单位:元

202×年		摘要	直接材料	燃料及动力	直接人工	制造费用	合计
月	日						
9	略	月初在产品成本	8 800	3 650	6 300	505	19 255
		根据原材料费用分配表	90 200				90 200
		根据外购动力费用分配表		11 250			11 250
		根据职工薪酬分配表			62 700		62 700
		根据制造费用分配表				6 375	6 375
		合计	99 000	14 900	69 000	6 880	189 780

续表

202×年		摘要		直接材料	燃料及动力	直接人工	制造费用	合计
月	日							
		产品产量	完工产品数量	180	180	180	180	
			在产品约当产量	40	20	20	20	
			合计	220	200	200	200	
		完工产品单位成本		450	74.50	345	34.40	903.90
		完工产品总成本		81 000	13 410	62 100	6 192	162 702
		月末在产品成本		18 000	1 490	6 900	688	27 078

表 5-17　　　　　　　　　　　　生产成本明细账　　　　　　　　完工数量:190 件

产品名称:乙产品　　　　　　　　　　202×年 9 月　　　　　　　　　　金额单位:元

202×年		摘要	直接材料	燃料及动力	直接人工	制造费用	合计
月	日						
9	略	月初在产品成本	7 800	1 895	4 750	260	14 705
		根据原材料费用分配表	66 300				66 300
		根据外购动力费用分配表		6 750			6 750
		根据职工薪酬分配表			37 620		37 620
		根据制造费用分配表				3 825	3 825
		合计	74 100	8 645	42 370	4 085	129 200

2. 根据甲、乙产品生产成本明细账中的产成品成本,编制完工产品成本汇总表(见表 5-18),并结转产成品成本。会计分录为:

　　　　借:库存商品——甲产品　　　　　　　　　　162 702
　　　　　　　　　　——乙产品　　　　　　　　　　129 200
　　　　　　贷:基本生产成本——甲产品　　　　　　162 702
　　　　　　　　　　　　　　——乙产品　　　　　　129 200

表 5-18　　　　　　　　　　　完工产品成本汇总表

202×年 9 月　　　　　　　　　　　　　　　　　　　　　　　单位:元

成本项目	甲产品(产量:180 件)		乙产品(产量:190 件)	
	总成本	单位成本	总成本	单位成本
直接材料	81 000	450	74 100	390
燃料及动力	13 410	74.50	8 645	45.50
直接人工	62 100	345	42 370	223
制造费用	6 192	34.40	4 085	21.50
合计	162 702	903.90	129 200	680

本章小结

产品成本计算的品种法是按照产品品种归集生产费用、计算产品成本的一种方法。品种法是产品成本计算方法中最基本的方法,其他各种成本计算方法都是在品种法的基础上发展而来的。

品种法的特点:以生产的产品品种为成本计算对象,成本计算期与会计期间一致,生产费用在完工产品与在产品之间的分配要视具体情况而定。

品种法的适用范围:(1)适用于大量、大批的单步骤生产,如发电、采掘等生产;(2)适用于大量、大批且管理上不要求分步骤计算产品成本的多步骤生产,如制砖、玻璃制品等生产。

采用品种法计算产品成本时,应先按产品品种开设生产成本明细账,然后按照以下步骤归集和分配费用,计算产品成本。

(1)根据各项生产费用发生的原始凭证和其他有关资料,编制各要素费用分配表,分配各项要素费用。

(2)根据各要素费用分配表及其他费用凭证,登记基本生产成本明细账、辅助生产成本明细账、制造费用明细账等有关明细账。

(3)根据辅助生产成本明细账所归集的全月费用,编制辅助生产费用分配表,采用适当分配方法,在各受益部门之间分配,并据以登记有关明细账。

(4)根据制造费用明细账所归集的全月费用,编制制造费用分配表,在各种产品之间分配费用,并据以登记各产品生产成本明细账。

(5)根据生产成本明细账所归集的全部生产费用,采用适当的方法,在本月完工产品和月末在产品之间进行分配,确定完工产品和月末在产品成本。编制完工产品成本汇总表,计算各种完工产品的总成本和单位成本。

思考题

1. 什么是产品成本计算的品种法?其特点有哪些?
2. 简述品种法的适用范围。
3. 简述品种法的成本核算程序。

同步实训题

一、单项选择题

1.品种法的成本计算对象是(　　)。

A. 生产的产品品种　　　　　　　　B. 产品的加工步骤

C. 产品的批别或订单　　　　　　　D. 生产产品的数量

2.(　　)是产品成本计算的最基本的方法。

A. 分类法　　　　　　　　　　　　B. 分批法

C. 分步法
   D. 品种法
  3. 若企业只生产一种产品,则发生的费用( )。
   A. 全部是间接费用
   B. 全部是直接费用
   C. 部分是直接费用,部分是间接费用
   D. 全部是期间费用
  4. 可以采用品种法计算产品成本的情况是( )。
   A. 单件生产
   B. 小批生产
   C. 大量、大批单步骤生产
   D. 大量、大批多步骤生产
  5. 品种法的成本计算期是( )。
   A. 月份
   B. 产品的生产周期
   C. 季度
   D. 年度

二、多项选择题

  1. 品种法主要适用于( )企业。
   A. 大量、大批的单步骤生产
   B. 单件、小批的单步骤生产
   C. 大量、大批且管理上不要求分步骤计算产品成本的多步骤生产
   D. 大量、大批且管理上要求分步骤计算产品成本的多步骤生产
  2. 根据企业生产特点,下列各项中,适宜采用品种法计算产品成本的有( )。
   A. 发电厂
   B. 玻璃制品厂
   C. 机械制造厂
   D. 自来水厂
  3. 品种法的特点有( )。
   A. 以生产的产品品种为成本计算对象
   B. 成本计算期与会计期间一致
   C. 生产费用在完工产品与在产品之间的分配要视具体情况而定
   D. 一般适用于小批、单件生产企业

三、判断题

  1. 不论哪种类型企业,无论采用哪种成本计算方法,最终都必须按照产品品种计算出产品成本。( )
  2. 在成本计算的基本方法中,品种法是最基本的成本计算方法。( )
  3. 采用品种法计算产品成本,期末不存在将生产费用在完工产品和在产品之间进行分配的问题。( )
  4. 品种法主要适用于大量、大批的单步骤生产,还适用于大量、大批且管理上不要求分步骤计算产品成本的多步骤生产。( )
  5. 品种法和分步法的成本计算期与生产周期一致。( )
  6. 品种法下的生产成本明细账应按所生产的产品品种设置,并按成本项目分别设置专栏。( )
  7. 采用品种法计算产品成本时,如果企业只生产一种产品,该种产品就是成本计算对象,所发生的各种生产费用,可以直接记入该种产品的成本明细账。( )
  8. 采用品种法计算产品成本时,在单步骤生产中,月末一般没有在产品或在产品数量很少,是否计算在产品成本,对产品成本影响不大,因而可以不计算在产品成本。( )

四、业务核算题

(一)目的:练习产品成本计算的品种法。

(二)资料:飞达工厂一车间生产甲、乙两种产品,原材料于开工时一次投入,成本计算采用品种法。共同耗用的原材料按定额耗用量比例进行分配;生产工人工资和制造费用按实际耗用生产工时比例分配;生产费用在完工产品与在产品之间采用约当产量比例法进行分配,在产品完工程度为50%。202×年8月有关资料如下:

1. 产量资料:

产量资料　　　　　　　　　　　　　　　　　　　　单位:件

项 目	月初在产品数量	本月投产数量	本月完工数量	月末在产品数量
甲产品	23	87	90	20
乙产品	10	70	80	—

2. 成本资料:

月初在产品成本　　　　　　　　　　　　　　　　　单位:元

项 目	直接材料	直接人工	制造费用	合 计
甲产品	10 600	2 300	1 540	14 440
乙产品	4 400	1 600	1 190	7 190

本月生产费用　　　　　　　　　　　　　　　　　　单位:元

项 目	直接材料	直接人工	制造费用	合 计
甲产品				
乙产品				
合 计	72 000	12 000	9 600	93 600

3. 本月材料消耗定额及发生生产工时资料:

材料消耗定额及生产工时资料

项 目	材料消耗定额(千克)	生产工时(小时)
甲产品	50 000	6 000
乙产品	40 000	4 000
合 计	90 000	10 000

(三)要求:

1. 编制原材料费用分配表、职工薪酬分配表、制造费用分配表。
2. 计算完工甲、乙产品生产成本。
3. 编制产成品入库的会计分录。

第六章 分批法

学习目标

知识目标
- 了解分批法的特点及适用范围
- 掌握分批法的核算程序
- 掌握分批法和简化分批法的区别

技能目标
- 能运用分批法计算产品成本

素养目标
- 能自觉养成遵纪守法意识
- 能遵守国家有关成本核算的准则和制度规定

学习导图

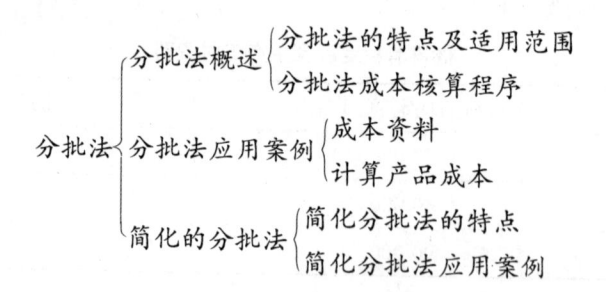

分批法 ┬ 分批法概述 ┬ 分批法的特点及适用范围
　　　 │　　　　　　└ 分批法成本核算程序
　　　 ├ 分批法应用案例 ┬ 成本资料
　　　 │　　　　　　　　└ 计算产品成本
　　　 └ 简化的分批法 ┬ 简化分批法的特点
　　　　　　　　　　　└ 简化分批法应用案例

第一节　分批法概述

一、分批法的特点及适用范围

（一）分批法的特点

产品成本计算的分批法是按照产品的批别归集生产费用、计算产品成本的一种方法。分批法的特点主要表现在以下几个方面：

1. 以产品的批次为成本计算对象

分批法是以产品的批次（订单、生产任务通知单）为成本计算对象，开设产品成本计算单或设置生产成本明细账。一般情况下，分批法是按用户的订单划分批别、组织生产并计算成本的。但也有特殊情况，如果在一张订单中规定的产品有几个品种，为了分别计算不同产品的生产成本和便于生产管理，则应按产品的品种划分为若干批别，按批别组织生产，计算成本；如果在一张订单中规定的产品只有一种，但这种产品数量较大，不便于集中一次投入生产，或者需按用户单位要求分批交货，也可以按照一定数量分为若干批别，按批别分次投入生产，计算成本；如果在一张订单中只规定一件产品，但其属于大型复杂的产品，生产周期长、价值较大、结构复杂，如大型船舶制造，则可按照产品的组成部分，分批组织生产，计算成本；如果在同一时期内，企业收到的不同订单中有相同的产品，为了经济合理地组织生产，则应将不同订单的相同产品合并为一批组织生产，计算成本。这样，分批法的成本计算对象就不是购货单位原来的订单，而是生产计划部门下达的生产任务通知单。

2. 以产品生产周期为成本计算期

采用分批法计算产品成本，产品成本要在产品完工后才能计算，因此，成本计算是不定期的，其成本计算期与产品生产周期一致，而与会计报告期不一致。

3. 一般没有生产费用在完工产品与在产品之间分配的问题

在单件生产中，产品完工前，其产品成本明细账所归集的生产费用均为在产品成本；产品完工后，其产品成本明细账所归集的生产费用就是完工产品的成本，因此，在月末计算成本时，不存在生产费用在完工产品与在产品之间分配的问题。

在小批生产中，由于产品批量较小，批内产品一般能同时完工，或者在短期内全部完工。月末计算成本时，或者全部已经完工，或者全部没有完工，因此，一般也不存在生产费用在完工产品与在产品之间分配的问题。但在批内产品跨月陆续完工的情况下，月末计算成本时，一部分产品已完工，另一部分尚未完工，这时就要在完工产品与在产品之间分配生产费用，以便计算完工产品成本和月末在产品成本。如果跨月陆续完工的情况不多，当月末完工产品数量占批量比重较小时，就可以采用按计划单位成本、定额单位成本或近期相同产品的实际单位成本计算完工产品成本，从产品成本明细账中转出，剩余金额即为在产品成本。这种分配方法核算工作虽简单，但分配结果不甚正确。因此，在批内产品跨月陆续完工情况较多、月末完工产品数量占批量比重较大时，为了提高成本计算的正确性，就应采用适当的方法，将生产费用在完工产品与月末在产品之间进行分配，计算完工产品成本与月末在产品成本。

（二）分批法的适用范围

分批法适用于单件、小批的单步骤生产或管理上不要求分步计算各步骤半成品的多步骤生产，如重型机器制造、船舶制造以及服装、印刷工业等。

二、分批法成本核算程序

分批法成本核算程序与品种法基本相同，不同的是成本明细账是按产品的批别开设的，会计部门根据用户的订单或生产任务通知单所确定的批别，为每批产品设置生产成本明细账，并按规定的成本项目设置专栏。对于发生的各项生产费用,应根据有关的原始凭证等资料,编制各种费用分配表进行分配,能按产品批别划分的直接费用,应按成本项目直接记入各批别的成本明细账内;不同批别共同耗用的间接费用,应采用适当的方法进行分配后,分别记入有关各批别的成本明细账内,从而计算各批产品成本。

> **请思考**
>
> 分批法成本核算程序与品种法成本核算程序有何不同?

第二节 分批法应用案例

一、成本资料

【例 6-1】 某工业企业根据购买单位订货单要求,小批生产甲、乙、丙三种产品,采用分批法计算产品成本。该企业202×年7月份有关生产情况和生产费用支出情况的资料如下:

1. 生产情况

601 号甲产品 40 件,6 月份投产,本月全部完工。

602 号乙产品 50 件,6 月份投产,本月完工 30 件,未完工 20 件。

701 号丙产品 60 件,7 月份投产,计划 8 月份完工,本月提前完工 5 件。

2. 本月份的成本核算资料

(1)各批产品的月初在产品成本,如表 6-1 所示。

表 6-1　　　　　各批产品的月初在产品成本　　　　　单位:元

批 号	直接材料	燃料及动力	直接人工	制造费用	合 计
601	12 620	510	2 450	1 556	17 136
602	12 315	477	1 124	984	14 900

(2)根据本月各种分配表(略),汇总各批产品本月发生的生产费用,如表 6-2 所示。

表 6-2　　　　　各批产品本月发生的生产费用　　　　　单位:元

批 号	直接材料	燃料及动力	直接人工	制造费用	合 计
601	2 212	430.00	1 254	820	4 716.00
602	5 010	381.40	860	480	6 731.40
701	23 120	738.00	3 180	1 680	28 718.00

3. 期末各批号产品完成情况

602 批号乙产品,本月未完工产品数量较大,采用约当产量法计算完工产品成本与在产品成本,材料于生产开始时一次投入,在产品完工程度为 50%。

701 批号丙产品,本月完工 5 件,数量较少,为简化核算,完工产品按计划成本转出,每件计划成本为:直接材料 365 元,燃料及动力 25 元,直接人工 54 元,制造费用 45 元。合计 489 元。

二、计算产品成本

根据上述各项资料,登记各批次产品成本明细账,如表 6-3、表 6-4、表 6-5 所示。

表 6-3　　　　　　　　　　　　　生产成本明细账
产品批号:601　　　　　　　　　　202×年 7 月　　　　　　　　　　　　　　　投产日期:6 月
产品名称:甲产品　　　　　　　　　　　　　　　　　　　　　　　　　　　　　完工日期:7 月
批量:40 件
　　　　　　　　　　　　　　　　　　　　　　　　　　　　　　　　　　　　金额单位:元

202×年		摘　要	直接材料	燃料及动力	直接人工	制造费用	合　计
月	日						
6	30	在产品成本余额	12 620.00	510.00	2 450.00	1 556.00	17 136.00
7	31	根据材料费用分配表	2 212.00				2 212.00
	31	根据动力费用分配表		430.00			430.00
	31	根据职工薪酬分配表			1 254.00		1 254.00
	31	根据制造费用分配表				820.00	820.00
	31	累　计	14 832.00	940.00	3 704.00	2 376.00	21 852.00
	31	转出产成品(40 件)	14 832.00	940.00	3 704.00	2 376.00	21 852.00
	31	产成品单位成本	370.80	23.50	92.60	59.40	546.30

表 6-4　　　　　　　　　　　　　生产成本明细账
产品批号:602　　　　　　　　　　202×年 7 月　　　　　　　　　　　　　　　投产日期:6 月
产品名称:乙产品　　　　　　　　　　　　　　　　　　　　　　　　　　　　　完工日期:8 月
批量:50 件　　　　　　　　　　　　　　　　　　　　　　　　　　　　　　(本月完工 30 件)
　　　　　　　　　　　　　　　　　　　　　　　　　　　　　　　　　　　　金额单位:元

202×年		摘　要	直接材料	燃料及动力	直接人工	制造费用	合　计
月	日						
6	30	在产品成本余额	12 315.00	477.00	1 124.00	984.00	14 900.00
7	31	根据材料费用分配表	5 010.00				5 010.00
	31	根据动力费用分配表		381.40			381.40
	31	根据职工薪酬分配表			860.00		860.00
	31	根据制造费用分配表				480.00	480.00
	31	累　计	17 325.00	858.40	1 984.00	1 464.00	21 631.40
	31	完工产品数量	30.00	30.00	30.00	30.00	
	31	在产品约当产量	20.00	10.00	10.00	10.00	

续表

202×年		摘 要	直接材料	燃料及动力	直接人工	制造费用	合 计
月	日						
	31	分配率（单位完工产品成本）	346.50	21.46	49.60	36.60	
	31	完工产品成本	10 395.00	643.80	1 488.00	1 098.00	13 624.80
	31	月末在产品成本	6 930.00	214.60	496.00	366.00	8 006.60

在表 6-4 中：

完工产品直接材料费用 $= \dfrac{17\,325}{30+20} \times 30 = 10\,395$（元）

月末在产品直接材料费用 $= \dfrac{17\,325}{30+20} \times 20 = 6\,930$（元）

完工产品燃料及动力费用 $= \dfrac{858.40}{30+20\times 50\%} \times 30 = 643.80$（元）

月末在产品燃料及动力费用 $= \dfrac{858.40}{30+20\times 50\%} \times 20 \times 50\% = 214.60$（元）

完工产品直接人工费用 $= \dfrac{1\,984}{30+20\times 50\%} \times 30 = 1\,488$（元）

月末在产品直接人工费用 $= \dfrac{1\,984}{30+20\times 50\%} \times 20 \times 50\% = 496$（元）

完工产品制造费用 $= \dfrac{1\,464}{30+20\times 50\%} \times 30 = 1\,098$（元）

月末在产品制造费用 $= \dfrac{1\,464}{30+20\times 50\%} \times 20 \times 50\% = 366$（元）

表 6-5　　　　　　　　　　　　　生产成本明细账

产品批号：701　　　　　　　　　　202×年 7 月　　　　　　　　　　投产日期：7 月
产品名称：丙产品　　　　　　　　　　　　　　　　　　　　　　　　完工日期：8 月
批量：60　　　　　　　　　　　　　　　　　　　　　　　　　　　　（本月完工 5 件）

金额单位：元

202×年		摘 要	直接材料	燃料及动力	直接人工	制造费用	合 计
月	日						
7	31	根据材料费用分配表	23 120				23 120
	31	根据燃料及动力费用分配表		738			738
	31	根据职工薪酬分配表			3 180		3 180
	31	根据制造费用分配表				1 680	1 680
	31	合　计	23 120	738	31 80	1 680	28 718
	31	单位产品计划成本	365	25	54	45	489

续表

202×年		摘 要	直接材料	燃料及动力	直接人工	制造费用	合 计
月	日						
	31	完工5件产品总成本	1 825	125	270	225	2 445
	31	月末在产品成本	21 295	613	2 910	1 455	26 273

第三节 简化的分批法

在小批、单件生产的企业或车间中，如果同一月份投产的产品批数很多，且月末在产品批数较多，而每月完工批数不多，如机械制造厂或修配厂就属于这种情况。在这种情况下，如果将当月发生的间接费用在各批产品之间进行分配，而不管各批产品是否已经完工，则间接费用的分配工作会非常繁重，为了简化核算工作，可以采用简化的不分批计算在产品成本的分批法。

一、简化分批法的特点

1. 需要设置基本生产成本二级账。账中按成本项目登记全部产品的月初在产品生产成本、本月发生生产费用和累计的生产费用，同时登记全部产品的月初在产品生产工时、本月生产工时和累计的生产工时。在有完工产品的月份，根据累计间接费用（一般为除原材料之外的各项费用）和累计生产工时，计算累计间接费用分配率。

$$全部产品某项累计间接费用分配率 = \frac{分配产品该项间接费用累计额}{全部产品累计生产工时}$$

2. 按照产品批别开设生产成本明细账（产品成本计算单）。每一批别产品在完工以前，账内只按月登记该批产品的直接费用（如直接材料费用）和生产工时，而不按月分配、登记各项间接费用，因而也就不能计算各该批产品的在产品成本。只在有完工产品的月份，才按完工产品的累计生产工时和累计间接费用分配率，计算完工产品应负担的各项间接费用并登记转出，月末在产品仍不登记间接费用，间接费用仍留在基本生产成本二级账中。完工产品应负担的各项间接费用的公式为：

$$某批完工产品应负担的某项间接费用 = 该批完工产品累计生产工时 \times 该项累计间接费用分配率$$

> **请思考**
>
> 简化分批法的适用条件和特点是什么？

二、简化分批法应用案例

【例6-2】 某企业小批生产多种产品，由于产品批数多，为了简化成本计算工作，因此采用简化的分批法计算成本。该企业202×年6月份的产品批号有：

4046号	A产品9件	4月份投产	本月全部完工
5041号	B产品8件	5月份投产	本月完工4件
5049号	C产品7件	5月份投产	尚未完工
6009号	D产品6件	本月投产	尚未完工
6015号	E产品6件	本月投产	尚未完工

该企业基本生产成本二级账及各批产品生产成本明细账如表6-6至表6-11所示。

表6-6　　　　　　　　　　基本生产成本二级账
（各批产品总成本）　　　　　　　　　　单位：元

202×年 月	日	摘要	直接材料	生产工时	燃料及动力	直接人工	制造费用	合计
5	31	余额	67 110	20 500	9 860	43 000	24 700	144 670
6	30	本月发生费用	48 890	19 500	4 140	23 000	12 100	88 130
	30	累计	116 000	40 000	14 000	66 000	36 800	232 800
	30	累计间接费用分配率			0.35	1.65	0.92	
	30	完工转出成本	45 330	17 600	6 160	29 040	16 192	96 722
	30	余额	70 670	22 400	7 840	36 960	20 608	136 078

表6-6中各有关项目填列如下：

(1)各项间接费用分配率的填列

燃料及动力累计分配率 $=\dfrac{14\ 000}{40\ 000}=0.35$

直接人工累计分配率 $=\dfrac{66\ 000}{40\ 000}=1.65$

制造费用累计分配率 $=\dfrac{36\ 800}{40\ 000}=0.92$

(2)完工产品直接材料费用和生产工时的填列

完工产品直接材料费用和生产工时根据各批产品生产成本明细账中完工产品的直接材料费用和生产工时数汇总登记。

(3)完工产品各项间接费用的填列

完工产品的各项间接费用，可以根据本账内完工产品工时与各项间接费用分配率相乘求得，也可以根据各批产品生产成本明细账中完工产品的各项间接费用汇总登记。

表 6-7　　　　　　　　　　　　　　生产成本明细账
产品批号:4046　　　　　　　　　　202×年6月　　　　　　　　　　　　　　　　投产日期:4月
产品名称:A产品　　　　　　　　　　　　　　　　　　　　　　　　　　　　　　完工日期:6月
产品批量:9件　　　　　　　　　　　　　　　　　　　　　　　　　　　　　　　单位:元

202×年		摘要	直接材料	生产工时	燃料及动力	直接人工	制造费用	合计
月	日							
4	30	本月发生费用	18 970	5 780				
5	31	本月发生费用	9 880	5 400				
6	30	本月发生费用	4 000	1 420				
	30	累计数及累计间接费用分配率	32 850	12 600	0.35	1.65	0.92	
	30	完工转出成本	32 850	12 600	4 410	20 790	11 592	69 642
	30	完工产品单位成本	3 650	1 400	490	2 310	1 288	7 738

注:累计间接费用分配率根据基本生产成本二级账登记。

表 6-8　　　　　　　　　　　　　　生产成本明细账
产品批别:5041　　　　　　　　　　202×年6月　　　　　　　　　　　　　　　　投产日期:5月
产品名称:B产品　　　　　　　　　　　　　　　　　　　　　　　　　　　　　　完工日期:6月25日
产品批量:8件　　　　　　　　　　　　　　　　　　　　　　　　　　　　　　　(本月完工4件)
　　　　　　　　　　　　　　　　　　　　　　　　　　　　　　　　　　　　　单位:元

202×年		摘要	直接材料	生产工时	燃料及动力	直接人工	制造费用	合计
月	日							
5	31	本月发生费用	19 860	4 500				
6	30	本月发生费用	5 100	3 700				
		累计数及累计间接费用分配率	24 960	8 200	0.35	1.65	0.92	
		完工(4件)转出成本	12 480	5 000	1 750	8 250	4 600	27 080
		完工产品单位成本	3 120	1 250	437.50	2 062.50	1 150	6 770
		在产品成本	12 480	3 200				

表 6-9　　　　　　　　　　　　　　生产成本明细账
产品批号:5049　　　　　　　　　　202×年6月　　　　　　　　　　　　　　　　投产日期:5月
产品名称:C产品　　　　　　　　　　　　　　　　　　　　　　　　　　　　　　完工日期:
产品批量:7件　　　　　　　　　　　　　　　　　　　　　　　　　　　　　　　单位:元

202×年		摘要	直接材料	生产工时	燃料及动力	直接人工	制造费用	合计
月	日							
5	31	本月发生费用	18 400	4 820				
6	30	本月发生费用	2 100	3 780				

表 6-10　　　　　　　　　　　　生产成本明细账

产品批号:6009　　　　　　　　　　　202×年 6 月

产品名称:D 产品　　　　　　　　　　　　　　　　　　　　　　　　　投产日期:6 月

产品批量:6 件　　　　　　　　　　　　　　　　　　　　　　　　　　完工日期:

单位:元

202×年		摘　要	直接材料	生产工时	燃料及动力	直接人工	制造费用	合　计
月	日							
6	30	本月发生费用	18 000	7 100				

表 6-11　　　　　　　　　　　　生产成本明细账

产品批号:6015　　　　　　　　　　　202×年 6 月

产品名称:E 产品　　　　　　　　　　　　　　　　　　　　　　　　　投产日期:6 月

产品批量:6 件　　　　　　　　　　　　　　　　　　　　　　　　　　完工日期:

单位:元

202×年		摘　要	直接材料	生产工时	燃料及动力	直接人工	制造费用	合　计
月	日							
6	30	本月发生费用	19 690	3 500				

采用简化的分批法计算产品成本虽然有利于简化成本核算工作,但是,在这种方法下,各未完工批别的成本明细账不能完整地反映各批产品的在产品成本,并且只能在适当的条件下采用这种方法,否则会影响成本计算工作的正确性。首先,这种方法只能在各月间接费用的水平相差不大的情况下采用,因为累计间接费用分配率是根据本月及以前几个月份的累计间接费用除以累计分配标准计算的,如果本月份间接费用水平与前几个月份间接费用水平相差悬殊,按累计平均的间接费用分配率计算本月投产、本月完工的产品成本,脱离实际的可能性就会较大。其次,这种方法只应在同一月份投产的产品批数很多,但月末完工批数较少,月末未完工批数较多的情况下采用,这样才会简化核算工作,否则,仍要按批数在大多数完工产品成本明细账中分配登记各项间接费用,就不能起到简化核算工作的作用。

本章小结

产品成本计算的分批法是按照产品的批别归集生产费用、计算产品成本的一种方法。

分批法的特点主要表现在以下几个方面:(1)以产品的批次为成本计算对象;(2)以产品生产周期为成本计算期;(3)一般没有生产费用在完工产品与在产品之间分配的问题。

分批法适用于单件、小批的单步骤生产或管理上不要求分步计算各步骤半成品的多步骤生产,如重型机器制造、船舶制造以及服装、印刷工业等。

分批法成本核算程序与品种法基本相同,不同的是成本明细账是按产品的批别开设的,会计部门根据用户的订单或生产任务通知单所确定的批别,为每批产品设置生产成本明细账,并按规定的成本项目设置专栏,计算各批产品成本。

在小批、单件生产的企业或车间中,如果同一月份投产的产品批数很多,且月末在产品批数较多,而每月完工批数不多的情况下,为了简化核算工作,可采用简化的分批法计算产品成本。

思考题

1. 什么是产品成本计算的分批法?其特点有哪些?
2. 简述分批法的适用范围。
3. 简述分批法的成本核算程序。
4. 简化分批法的适用条件是什么?如何采用简化分批法计算产品成本?

同步实训题

一、单项选择题

1. 采用分批法计算产品成本时,若是单件生产,月末计算产品成本时,(   )。
   A. 需要将生产费用在完工产品和月末在产品之间进行分配
   B. 不需要将生产费用在完工产品和月末在产品之间进行分配
   C. 应视不同情况确定是否在完工产品和月末在产品之间分配生产费用
   D. 应采用同小批、单件生产一样的核算方法

2. 分批法与简化分批法的主要区别在于(   )。
   A. 简化分批法不分批计算在产品成本,分批法分批计算在产品成本
   B. 分批法不计算在产品成本
   C. 简化分批法分批计算在产品成本
   D. 分批法分批计算完工产品成本

3. 下列情况中,不适宜采用简化分批法的是(   )。
   A. 月末未完工批数较多
   B. 各月间接费用的水平相差不大
   C. 同一月份投产的产品批数很多,但月末完工批数较少
   D. 本月份间接费用水平与前几个月份间接费用水平相差悬殊

4. 在各种成本计算方法中,必须设置生产成本二级账的是(   )。
   A. 简化分批法   B. 分批法
   C. 分步法   D. 品种法

5. 采用简化分批法,在产品完工之前,产品成本明细账(   )。
   A. 不登记任何生产费用   B. 只登记直接费用和生产工时
   C. 登记全部生产费用   D. 登记其应负担的各项费用

二、多项选择题

1. 分批法与品种法的主要区别有(   )。
   A. 生产周期不同   B. 产成品的含义不同
   C. 成本计算对象不同   D. 成本计算期不同

2. 分批法适用于( )。
    A. 单件、小批的单步骤生产
    B. 管理上不要求分步计算各步骤半成品的多步骤生产
    C. 大量生产
    D. 大批生产
3. 简化分批法的适用条件有( )。
    A. 月末未完工批数较多
    B. 各月间接费用的水平相差不大
    C. 同一月份投产的产品批数很多,但月末完工批数较少
    D. 本月份间接费用水平与前几个月份间接费用水平相差悬殊
4. 采用简化分批法,月末( )。
    A. 只计算完工产品成本
    B. 只对完工产品分配间接费用
    C. 要在完工产品与在产品之间分配费用
    D. 不分批计算在产品成本
5. 采用简化分批法( )。
    A. 必须设置基本生产成本二级账
    B. 产品完工时必须计算全部产品各项累计间接费用分配率
    C. 按照产品批别开设生产成本明细账,账内只登记直接费用和生产工时
    D. 不分批计算在产品成本

三、判断题

1. 分批法的成本计算期与产品生产周期不一致。( )
2. 分批法是按照产品的生产步骤归集生产费用,计算产品成本的一种方法。( )
3. 分批法适用于大量、大批的单步骤生产或管理上要求分步计算成本的大量、大批多步骤生产。( )
4. 采用简化的分批法,不必设立基本生产成本二级账。( )
5. 若本月份间接费用水平与前几个月份间接费用水平相差悬殊,按累计平均的间接费用分配率计算本月投产、本月完工的产品成本,将会影响到成本计算的准确性。( )
6. 采用简化的分批法,各未完工批别的成本明细账能完整地反映各批产品的在产品成本。( )
7. 采用简化的分批法,应在各月间接费用的水平相差不大且同一月份投产的产品批数很多,但月末完工批数较少,未完工批数较多的情况下采用。( )
8. 采用简化的分批法,产品在完工以前,生产成本明细账登记产品的各项费用和生产工时。( )

四、业务核算题

(一)目的:练习产品成本计算的分批法。
(二)资料:某企业第一生产车间生产甲、乙、丙三批产品,202×年8月份有关资料如下:
1. 生产情况(原材料系开工时一次投入):
    甲批   7月份投产40件   8月份完工40件
    乙批   7月份投产30件   8月份全部未完工
    丙批   8月份投产20件   8月份完工入库12件
2. 各批月初在产品成本情况如下:

单位:元

产品批别	直接材料	直接人工	制造费用	合　计
甲批	84 000	12 000	8 000	104 000
乙批	120 000	2 000	2 000	124 000

3.202×年8月份发生生产费用如下：

(1)丙批产品投入原材料共计66 000元。

(2)三批产品共发生直接人工19 680元、制造费用17 712元。

(3)甲、乙、丙三批产品本月实耗工时情况如下：

　　甲批　　8 000小时

　　乙批　　4 000小时

　　丙批　　4 400小时

4.丙批产品计划单位成本情况如下：

　　直接材料:3 300元

　　直接人工:330元

　　制造费用:280元

(三)要求：将本月发生的直接人工费用、制造费用按实耗工时在三批产品之间进行分配。

1.编制职工薪酬分配表。

2.编制制造费用分配表。

3.编制8月份甲、乙、丙三批产品的成本计算单。

第七章 分步法

学习目标

知识目标
- 了解分步法的特点及适用范围
- 掌握分步法的核算程序
- 掌握逐步结转分步法和平行结转分步法的区别
- 掌握综合结转分步法与分项结转分步法的区别

技能目标
- 能熟练运用分步法计算产品成本

素养目标
- 能遵守国家成本核算的有关法律法规

学习导图

分步法
- 分步法概述
  - 分步法的特点
  - 分步法的适用范围
- 逐步结转分步法
  - 逐步结转分步法的特点及适用范围
  - 逐步结转分步法的成本核算程序
  - 综合结转分步法
  - 分项结转分步法
- 平行结转分步法
  - 平行结转分步法的特点及适用范围
  - 平行结转分步法的成本核算程序
  - 产成品成本份额的计算
  - 平行结转分步法应用案例
  - 平行结转分步法的优点与缺点
- 逐步结转分步法与平行结转分步法比较
  - 成本管理要求不同
  - 成本计算对象不同
  - 成本计算程序不同
  - 成本与实物的关系不同
  - 完工产品的含义不同
  - 在产品的含义不同

第一节 分步法概述

一、分步法的特点

产品成本计算的分步法是指以产品的品种及其所经过的生产步骤作为成本计算对象归集生产费用、计算产品成本的一种方法。这种方法的主要特点表现在以下几个方面：

(一)以生产步骤为成本计算对象

采用分步法计算产品成本,如果只生产一种产品,成本计算对象就是该种产品及其所经过的各生产步骤的半成品,生产成本明细账应分别按产品品种及其所经过的各个生产步骤的半成品设置,计算各步骤的半成品成本和完工产品成本;如果生产多种产品,其成本计算对象就是各种完工产品的成本及其所经过的各个生产步骤的半成品成本,生产成本明细账应分别按每种产品及其各个生产步骤的半成品设置,计算各种产品及其半成品成本。

在实际工作中,采用分步法计算产品成本,产品成本计算方法上的分步与产品实际生产步骤的口径有时一致,有时并不一致。例如,在按生产步骤设立车间的企业中,一般情况下,分步计算成本也就是分车间计算成本;如果企业生产规模很大,车间内又分成几个生产步骤,而管理上又要求分步计算成本时,也可以在车间内按要求分步计算成本;相反,如果企业生产规模很小,管理上也不要求分车间计算成本,就可将几个车间合并为一个步骤计算成本。总之,企业应根据管理要求,本着简化计算工作的原则,确定成本计算对象。

(二)以会计期间为成本计算期

在大量、大批的多步骤生产中,由于生产过程较长,可以间断,而且往往是跨月陆续完工,因此,成本计算一般是按月、定期地进行,而与生产周期不一致。

(三)生产费用需要在完工产品与在产品之间进行分配

在月末计算产品成本时,各步骤一般存在未完工的在产品,这样,为了计算完工产品成本和月末在产品成本,还需要采用适当的分配方法,将汇集在生产成本明细账中的生产费用在完工产品与在产品之间采用适当方法进行分配。

(四)上一步骤半成品是下一步骤的加工对象

在大量、大批多步骤生产中,由于产品的生产是分步骤进行的,上一步骤生产的半成品是下一步骤的加工对象,因此,要计算各种产品的产成品成本,还需要按照产品品种结转各步骤成本,这是分步法与其他成本计算方法的不同之处,也是分步法的一个重要特点。

二、分步法的适用范围

产品成本计算的分步法适用于大量、大批的多步骤生产,因为在这些企业中,产品生产可以分为若干步骤进行。例如,钢铁企业可分为炼铁、炼钢、轧钢等步骤,纺织企业可分为纺纱、织布等步骤,机械企业可分为铸造、加工、装配等步骤。为了加强各生产步骤的成本管理,不仅要求按照产品品种归集生产费用,计算产品成本,而且要求按照产品的生产步骤归集生产费用,计算各步骤产品成本,提供反映各种产品及其各生产步骤成本计划执行情况的资料。

在实际工作中,出于成本管理对各生产步骤成本资料的不同要求(是否需要计算各生产步骤的半成品成本)和简化成本计算工作的考虑,各生产步骤成本的计算和结转又分为逐步结转和平行结转两种方法,因此,分步法相应地分为逐步结转分步法和平行结转分步法两种。

第二节 逐步结转分步法

一、逐步结转分步法的特点及适用范围

(一)逐步结转分步法的特点

逐步结转分步法是指按各加工步骤归集生产费用、计算各加工步骤半成品成本,且半成品成本随着半成品实物转移而在各加工步骤之间顺序结转,最后计算出产成品成本的一种成本计算方法。逐步结转分步法也称计算半成品成本的分步法或顺序结转分步法。逐步结转分步法主要有以下几个特点:

1. 各生产步骤半成品成本的结转同实物的结转相一致,即半成品实物转入哪一个生产步骤,半成品成本也随之转入哪一个生产步骤。

2. 除第一生产步骤外,其余各生产步骤的生产费用均包括两部分,即上步骤转入的半成品成本和本步骤所发生的生产费用。

3. 各生产步骤的完工产品,除最后步骤为产成品外,其余各步骤均为半成品,同时,各步骤的在产品均为狭义在产品,即各生产步骤正在加工、尚未完工的在制品,在产品成本是按在产品实物所在地反映的,各步骤产品成本明细账的期末余额就是结存在该步骤在产品的全部成本。

(二)逐步结转分步法的适用范围

逐步结转分步法主要适用于成本管理中需要提供各个生产步骤半成品成本资料的企业,尤其是大量、大批连续式多步骤生产企业。在这些企业中,从原材料投入生产到产成品制成,中间要顺序经过几个生产步骤的逐步加工,前面各生产步骤所生产的都是半成品,只有最后步骤生产的才是产成品。各生产步骤所生产的半成品既可以转交给下一生产步骤继续加工,耗用在不同产品上,又可以作为商品产品对外销售。例如,纺织企业生产的棉纱,既可以为企业自用,被继续加工,织成各种布匹,又可以作为商品,直接对外出售。为此,除了需要计算各种产成品成本外,还必须计算各生产步骤所产半成品成本。同时,为了加强成本管理及降低成本,考核成本计划执行情况等,也需要计算半成品成本。

二、逐步结转分步法的成本核算程序

逐步结转分步法的成本核算程序取决于半成品实物的流转程序。半成品实物的流转程序有两种:一种是半成品不通过仓库收发,另一种是半成品通过仓库收发。

(一)半成品不通过仓库收发

在半成品不通过仓库收发的情况下,逐步结转分步法的产品成本核算程序:先计算第一步骤所产半成品成本,然后随半成品实物转移,将其半成品成本从第一步骤产品成本明细账转入第二步骤相同产品的产品成本明细账中,再加上第二步骤所发生的生产费用,计算出第二步骤

所产半成品成本,并将其转入第三步骤,这样,按照生产步骤逐步计算(累计)并结转半成品成本,直到最后步骤计算出产成品成本。其成本核算程序如图7-1所示。

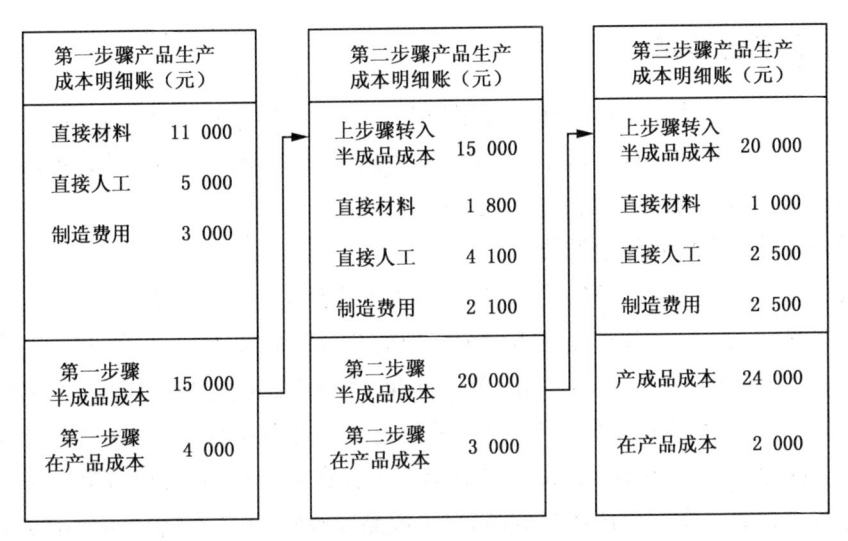

第一步骤产品生产成本明细账(元)	第二步骤产品生产成本明细账(元)	第三步骤产品生产成本明细账(元)
直接材料 11 000	上步骤转入半成品成本 15 000	上步骤转入半成品成本 20 000
直接人工 5 000	直接材料 1 800	直接材料 1 000
制造费用 3 000	直接人工 4 100	直接人工 2 500
	制造费用 2 100	制造费用 2 500
第一步骤半成品成本 15 000	第二步骤半成品成本 20 000	产成品成本 24 000
第一步骤在产品成本 4 000	第二步骤在产品成本 3 000	在产品成本 2 000

图7-1 逐步结转分步法的成本核算程序(1)

(二)半成品通过仓库收发

如果各步骤半成品完工后需要通过仓库收发,就应设置自制半成品明细账进行核算。其成本核算程序如图7-2所示。

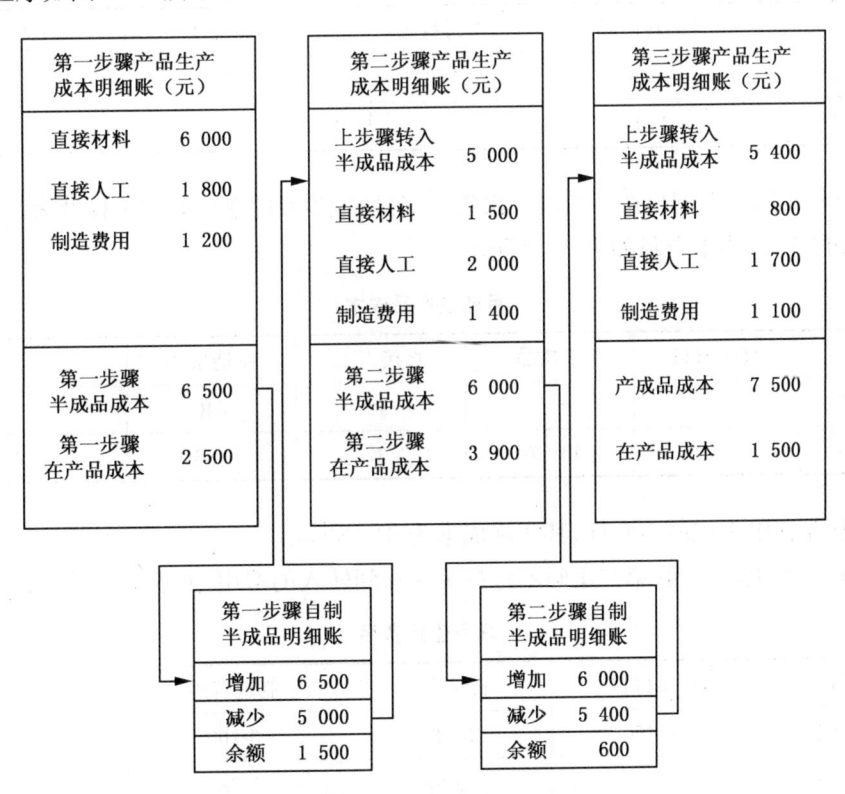

第一步骤产品生产成本明细账(元)	第二步骤产品生产成本明细账(元)	第三步骤产品生产成本明细账(元)
直接材料 6 000	上步骤转入半成品成本 5 000	上步骤转入半成品成本 5 400
直接人工 1 800	直接材料 1 500	直接材料 800
制造费用 1 200	直接人工 2 000	直接人工 1 700
	制造费用 1 400	制造费用 1 100
第一步骤半成品成本 6 500	第二步骤半成品成本 6 000	产成品成本 7 500
第一步骤在产品成本 2 500	第二步骤在产品成本 3 900	在产品成本 1 500

第一步骤自制半成品明细账	第二步骤自制半成品明细账
增加 6 500	增加 6 000
减少 5 000	减少 5 400
余额 1 500	余额 600

图7-2 逐步结转分步法的成本核算程序(2)

逐步结转分步法按照半成品成本在下一步骤成本明细账中的反映方法,分为综合结转分步法和分项结转分步法。

三、综合结转分步法

综合结转分步法是将各生产步骤所耗用的上一步骤半成品成本,不分成本项目,而是以一个综合数记入各该步骤产品成本明细账中的"半成品"成本项目中。综合结转可以按照半成品的实际成本结转,也可以按照半成品的计划成本结转。

(一)半成品按实际成本综合结转

在半成品按实际成本综合结转的情况下,如果半成品实物不通过仓库收发,则上一步骤的半成品成本等额转入下一步骤产品成本明细账中的"半成品"成本项目;如果半成品实物通过仓库收发,则由于各月所产半成品的实际单位成本往往不同,因此所耗半成品的单位成本也有一个计价问题,半成品可以同材料核算一样,采用先进先出法或加权平均法等方法计算。

【例 7-1】 假定某企业的甲产品生产分两个步骤在两个车间内进行,第一车间为第二车间提供甲半成品。第一车间生产甲半成品,交半成品库验收,第二车间按需要量向半成品库领用。各步骤完工产品与月末在产品之间费用的分配采用约当产量比例法。该企业 202×年 5 月份有关成本计算资料如下:

1. 产量资料如表 7-1 所示。

表 7-1　　　　　　　　　　　　　产量资料　　　　　　　　　　　　　单位:件

项　目	月初在产品	本月投入	本月完工	月末在产品
第一车间	90	350	360	80
第二车间	110	420	370	160

假定材料在第一车间生产开始时一次投入,各加工步骤的在产品完工程度为 50%。

2. 月初在产品成本资料如表 7-2 所示。

表 7-2　　　　　　　　　　　　月初在产品成本　　　　　　　　　　　　单位:元

项　目	直接材料	半成品	直接人工	制造费用	合　计
第一车间	7 830		980	640	9 450
第二车间		14 170	1 375	486	16 031

3. 月初库存甲半成品 500 件,其实际成本为 61 280 元。

4. 本月发生生产费用(第二车间不包括第一车间转入的费用)如表 7-3 所示。

表 7-3　　　　　　　　　　　　　本月生产费用　　　　　　　　　　　　单位:元

项　目	直接材料	直接人工	制造费用	合　计
第一车间	30 450	10 220	3 760	44 430
第二车间		9 875	3 789	13 664

5. 假定半成品成本按加权平均法计算,其各步骤成本计算为:

(1)根据月初在产品成本资料及本月发生的生产费用及产量资料,登记第一车间生产成本明细账,即可计算出甲半成品成本,如表7-4所示。

表7-4　　　　　　　　　　　第一车间生产成本明细账　　　　　　　完工:360件
　　　　　　　　　　　　　　　　　　　　　　　　　　　　　　　　在产品:80件
甲半成品　　　　　　　　　　　　202×年5月　　　　　　　　　　金额单位:元

项　目		直接材料	直接人工	制造费用	合　计
月初在产品成本		7 830	980	640	9 450
本月生产费用		30 450	10 220	3 760	44 430
生产费用合计		38 280	11 200	4 400	53 880
产品产量	完工产品数量	360	360	360	
	在产品约当产量	80	40	40	
	合　计	440	400	400	
分配率(单位成本)		87	28	11	126
完工半成品成本		31 320	10 080	3 960	45 360
月末在产品成本		6 960	1 120	440	8 520

根据第一车间的半成品交库单所列交库数量及成本,编制会计分录如下:
　　借:自制半成品——甲半成品　　　　　　　　　　　　　　　　　　45 360
　　　　贷:基本生产成本——第一车间　　　　　　　　　　　　　　　　　45 360

(2)根据第一车间所生产的甲半成品交库单及第二车间领用半成品的领用单,登记自制半成品明细账,如表7-5所示。

表7-5　　　　　　　　　　　　自制半成品明细账　　　　　　　　　
半成品:甲半成品　　　　　　　　　202×年5月　　　　　　　　　　数量单位:件

月份	月初结存		本月增加		合　计			本月减少	
	数量	实际成本	数量	实际成本	数量	实际成本	单位成本	数量	实际成本
5	500	61 280	360	45 360	860	106 640	124	420	52 080
6	440	54 560							

表中甲半成品加权平均单位成本 = $\dfrac{106\ 640}{860}$ = 124(元)

发出甲半成品成本 = 420×124 = 52 080(元)

根据第二车间半成品领用单,编制会计分录如下:
　　借:基本生产成本——第二车间　　　　　　　　　　　　　　　　　52 080
　　　　贷:自制半成品——甲半成品　　　　　　　　　　　　　　　　　　52 080

(3)根据月初在产品成本资料、本月发生生产费用及产量资料、第二车间半成品领用单,登记第二车间生产成本明细账,计算完工产品成本,如表7-6所示。

表 7-6   第二车间生产成本明细账   完工:370 件
                                                                  在产品:160 件
甲产品   202×年5月   金额单位:元

项目		半成品	直接人工	制造费用	合计
月初在产品成本		14 170	1 375	486	16 031
本月生产费用		52 080	9 875	3 789	65 744
生产费用合计		66 250	11 250	4 275	81 775
产品产量	完工产品数量	370	370	370	
	在产品约当产量	160	80	80	
	合计	530	450	450	
分配率(单位成本)		125	25	9.50	159.50
完工产品成本		46 250	9 250	3 515	59 015
月末在产品成本		20 000	2 000	760	22 760

在上列生产成本明细账中,增设了"半成品"成本项目栏,其目的就是综合登记所耗用第一车间半成品的成本。其中本月半成品费用,应根据计价后的第二车间半成品领用单登记。

根据第二车间的产成品交库单所列产成品交库数量和第二车间生产成本明细账中完工转出产成品成本,编制会计分录如下:

借:库存商品——甲产品   59 015
　　贷:基本生产成本——第二车间   59 015

(二)半成品按计划成本综合结转

在半成品按计划成本综合结转情况下,半成品日常收发的明细核算均按计划成本计价;在半成品实际成本计算出来后,再计算半成品成本差异额和差异率,调整领用半成品的计划成本。

半成品按计划成本综合结转所用账表的特点如下:

1. 自制半成品明细账不仅要反映半成品收发和结存的数量及实际成本,而且要反映半成品收发和结存的计划成本、成本差异额及成本差异率。其格式如表 7-8 所示。

2. 在产品生产成本明细账中,对于所耗用半成品的成本,可以直接按照调整成本差异后的实际成本登记;也可以按照计划成本和成本差异率分别登记,以便于分析上一步骤半成品成本差异对本步骤成本的影响。如采用后一种做法,产品成本明细账中的"半成品"项目应分设"计划成本""成本差异""实际成本"三栏,其格式如表 7-7 所示。

表 7-7   产品成本明细账
第二车间:甲产品   金额单位:元

| 摘要 | 产量(件) | 半成品 | | | 直接人工 | 制造费用 | 成本合计 |
		计划成本	成本差异	实际成本			

以上例企业资料来列示半成品按计划成本综合结转的方法,见表 7-8(每件计划成本为

128元）。

表7-8　　　　　　　　　　　自制半成品明细账　　　　　　　　计划单位成本:128元
半成品:甲半成品　　　　　　　　　202×年5月　　　　　　　　　　　　金额单位:元

月份	月初余额			本月增加			合　计					本月减少		
	数量	计划成本	实际成本	数量	计划成本	实际成本	数量	计划成本	实际成本	成本差异	差异率	数量	计划成本	实际成本
	①	②	③	④	⑤	⑥	⑦=①+④	⑧=②+⑤	⑨=③+⑥	⑩=⑨-⑧	⑪=⑩÷⑧	⑫	⑬	⑭=⑬+⑬×⑪
5	500	64 000	61 280	360	46 080	45 360	860	110 080	106 640	-3 440	-3.125%	420	53 760	52 080
6	440	56 320	54 560											

$$\frac{\text{半成品成}}{\text{本差异率}} = \frac{\text{月初结存半成品成本差异}+\text{本月收入半成品成本差异}}{\text{月初结存半成品计划成本}+\text{本月收入半成品计划成本}} \times 100\%$$

$$= \frac{(-2\,720)+(-720)}{64\,000+46\,080} \times 100\%$$

$$= \frac{-3\,440}{110\,080} \times 100\% = -3.125\%$$

发出半成品成本差异=发出半成品计划成本×半成品成本差异率
$$=53\,760 \times (-3.125\%) = -1\,680(元)$$

发出半成品实际成本=发出半成品计划成本±发出半成品成本差异
$$=53\,760-1\,680=52\,080(元)$$

按计划成本综合结转半成品成本具有以下优点：

第一，可以简化和加速半成品核算和产品成本计算工作。按计划成本结转半成品成本，可以简化和加速半成品收发的凭证计价和记账工作；半成品成本差异率如果不是按半成品品种而是按类别计算，则可以省去大量计算工作；如果月初半成品存量较大，本月耗用的半成品大部分甚至全部是以前月份生产的，本月所耗半成品成本差异调整也可以根据上月半成品成本差异率计算，这样不仅简化了计算工作，而且各步骤的成本计算也可以同时进行，从而加速产品成本的计算工作。

第二，便于各步骤进行成本考核和分析。按计划成本结转半成品成本，可以在各步骤的生产成本明细账中分别反映所耗半成品的计划成本和成本差异，因而在考核和分析各步骤产品成本时，可以剔除上一步骤半成品成本节约或超支的影响，正确地反映各生产步骤的成本超支或节约情况，便于成本考核和分析工作的进行。

（三）综合结转分步法的成本还原

采用综合结转分步法结转半成品成本时，上一生产步骤转入的自制半成品成本，综合记入半成品成本项目，这样简化了成本计算手续。但是，在最后生产步骤计算出的产品成本中，除了本步骤发生的生产费用按原始成本项目反映外，前面各个生产步骤发生的各项费用都集中在半成品成本项目中，这样的计算结果不能反映出直接材料、燃料及动力、直接人工、制造费用等成本项目在全部成本中所占的比重，即不能提供按成本项目反映的成本资料。因此，当成本管理要求按照规定成本项目考核和分析企业产品成本计划的完成情况时，就需要进行成本还原,即将产成品所耗半成品的综合成本分解还原为按原始成本项目反映的成本,以满足企业考核和分析产成品成本构成的需要。

通常采用的成本还原方法:从最后一个生产步骤开始,将产成品所耗上一生产步骤自制半成品的综合成本,按照上一生产步骤本月所产该种半成品的成本结构进行还原,依次从后往前逐步分解,直至第一加工步骤为止,还原为直接材料、燃料及动力、直接人工、制造费用,然后汇总各加工步骤相同成本项目的金额,从而计算出按原始成本项目反映的产成品成本。

【例7-2】仍以表7-6的资料说明产成品的还原方法。表中产成品成本为59 015元,其中所耗用的自制半成品成本为46 250元,按其占第一步骤(车间)生产成本明细账中本月所产该种自制半成品总成本45 360元的比例,分解还原成按原始成本项目反映的产成品成本。其计算公式为:

$$成本还原分配率 = \frac{本月产成品所耗上一步骤自制半成品成本}{本月所产该种自制半成品成本}$$

$$所耗用的自制半成品成本还原为各成本项目金额 = 本月所产该自制半成品成本中的各该成本项目金额 \times 成本还原分配率$$

$$成本还原分配率 = \frac{46\ 250}{45\ 360} \approx 1.019\ 6$$

所耗自制半成品成本还原为直接材料=31 320×1.019 6=31 933.87(元)
所耗自制半成品成本还原为直接人工=10 080×1.019 6=10 277.57(元)
所耗自制半成品成本还原为制造费用= 3 960×1.019 6= 4 038.46(元)
　　　　　　合　　计　　　　　　　　　　　　　46 250(元)

还原后各成本项目之和为46 250元,与产成品所耗自制半成品成本抵消。然后,将还原前产成品成本与产成品中自制半成品成本的还原额按照相同的成本项目汇总,计算出还原后产成品成本。还原后产成品成本为:

直接材料＝　　　　　　　31 933.87(元)
直接人工＝9 250+10 277.50＝19 527.57(元)
制造费用＝3 515+4 038.56＝ 7 553.56(元)
　合　计　　　　　　　　59 015(元)

在实际工作中,成本还原一般是通过产品成本还原计算表(见表7-9)进行的。

表7-9　　　　　　　　　　产品成本还原计算表
甲产品　　　　　　　　　　　202×年5月　　　　　　　　　　　金额单位:元

行次	项目	还原率	半成品	直接材料	直接人工	制造费用	合　计
①	还原前产成品成本		46 250		9 250.00	3 515.00	59 015
②	本月所产半产品成本			31 320.00	10 080.00	3 960.00	45 360
③	产成品中半成品成本还原	$\frac{46\ 250}{45\ 360}=1.019\ 6$	−46 250	31 933.87	10 277.57	4 038.56	0
④=①+③	还原后产成品成本			31 933.87	19 527.57	7 553.56	59 015

如果产品的生产步骤不止两步，那么在进行一次还原后，还会有自制半成品成本项目，则应继续还原，直到自制半成品成本项目全部分解成按原始成本项目反映为止。

以上采用的成本还原方法是"按本月所产该半成品的成本结构进行还原的方法"。这种方法相对来说比较简单，但由于没有考虑以前月份所产半成品成本结构的影响，因此在各月所产半成品的成本结构变化较大的情况下，采用这种方法进行成本还原会产生误差。因为本月产成品所耗用的半成品不一定都是本月生产的，一般还包括月初结存的半成品，而月初结存的半成品与本月所生产的半成品，其成本结构往往是不同的，还原结果的正确性必然受到影响。因此，如果各月半成品的成本结构变化较大，对还原结果的正确性就会产生较大影响。如果半成品的定额成本或计划成本比较准确，为了提高还原结果的正确性，产成品所耗半成品费用就可以按定额成本或计划成本的结构进行还原。为此，上述成本还原计算表中第②行按成本项目分列的本月所产半成品的总成本，应改为按成本项目分列的半成品定额或计划的单位成本。

请思考

> 什么是成本还原？怎样进行成本还原？

（四）综合结转分步法的优缺点

综上所述，采用综合结转分步法结转半成品成本时，从各步骤的产品生产成本明细账中可以看出各步骤产品所耗上一步骤半成品费用和本步骤加工费用的水平，从而有利于各生产步骤的管理。其不足之处：如果从管理上要求提供按原始成本项目反映的产成品资料，就需要进行成本还原，成本还原工作繁重，增加核算工作。因此，这种结转方法只适宜在管理上要求计算各步骤完工产品所耗半成品费用，而不要求进行成本还原的情况下采用。

四、分项结转分步法

分项结转分步法是将各生产步骤所耗用的上一步骤半成品成本按照成本项目分项转入各该步骤产品成本明细账的各个成本项目中，如果半成品通过半成品库收发，在自制半成品明细账中登记半成品成本时，也要按照成本项目分别登记。

采用分项结转分步法时，可以按照半成品的实际成本结转，也可以按照半成品的计划成本结转，然后按成本项目分项调整成本差异。但按计划成本结转时，因分项调整成本差异的工作量较大，所以，在实际工作中大多采用按实际成本分项结转的方法。

【例7-3】 仍以表7-6的资料为例，说明采用分项结转法的成本计算程序。根据第一车间生产成本明细账、第一车间半成品交库单及第二车间半成品领用单，登记自制半成品明细账，如表7-10所示。

表 7-10 自制半成品明细账

甲半成品　　　　　　　　　　　　　　　202×年5月　　　　　　　　　　　　　　　金额单位:元

月份	项目	产量(件)	实际成本			
			直接材料	直接人工	制造费用	成本合计
5	月初余额	500	42 468	13 742	5 070	61 280
	本月增加	360	31 320	10 080	3 960	45 360
	合计	860	73 788	23 822	9 030	106 640
	单位成本		85.80	27.70	10.50	124
	本月减少	420	36 036	11 634	4 410	52 080
6	月初余额	440	37 752	12 188	4 620	54 560

根据月初在产品成本资料、本月发生生产费用及产量资料、第二车间半成品领用单及自制半成品明细账,即可计算出完工产品成本,如表 7-11 所示。

表 7-11　　　　　　　　　　第二车间生产成本明细账　　　　　　　完工:370 件
　　　　　　　　　　　　　　　　　　　　　　　　　　　　　　　　　　在产品:160 件
产品名称:甲产品　　　　　　　　　　　202×年5月　　　　　　　　　　金额单位:元

摘要		直接材料		直接人工		制造费用		合计
		上步骤转入	本步骤发生	上步骤转入	本步骤发生	上步骤转入	本步骤发生	
月初在产品成本	上步骤转入	9 784		3 149		1 237		14 170
	本步骤发生				1 375		486	1 861
本月发生费用	上步骤转入	36 036		11 634		4 410		52 080
	本步骤发生				9 875		3 789	13 664
生产费用合计		45 820		14 783	11 250	5 647	4 275	81 775
产品产量	完工产品数量	370		370	370	370	370	
	在产品约当产量	160		160	80	160	80	
	合计	530		530	450	530	450	
分配率		86.452		27.892	25	10.655	9.50	159.50
完工产成品成本		31 987.61		10 320.04	9 250	3 942.35	3 515	59 015
月末在产品成本		13 832.39		4 462.96	2 000	1 704.65	760	22 760

通过表 7-11 可以看出,表中"月初在产品成本"和"本月发生费用"等项目,都要分设"上步骤转入"和"本步骤发生"两个栏目,这是因为采用约当产量法计算产品成本时,对这两部分费用的处理方法是不同的,对于月末在产品成本来说,上步骤转入的半成品各成本项目的费用,在转入本步骤加工时就已经全部投入,可以直接按本月完工产品(指本步骤完工半成品或产成品)数量和在产品数量进行分配;对于本月本步骤发生的生产费用,除生产开始时一次投

入的原材料费用外,其余项目的费用尚未全部投入,一般是随着生产进度陆续发生,需要按照完工产品数量和在产品约当产量进行分配,这样,成本计算结果才会准确;否则,成本计算的正确性就会受到影响。半成品成本分项结转,采用约当产量法计算在产品成本的工作量比较大。为了简化成本核算工作,在定额管理基础较好,各项消耗定额或费用定额比较准确、稳定的企业,月末在产品成本可以采用定额比例法或定额成本法计算,这样,各成本项目就不必分设"上步骤转入"和"本步骤发生"两个栏目,而是直接以成本项目列示。

根据第二车间甲产品生产成本明细账(见表 7-11),编制完工产品成本汇总表,如表 7-12 所示。

表 7-12   完工产品成本汇总表   完工:370 件
产品名称:甲产品   202×年5月   单位:元

项 目	直接材料	直接人工	制造费用	合 计
完工产品总成本	31 987.61	19 570.04	7 457.35	59 015.00
完工产品单位成本	86.45	52.89	20.16	159.50

表 7-12 的计算结果表明,本月完工甲产品 370 件的总成本为 59 015 元,这与前列甲种产成品成本还原计算表中的还原后产成品总成本及单位成本完全相同,但是,两者的成本结构并不相同。这是因为产成品成本还原计算表中产成品所耗半成品的各项费用,是按本月所产半成品的成本结构还原计算出来的,没有考虑以前月份所产半成品成本,即月初结存半成品成本结构的影响。而上列第二车间生产成本明细账中产成品所耗半成品的各项费用,不是按本月所产半成品的成本结构计算的,而是按其原始成本项目分项逐步转入的,包括了以前月份所产半成品成本结构的影响,是比较准确的。

请思考

> 综合结转分步法和分项结转分步法有何不同?

综上所述,采用分项结转法结转半成品成本,可以直接、准确地提供按原始成本项目反映的企业产品成本资料,便于从整个企业的角度考核和分析产品成本计划的执行情况,不需要进行成本还原。但是,这一方法的成本结转工作比较复杂,自制半成品成本明细账也要分成本项目进行登记,成本的计算、结转和登记的工作量比较大。因此,分项结转法一般适用于在管理上不要求计算各步骤完工产品所耗半成品费用和本步骤加工费用,而要求按原始成本项目计算产品成本的企业。

第三节 平行结转分步法

一、平行结转分步法的特点及适用范围

(一)平行结转分步法的特点

平行结转分步法是指各生产步骤不计算所耗上一步骤的半成品成本,只计算本步骤发生

的生产费用,以及生产费用中应计入产成品成本的份额,即将各步骤应计入产成品成本的份额从各步骤生产成本明细账中平行结转出来,汇总计算产成品成本的一种成本计算方法。因此,平行结转分步法也称为不计算半成品成本的分步法。平行结转分步法主要有以下特点:

1. 不设置半成品成本账户

采用平行结转分步法,由于各生产步骤不计算也不逐步结转半成品成本,因此,无论半成品实物是否通过半成品仓库收发,都不需要设置"自制半成品"账户和"自制半成品明细账"进行核算,也不需要编制半成品结转的会计分录;各生产步骤明细账仅归集本步骤所发生的生产费用,不需要设置"半成品"成本项目,并且各步骤半成品成本也不需要随半成品实物的转移而转移,而是留在原各步骤生产成本明细账中,半成品成本的核算与实物相脱节。

2. 各步骤的完工产品要视最后完工产品而定

采用平行结转分步法,各生产步骤所归集的生产费用也需在完工产品与月末在产品之间分配,但与逐步结转分步法不同的是,平行结转分步法下的完工产品是指最终完工的产成品,不是指各步骤完工的半成品,因此,某步骤生产成本明细账中转出的完工产品成本,只是指该步骤生产费用中应由产成品负担的份额。

3. 在产品是广义的

平行结转分步法下的在产品既包括本步骤正在加工的在制品,又包括本步骤已加工完毕交给各半成品仓库的半成品或本步骤已完工但正在以后步骤进一步加工并尚未最终完工的半成品,只要产品尚未最后完工,无论停留在哪个步骤,就都只能算在产品。因此,平行结转分步法下的在产品是广义的在产品,其成本也是广义在产品成本,即在产品成本按其发生地点分散记录和反映在各加工步骤生产成本明细账中,所以,各步骤生产费用的分配是在产成品与广义在产品之间进行的。

(二)平行结转分步法的适用范围

平行结转分步法主要适用于成本管理上不要求计算半成品成本的企业,尤其是半成品不对外销售的大量、大批装配式多步骤生产企业。在这类企业中,从原材料投入生产到产成品制成的过程中,首先是对各种原材料平行地进行加工,加工成各种零件和部件(半成品),然后由装配车间装配成各种产成品。若这类企业各生产步骤半成品的种类很多,但半成品对外销售的情况却很少,在管理上不需要计算半成品成本,采用平行结转分步法就可以简化和加速成本计算工作。在某些连续式多步骤生产企业中,如果各生产步骤所生产的半成品仅供本企业下一步骤继续加工,不准备对外出售,也可以采用平行结转分步法计算产品成本。

二、平行结转分步法的成本核算程序

1. 按所生产的产品的品种及其所经过的生产步骤设置产品生产成本明细账,按各生产步骤归集生产费用,计算出每一步骤所发生的生产费用。

2. 月末,采用一定的方法将各生产步骤所归集的生产费用在产成品和广义在产品之间分配,计算出各生产步骤应计入产成品成本的份额。

3. 将各生产步骤生产费用中应计入产成品成本的份额平行结转、汇总,计算出产成品成本。平行结转分步法的成本核算程序如图7-3所示。

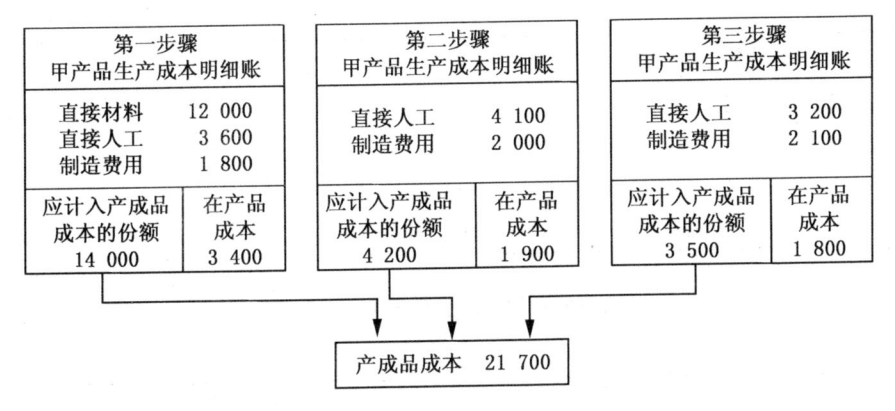

```
┌─────────────────────┐   ┌─────────────────────┐   ┌─────────────────────┐
│      第一步骤       │   │      第二步骤       │   │      第三步骤       │
│  甲产品生产成本明细账 │   │  甲产品生产成本明细账 │   │  甲产品生产成本明细账 │
│                     │   │                     │   │                     │
│  直接材料   12 000  │   │  直接人工    4 100  │   │  直接人工    3 200  │
│  直接人工    3 600  │   │  制造费用    2 000  │   │  制造费用    2 100  │
│  制造费用    1 800  │   │                     │   │                     │
│ ┌─────────┬───────┐ │   │ ┌─────────┬───────┐ │   │ ┌─────────┬───────┐ │
│ │应计入产成品│在产品│ │   │ │应计入产成品│在产品│ │   │ │应计入产成品│在产品│ │
│ │成本的份额 │ 成本 │ │   │ │成本的份额 │ 成本 │ │   │ │成本的份额 │ 成本 │ │
│ │  14 000  │ 3 400│ │   │ │  4 200   │ 1 900│ │   │ │  3 500   │ 1 800│ │
│ └─────────┴───────┘ │   │ └─────────┴───────┘ │   │ └─────────┴───────┘ │
└──────────┬──────────┘   └──────────┬──────────┘   └──────────┬──────────┘
           │                         │                         │
           └─────────────────────────┼─────────────────────────┘
                                     ▼
                         ┌─────────────────────┐
                         │  产成品成本  21 700 │
                         └─────────────────────┘
```

图 7-3 平行结转分步法的成本核算程序

三、产成品成本份额的计算

采用平行结转分步法计算产品成本时,各步骤应计入产成品成本的份额应按下列公式计算:

$$\text{某步骤应计入产品成本的份额} = \text{产成品数量} \times \text{单位产成品耗用该步骤半成品数量} \times \text{该步骤半成品单位成本}$$

$$\text{某步骤半成品单位成本} = \frac{\text{该步骤月初在产品成本} + \text{该步骤本月发生的生产费用}}{\text{该步骤完工产品数量(约当产量)}}$$

$$\text{某步骤完工产品数量(约当产量)} = \text{该步骤狭义月末在产品约当产量} + \text{本月完工产品所耗用该步骤半成品数量} + \text{该步骤已完工留存在半成品库和以后各步骤月末半成品数量}$$

$$= \text{该步骤的月初半成品数量} + \text{本月完工半成品数量} + \text{该步骤狭义月末在产品约当产量}$$

式中的"该步骤的月初半成品数量"是指月初已经过该步骤加工完毕而留存在半成品仓库的半成品数量和已转至后续各步骤需要继续加工的在产品(半成品)数量之和。由于这部分半成品在该步骤加工的费用已归集在该步骤月初在产品成本中,因此,其数量应计入某步骤分配成本的约当产量中。

四、平行结转分步法应用案例

【例 7-4】 某企业生产的 A 产品需要分三个步骤分别由三个基本生产车间进行加工,半成品不经过半成品库收发,第一车间生产的半成品直接转至第二车间继续加工,加工成第二车间的半成品,再直接转至第三车间,然后加工成产成品。该企业 202×年 4 月份有关产量和成本资料如表 7-13、表 7-14 所示。

表 7-13　　　　　　　　　　　　　产量资料　　　　　　　　　　　　单位:件

摘　要		第一车间	第二车间	第三车间
半成品数量转移情况	月初在产品数量	90	130	170
	本月投产或上步骤转入数量	310	280	270
	本月完工数量	280	270	340
	月末在产品数量	120	140	100

续表

	摘 要	第一车间	第二车间	第三车间
各车间总产量计算	该车间本月完工半成品数量	280	270	340
	本车间月初半成品数量	300(130+170)	170	
	本车间月末狭义在产品约当产量	原材料120 其他60	70	50
	约当产量	原材料700 其他640	510	390

表 7-14 各车间月初在产品及本月生产费用

202×年4月 单位：元

项 目	第一车间				第二车间			第三车间		
	直接材料	直接人工	制造费用	合计	直接人工	制造费用	合计	直接人工	制造费用	合计
月初在产品成本	28 600	5 170	4 950	38 720	7 130	3 105	10 235	1 488	840	2 328
本月生产费用	29 500	8 910	5 290	43 700	8 680	3 780	12 460	5 766	2 865	8 631
生产费用合计	58 100	14 080	10 240	82 420	15 810	6 885	22 695	7 254	3 705	10 959

假定各车间月末在产品的加工程度为50%，原材料在第一车间生产开始时一次投入，计算各车间应计入最终产品（产成品）成本的份额，如表 7-15、表 7-16、表 7-17 所示。

表 7-15 第一车间生产成本明细账

202×年4月 单位：元

项 目	直接材料	直接人工	制造费用	合 计
月初在产品成本	28 600	5 170	4 950	38 720
本月生产费用	29 500	8 910	5 290	43 700
生产费用合计	58 100	14 080	10 240	82 420
约当产量	700	640	640	
分配率（单位成本）	83	22	16	121
应计入产成品成本份额	28 220	7 480	5 440	41 140
月末在产品成本	29 880	6 600	4 800	41 280

表 7-15 中应计入产成品成本份额的计算方法如下：

直接材料约当产量=120+280+130+170=700
　　　　　　　或=340+120+140+100=700
直接人工约当产量=120×50%+280+130+170=640
　　　　　　　或=340+120×50%+140+100=640
制造费用约当产量=120×50%+280+130+170=640
　　　　　　　或=340+120×50%+140+100=640

应计入产成品成本份额应根据前列公式计算：

直接材料 $=\dfrac{58\ 100}{700}\times 340=28\ 220$（元）

直接人工 $=\dfrac{14\ 080}{640}\times 340=7\ 480$（元）

制造费用 $=\dfrac{10\ 240}{640}\times 340=5\ 440$（元）

表 7-16　　　　　　　　　　第二车间生产成本明细账

202×年4月　　　　　　　　　　　　　　单位：元

项　目	直接材料	直接人工	制造费用	合　计
月初在产品成本		7 130	3 105	10 235
本月生产费用		8 680	3 780	12 460
生产费用合计		15 810	6 885	22 695
约当产量		510	510	
分配率（单位成本）		31	13.50	44.50
应计入产成品成本份额		10 540	4 590	15 130
月末在产品成本		5 270	2 295	7 565

表 7-16 中应计入产成品成本份额的计算方法如下：

直接人工约当产量 $=140\times 50\%+270+170=510$

　　或 $=340+140\times 50\%+100=510$

制造费用约当产量与直接人工约当产量的计算方法相同，此处略。

应计入产成品成本份额计算如下：

直接人工 $=\dfrac{15\ 810}{510}\times 340=10\ 540$（元）

制造费用 $=\dfrac{6\ 885}{510}\times 340=4\ 590$（元）

表 7-17　　　　　　　　　　第三车间生产成本明细账

202×年4月　　　　　　　　　　　　　　单位：元

项　目	直接材料	直接人工	制造费用	合　计
月初在产品成本		1 488	840	2 328
本月生产费用		5 766	2 865	8 631
生产费用合计		7 254	3 705	10 595
约当产量		390	390	
分配率（单位成本）		18.60	9.50	28.10
应计入产成品成本份额		6 324	3 230	9 554
月末在产品成本		930	475	1 405

表 7-17 中应计入产成品成本份额的计算方法如下：

直接人工约当产量＝340＋100×50％＝390

制造费用约当产量＝340＋100×50％＝390

应计入产成品成本份额计算如下：

直接人工＝$\frac{7\ 254}{390}$×340＝6 324（元）

制造费用＝$\frac{3\ 705}{390}$×340＝3 230（元）

最后汇总各车间应计入产成品成本的份额，计算产成品成本，如表 7-18 所示。

表 7-18　　　　　　　　A 产品成本汇总计算表　　　　完工数量：340 件
产品名称：A 产品　　　　　　　202×年 4 月　　　　　　　　　　　单位：元

项　目	直接材料	直接人工	制造费用	合　计
第一车间计入产成品成本的份额	28 220	7 480	5 440	41 140
第二车间计入产成品成本的份额		10 540	4 590	15 130
第三车间计入产成品成本的份额		6 324	3 230	9 554
完工产品（340 件）总成本	28 220	24 344	13 260	65 824
完工产品单位成本	83	71.60	39	193.60

根据产成品入库单，编制会计分录如下：

借：库存商品——A 产品　　　　　　　　　　65 824
　　贷：基本生产成本——第一车间　　　　　　41 140
　　　　　　　　　　——第二车间　　　　　　15 130
　　　　　　　　　　——第三车间　　　　　　 9 554

请思考

平行结转分步法的在产品是广义的还是狭义的？

五、平行结转分步法的优点与缺点

（一）平行结转分步法的优点

1. 由于各步骤不计算所耗上一步骤半成品的成本，只计算本步骤所发生的生产费用应计入产成品成本中的份额，将这一份额平行汇总即可计算出产成品成本，因此，各生产步骤月末可以同时进行成本计算，不必等上一步骤半成品成本的结转，从而加速了成本计算工作，缩短了成本计算的时间。

2. 可以直接提供按规定成本项目反映的产品成本资料，不需要进行成本还原。

3. 由于各步骤成本水平不受上一步骤的影响，因此有利于控制和分析各步骤成本水平。

（二）平行结转分步法的缺点

1. 由于各步骤不计算半成品成本，因此，不能提供各步骤半成品成本资料。

2. 由于各步骤只核算本步骤发生的生产费用，各步骤产品成本不包括所耗半成品成本，不能提供各步骤产品所耗上一步骤半成品成本资料，因此，除第一步骤外，各步骤不能全面反映包括所耗半成品在内的生产耗费水平。

3. 由于各步骤的半成品成本不随半成品实物的转移而同步转移，各步骤的半成品实物虽已向下一步骤转移，但在没有最后完工之前，其金额仍保留在原步骤的账上，因此这种在产品成本与其实物相分离的情况，不利于在产品的实物管理和资金管理。

第四节 逐步结转分步法与平行结转分步法比较

一、成本管理要求不同

逐步结转分步法是计算半成品成本的分步法，平行结转分步法是不计算半成品成本的分步法。是否需要计算半成品成本，取决于成本管理的需要。这两种计算方法的区别体现了不同的成本管理要求。

如果企业自制半成品可以加工成多种产成品，或者对外销售，或者需要进行半成品成本控制和同行业半成品成本比较，在成本管理上就需要计算自制半成品成本，成本计算就应该采用逐步结转分步法。这样就可以提供半成品和在产品实物管理与资金管理的数据，有利于各个生产步骤的成本管理，为分析和考核各生产步骤半成品成本计划的执行情况及正确计算自制半成品的销售成本提供资料。

如果企业自制半成品种类较多，且不对外销售，在成本管理上可以不要求计算半成品成本，成本计算就可以采用平行结转分步法。这样，各生产步骤可以同时计算应计入产成品成本的份额，无须逐步计算和结转半成品成本，可以简化和加速成本计算工作。

二、成本计算对象不同

作为成本计算方法，逐步结转分步法和平行结转分步法虽然最终都是计算产成品成本，但是，逐步结转分步法还需要以企业所生产的半成品作为成本计算对象，计算各步骤所生产的半成品成本；而平行结转分步法则是以各步骤应计入产成品成本的"份额"作为成本计算对象，计算各步骤应计入产成品成本"份额"的成本。

三、成本计算程序不同

在逐步结转分步法中，产成品成本的计算是从第一步骤开始的，先计算出完工半成品的成本，并且转入下一步骤中，然后计算第二步骤完工半成品的成本，再往下一步骤结转，以此类推，直至计算出完工产成品的成本；平行结转分步法是先计算出各步骤应计入产成品成本的"份额"，然后将其汇总，即可计算出产成品的成本。

四、成本与实物的关系不同

在逐步结转分步法下，成本的结转与实物的转移是一致的，即半成品实物转移到哪里，其成本也随之转移到哪里；而在平行结转分步法下，成本的结转与实物的转移是脱节的，当半成品转移到下一步或自制半成品库时，其成本并不转移，还留在原生产步骤的生产成本明细账中。

五、完工产品的含义不同

逐步结转分步法下的完工产品不仅包括最后步骤的完工产成品，而且包括各步骤完工的半成品；平行结转分步法下的完工产品只包括最后步骤完工的产成品。

六、在产品的含义不同

在逐步结转分步法下，月末在产品是狭义的在产品，仅仅是指月末正在本步骤加工的产品；在平行结转分步法下，月末在产品是广义的在产品，它不仅包括月末本步骤正在加工的产品，而且包括本步骤已完工转入半成品库的半成品和已从半成品库转到以后各步骤进一步加工、尚未最后制成产成品的在产品。

本章小结

分步法是以产品的品种及其生产步骤为成本计算对象归集生产费用、计算产品成本的一种方法。分步法的成本计算对象是产品及其所经过的生产步骤，成本计算定期于月末进行，月末一般需要将生产费用在完工产品与在产品之间进行分配。按照半成品成本结转的方式，分步法可分为逐步结转分步法和平行结转分步法两种。

逐步结转分步法和平行结转分步法、综合结转分步法和分项结转分步法、半成品按实际成本综合结转和半成品按计划成本综合结转的优缺点分别相反。

思考题

1. 什么是产品成本计算的分步法？简述其特点及适用范围。
2. 简述逐步结转分步法的优缺点和适用范围。
3. 按计划成本综合结转半成品成本具有哪些优点？
4. 简述综合结转分步法的优缺点和适用范围。
5. 简述分项结转分步法的优缺点和适用范围。
6. 什么是成本还原？简述成本还原的方法。
7. 简述平行结转分步法的优缺点和适用范围。
8. 逐步结转分步法和平行结转分步法有何不同？

同步实训题

一、单项选择题

1. 管理上要求计算各步骤完工产品所耗半成品费用，而不要求进行成本还原的情况下，应采用（　　）。

A. 实际结转分步法 B. 平行结转分步法
C. 综合结转分步法 D. 分项结转分步法

2. 采用（　　），为反映原始成本项目，必须进行成本还原。

A. 综合结转分步法 B. 分项结转分步法
C. 平行结转分步法 D. 逐步结转分步法

3. 成本还原是将（　　）耗用各步骤半成品的综合成本，逐步分解还原为原来的成本项目。

A. 在产品 B. 自制半成品
C. 狭义在产品 D. 产成品

4. 成本还原应从（　　）开始。

A. 第一生产步骤 B. 中间生产步骤
C. 任意某个生产步骤 D. 最后一个生产步骤

5. 在管理上不要求计算各步骤完工产品所耗半成品费用和本步骤加工费用，而要求按原始成本项目计算产品成本的企业，采用分步法计算成本时，应采用（　　）。

A. 平行结转分步法 B. 综合结转分步法
C. 分项结转分步法 D. 按计划成本结转法

6. 在大量、大批多步骤生产企业，当半成品的种类很多，但半成品对外销售的情况却很少，管理上不要求计算半成品成本时，可以采用（　　）。

A. 平行结转分步法 B. 综合结转分步法
C. 分项结转分步法 D. 按计划成本结转法

7. 平行结转分步法各步骤的费用（　　）。

A. 第一步骤只包括本步骤的费用，其余步骤不仅包括本步骤的费用，而且包括上一步骤转入的费用
B. 只包括本步骤发生的费用，不包括上一步骤转入的费用
C. 包括本步骤和上一步骤转入的费用
D. 最后步骤包括前述所有步骤的费用

8. 在平行结转分步法下，每一生产步骤计入完工产品成本的"份额"是（　　）。

A. 该步骤完工产成品的成本
B. 该步骤完工半成品的成本
C. 该步骤生产费用中应计入产成品成本的份额
D. 该步骤生产费用中应计入在产品成本的份额

9. 采用平行结转分步法计算产品成本时，（　　）。

A. 可以提供所有步骤耗用上一步骤半成品的成本资料
B. 不能提供各个步骤耗用上一步骤半成品的成本资料
C. 只能提供第二步骤耗用上一步骤半成品的成本资料
D. 只能提供最后步骤耗用上一步骤半成品的成本资料

10. 采用（　　）这种成本计算方法，半成品成本不随实物转移而转移。

A. 综合结转分步法 B. 分项结转分步法
C. 平行结转分步法 D. 分批法

11. 在平行结转分步法下，在产品的含义是指（　　）。

A. 广义在产品 B. 自制半成品
C. 狭义在产品 D. 本步骤在制品

12. 在平行结转分步法下，产成品的含义是指（　　）。

A. 本步骤在制品 B. 狭义在产品
C. 广义在产品 D. 最终产成品

二、多项选择题

1. 出于是否需要计算各生产步骤的半成品成本和简化成本计算工作的考虑,分步法分为(   )。
   A. 逐步结转分步法 B. 平行结转分步法
   C. 综合结转分步法 D. 分项结转分步法
2. 逐步结转分步法按照半成品成本在下一步骤成本明细账中的反映方法,可分为(   )。
   A. 综合结转分步法 B. 逐步结转分步法
   C. 分项结转分步法 D. 平行结转分步法
3. 在综合结转分步法下,半成品成本的结转可以(   )。
   A. 按照半成品的实际成本结转 B. 按照半成品的定额成本结转
   C. 按照半成品的作业成本结转 D. 按照半成品的计划成本结转
4. 在分项结转分步法下,半成品成本的结转可以(   )。
   A. 按实际成本结转 B. 按计划成本结转
   C. 按定额成本结转 D. 按标准成本结转
5. 逐步结转分步法的特点包括(   )。
   A. 除第一生产步骤外,其余各生产步骤的生产费用均包括上步骤转入的半成品成本和本步骤所发生的生产费用
   B. 半成品成本随实物的转移而转移
   C. 各生产步骤的完工产品,除最后步骤为产成品外,其余各步骤均为半成品
   D. 各步骤的在产品均为狭义在产品
6. 应当采用逐步结转分步法计算成本的企业主要包括(   )。
   A. 自制半成品可以加工成多种产品的企业
   B. 有自制半成品对外销售的企业
   C. 为加强成本管理,考核自制半成品成本计划执行情况的企业
   D. 按订单组织生产的企业
7. 在分步法中不用成本还原,可直接按成本项目反映产成品成本的分步法包括(   )。
   A. 综合结转分步法 B. 分项结转分步法
   C. 平行结转分步法 D. 逐步结转分步法
8. 采用平行结转分步法,各生产步骤的期末在产品包括(   )。
   A. 本步骤正在加工的在制品
   B. 本步骤已加工完毕交给各半成品仓库的半成品
   C. 上步骤正在加工的在制品
   D. 本步骤已完工但正在以后步骤进一步加工并尚未最终完工的半成品
9. 半成品成本随实物转移而转移的分步法包括(   )。
   A. 综合结转分步法 B. 分项结转分步法
   C. 平行结转分步法 D. 定额法
10. 平行结转分步法的特点包括(   )。
    A. 各生产步骤不计算在产品成本,只计算本步骤发生的生产费用
    B. 各步骤半成品成本不需随半成品实物的转移而转移,半成品成本的核算与实物相脱节

C. 某步骤生产成本明细账中转出的完工产品成本,只是指该步骤生产费用中应由产成品负担的份额

D. 各步骤生产费用的分配是在产成品与广义在产品之间进行的

11. 采用平行结转分步法,( )。

A. 各步骤可以同时计算产品成本

B. 不能提供半成品成本资料

C. 半成品成本的核算与实物相脱节

D. 不能全面地反映各个生产步骤产品的生产耗费水平

12. 与逐步结转分步法相比,平行结转分步法( )。

A. 不必进行成本还原　　　　　　　　B. 可以提供各步骤的半成品成本资料

C. 不利于在产品的实物管理和资金管理　　D. 各步骤不可以同时计算产品成本

三、判断题

1. 分步法是指以产品的品种及其所经过的生产步骤作为成本计算对象归集生产费用、计算产品成本的方法。(　)

2. 逐步结转分步法是为了计算半成品成本而采用的一种成本计算方法。(　)

3. 采用分步法计算成本一般是按月、定期地进行,而与生产周期不一致。(　)

4. 采用分步法计算各种产品的产成品成本,还需要按照产品品种结转各步骤成本,这是分步法与其他成本计算方法的不同之处,也是分步法的一个重要特点。(　)

5. 分步法适用于大量、大批的多步骤生产企业。(　)

6. 采用逐步结转分步法,半成品成本的结转同实物的结转相一致,可以提供半成品和在产品实物管理和资金管理的数据。(　)

7. 在逐步结转分步法下,除第一生产步骤外,其余各生产步骤的生产费用均包括两部分,即上步骤转入的半成品成本和本步骤所发生的生产费用。(　)

8. 在逐步结转分步法下,各生产步骤的完工产品,除最后步骤为产成品外,其余各步骤均为半成品。(　)

9. 在逐步结转分步法下,各步骤的在产品均为广义在产品。(　)

10. 在逐步结转分步法下,在产品成本是按在产品实物所在地反映的,各步骤产品成本明细账的期末余额就是结存在该步骤在产品的全部成本。(　)

11. 逐步结转分步法主要适用于成本管理中不需要提供各个生产步骤半成品成本资料的企业。(　)

12. 在逐步结转分步法下,按照半成品成本在下一步骤成本明细账中的反映方法,分为综合结转分步法和分项结转分步法。(　)

13. 综合结转分步法和分项结转分步法均可以按照半成品的实际成本结转,也可以按照半成品的计划成本结转。(　)

14. 进行成本还原,是将产成品所耗半成品的综合成本分解还原为按原始成本项目反映的成本,以满足企业考核和分析产成品成本构成的需要。(　)

15. 分项结转分步法有时需要进行成本还原。(　)

16. 成本还原是从第一个生产步骤开始,依次从前往后逐步分解,直至最后加工步骤。(　)

17. 采用综合结转分步法,可以看出各步骤产品所耗上一步骤半成品费用和本步骤加工费用的水平,从而有利于各生产步骤的成本管理。(　)

18. 采用分项结转分步法结转半成品成本,可以直接提供按原始成本项目反映的产品成本资料。(　)

19. 在平行结转分步法下,只计算本步骤发生的生产费用,以及生产费用中应计入产成品成本的份额。 (   )
20. 在平行结转分步法下,各个生产步骤也需要计算半成品成本。 (   )
21. 平行结转分步法下的完工产品不仅包括最终完工的产成品,而且包括各步骤完工的半成品。 (   )
22. 平行结转分步法下的在产品是广义的在产品。 (   )
23. 在平行结转分步法下,各生产步骤生产费用的分配是在产成品与广义在产品之间进行的。 (   )
24. 平行结转分步法主要适用于成本管理上要求计算半成品成本的企业。 (   )
25. 采用平行结转分步法,各生产步骤月末可以同时进行成本计算,加速了成本计算工作。 (   )

四、业务核算题

(一)练习分步法计算产品成本

1. 目的:练习产品成本计算的分步法。
2. 资料:某企业生产丙产品,经过第一车间加工成丙半成品,然后直接交第二车间继续加工为丙产成品。原材料在生产开始时一次投入,各车间在产品完工程度均为50%,丙产品月初没有在产品,202×年6月丙产品本月产量记录和成本资料如下:

(1)产量资料:

产量资料   单位:件

项 目	第一车间	第二车间
本月投产数量	100	60
本月完工数量	60	40
月末在产品数量	40	20

(2)成本资料:

本月生产费用   单位:元

项 目	直接材料	直接人工	制造费用	合 计
第一车间	9 000	1 200	800	11 000
第二车间		2 500	1 000	3 500

3. 要求:

(1)用综合结转分步法计算产品成本,并进行成本还原。
(2)用分项结转分步法计算产品成本。
(3)用平行结转分步法计算产品成本。

(二)练习综合结转分步法及成本还原

1. 目的:(1)练习综合结转分步法计算产品成本;(2)练习成本还原。
2. 资料:某企业生产甲产品,需要经过三个生产步骤,分别由三个基本生产车间连续加工。第一车间完工的产品为A半成品,A半成品全部直接转入第二车间继续加工,第二车间完工的产品为B半成品,B半成品全部直接转入第三车间继续加工成甲产品。原材料在生产开始时一次投入,月末在产品完工程度均为50%。各步骤的生产费用均采用约当产量比例法在完工产品与月末在产品之间进行分配。202×年7月份有关成本计算资料如下:

(1)产量资料:

产量资料　　　　　　　　　　　　　　　　单位:件

项目	第一车间	第二车间	第三车间
月初在产品数量	40	60	80
本月投产数量	80	100	120
本月完工数量	100	120	140
月末在产品数量	20	40	60

(2)成本资料:

月初在产品成本　　　　　　　　　　　　　　单位:元

项目	直接材料（或半成品）	直接人工	制造费用	合 计
第一车间	3 510	860	960	5 330
第二车间	9 600	1 860	1 290	12 750
第三车间	20 800	1 900	1 720	24 420

本月生产费用　　　　　　　　　　　　　　　单位:元

项目	直接材料	直接人工	制造费用	合 计
第一车间	7 290	3 540	2 340	13 170
第二车间		6 540	4 310	10 850
第三车间		6 600	5 080	11 680

3. 要求:

(1)计算第一车间完工 A 半成品成本,并将计算结果填入下表:

第一车间生产成本明细账　　　　完工产品数量:100(件)

在产品数量:20(件)

产品名称:A 半成品　　　　202×年7月　　　　金额单位:元

摘　要		直接材料	直接人工	制造费用	合　计
期初在产品成本					
本月生产费用					
生产费用合计					
产品产量	完工产品数量				
	在产品约当产量				
	合　计				
分配率					
完工产品成本					
在产品成本					

(2)计算第二车间完工B半成品成本,并将计算结果填入下表:

第二车间生产成本明细账

完工产品数量:120(件)
在产品数量:40(件)

产品名称:B半成品　　　　　　202×年7月　　　　　　金额单位:元

摘　要		半成品	直接人工	制造费用	合　计
期初在产品成本					
本月生产费用					
生产费用合计					
产品产量	完工产品数量				
	在产品约当产量				
	合　计				
分配率					
完工产品成本					
在产品成本					

(3)计算第三车间甲产品成本,并将计算结果填入下表:

第三车间生产成本明细账

完工产品数量:140(件)
在产品数量:60(件)

产品名称:甲产品　　　　　　202×年7月　　　　　　金额单位:元

摘　要		半成品	直接人工	制造费用	合　计
期初在产品成本					
本月生产费用					
生产费用合计					
产品产量	完工产品数量				
	在产品约当产量				
	合　计				
分配率					
完工产品成本					
在产品成本					

(4)对甲产品进行成本还原,并将还原结果填入下表:

产品成本还原计算表

产品名称:甲产品　　　　　　202×年7月　　　　　　金额单位:元

| 项　目 | 还原率 | 半成品 | | 直接材料 | 直接人工 | 制造费用 | 合　计 |
		B	A				
还原前产成品成本							

续表

项目		还原率	半成品 B A	直接材料	直接人工	制造费用	合 计
本月所产半产品成本	第一步骤						
	第二步骤						
成本还原	第一次还原（第三步骤）						
	第二次还原（第二步骤）						
还原后产成品成本							

(三)练习分项结转分步法

1. 目的:练习分项结转分步法计算产品成本。

2. 资料:某企业生产乙产品,需要经过两个生产步骤,分别由两个基本生产车间连续加工。第一车间生产的乙半成品直接转入第二车间继续加工,第二车间将乙半成品继续加工成乙产品。原材料在生产开始时一次投入,月末在产品完工程度均为50%。各步骤完工产品与月末在产品之间费用的分配采用约当产量比例法。202×年9月份有关成本计算资料如下:

(1)产量资料:

产量资料   单位:件

项 目	第一车间	第二车间
月初在产品数量	33	80
本月投产数量	107	100
本月完工数量	100	120
月末在产品数量	40	60

(2)成本资料:

第一车间月初在产品成本   单位:元

项 目	直接材料	直接人工	制造费用	合 计
	1 650	560	350	2 560

第二车间月初在产品成本   单位:元

直接材料		直接人工		制造费用		合 计
上步骤转来	本步骤发生	上步骤转来	本步骤发生	上步骤转来	本步骤发生	
4 000		2 400		1 600		8 000
			720		486	1 206

本月生产费用 单位：元

项目	直接材料	直接人工	制造费用	合计
第一车间	5 350	3 040	2 050	10 440
第二车间本步骤发生		1 980	1 314	3 294

3. 要求：

(1)采用分项结转分步法计算第一车间乙半成品成本，并将计算结果填入下表：

第一车间生产成本明细账

完工产品数量：100 件

在产品数量：40 件

产品名称：乙半成品　　　　　202×年9月　　　　　金额单位：元

项目	直接材料	直接人工	制造费用	合计
月初在产品成本				
本月生产费用				
生产费用合计				
产品产量 完工产品数量				
在产品约当产量				
合计				
分配率(单位成本)				
完工产品成本				
月末在产品成本				

(2)采用分项结转分步法计算第二车间乙产品总成本和单位成本，并将计算结果填入下表：

第二车间生产成本明细账

完工产量：120 件

在产品数量：60 件

产品名称：乙产品　　　　　202×年9月　　　　　金额单位：元

摘要		直接材料		直接人工		制造费用		合计
		上步骤转入	本步骤发生	上步骤转入	本步骤发生	上步骤转入	本步骤发生	
月初在产品成本	上步骤转入							
	本步骤发生							
本月发生生产费用	上步骤转入							
	本步骤发生							
生产费用合计								
产品产量	完工产品数量							
	在产品约当产量							
	合计							

续表

摘 要	直接材料		直接人工		制造费用		合 计
	上步骤转入	本步骤发生	上步骤转入	本步骤发生	上步骤转入	本步骤发生	
分配率(单位成本)							
完工产成品成本							
月末在产品成本							

(3)编制乙产品入库的会计分录。

第八章 产品成本计算的分类法

学习目标

知识目标
- 了解分类法的特点、优缺点及适用条件
- 掌握分类法的计算程序
- 掌握联产品、副产品及等级产品的成本计算

技能目标
- 能熟练运用分类法计算产品成本

素养目标
- 能自觉遵守财经法规制度的规定
- 能养成主动学习习惯

学习导图

产品成本计算的分类法
- 分类法概述
  - 分批法的特点
  - 分类法的成本核算程序
  - 产品类别的划分与费用分配方法
- 分类法应用案例
  - 成本资料
  - 计算产品成本
  - 分类法的优缺点及适用范围
- 联产品、副产品和等级产品的成本计算
  - 联产品的成本计算
  - 副产品的成本计算
  - 等级产品的成本计算

第一节　分类法概述

一、分类法的特点

企业生产的产品如果品种、规格繁多,为了简化成本核算工作,就应采用分类法进行成本计算。

产品成本计算的分类法是按产品的类别作为成本计算对象,开设生产成本明细账,归集各类产品的生产费用,并将各类产品归集的生产费用在该类完工产品与在产品之间进行分配,计算出该类产成品的总成本,再按照一定的方法或标准在该类内各品种、规格产品之间进行分配,计算出该类内各种产品的总成本和单位成本的一种方法。分类法的特点主要有:

(一)成本计算对象

以产品的类别作为成本计算对象,归集各类产品的生产费用。归集时,直接费用直接计入,间接费用采用一定的分配标准分配计入。

(二)成本计算期

成本计算期取决于生产特点及成本管理要求。如果是大批量生产,则应结合品种法或分步法定期在月末进行成本计算;如果与分批法结合运用,则成本计算期可不固定,而与生产周期一致。

(三)生产费用在完工产品与在产品之间分配

月末一般要将各类产品的生产费用总额在完工产品和月末在产品之间进行分配。分类法并不是一种独立的成本计算方法,它要根据各类产品的生产工艺特点和成本管理要求,与品种法、分步法和分批法结合运用。

二、分类法的成本核算程序

1. 按产品类别设置产品成本明细账,计算各类产品的实际总成本。采用分类法计算成本时,首先应根据产品结构、所用原材料和工艺技术过程的不同,将产品划分为若干类别,按照产品的类别设置产品成本明细账,归集产品的生产费用,计算各类产品的成本。

2. 选择合理的分配标准,在类内各种产品之间进行费用分配,计算出类内各种产品的实际总成本和单位成本。

分类法的成本核算程序如图8-1所示。

三、产品类别的划分与费用分配方法

(一)产品类别的划分

分类法的成本计算对象是产品的类别,采用分类法进行产品成本核算,可以大大简化成本核算工作。但采用这种方法时,产品分类一定要准确,否则将直接影响成本计算结果的准确性。企业应将产品的性质、结构、用途、耗用原材料及工艺过程相同或相近的归为一类。

在类内各种规格的产品之间分配费用时,应遵循相关性原则,考虑分配标准与产品成本的

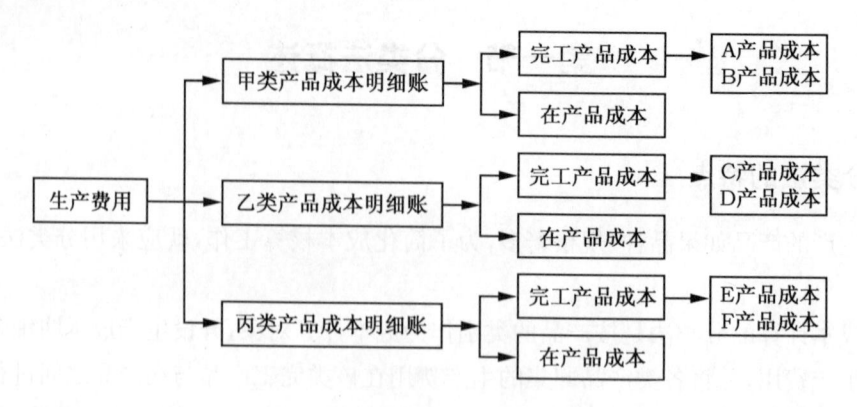

```
                          ┌─→ 完工产品成本 ─→ A产品成本
        ┌─→ 甲类产品成本明细账 ┤                      B产品成本
        │                 └─→ 在产品成本
        │                 ┌─→ 完工产品成本 ─→ C产品成本
生产费用 ─┼─→ 乙类产品成本明细账 ┤                      D产品成本
        │                 └─→ 在产品成本
        │                 ┌─→ 完工产品成本 ─→ E产品成本
        └─→ 丙类产品成本明细账 ┤                      F产品成本
                          └─→ 在产品成本
```

图 8-1　分类法的成本核算程序

关系是否密切，即要选择与产品各项耗用有密切联系的分配标准进行分配，分配的标准通常有材料定额消耗量、工时定额、费用定额以及产品的售价、重量或体积等。

> **请思考**
>
> 如何对产品进行分类？在类内各产品之间分配费用时应遵循什么原则？

（二）费用分配方法

在类内各种产品之间分配费用时，各成本项目可以按同一个分配标准进行分配，也可以按照各成本项目的性质，分别采用不同的分配标准进行分配，以使分配结构更趋于合理。例如，直接材料费用可以按照材料定额消耗量或材料定额费用比例进行分配，直接人工等其他费用则可以按照定额工时比例进行分配。

在实际工作中，为了简化成本核算工作，类内不同规格产品成本的分配经常采用系数法，即在类内选择一种产量较大、生产稳定、规格适中的产品作为标准产品，将其分配标准定为"1"，然后将类内其他各种产品的分配标准与标准产品的分配标准比较，分别求出其他产品与标准产品的比例，即系数。在每一种产品的系数确定以后，再将类内各种产品的实际产量，分别乘以该种产品的系数，折算为总系数。总系数又称为标准产量，它是系数分配法的分配标准。最后将该类完工产品总成本除以标准产量，得出费用分配率，从而计算出类内各种产品的实际总成本和单位成本。采用系数分配法，有关计算公式为：

$$某产品系数 = \frac{该产品的分配标准}{标准产品的分配标准}$$

$$某产品总系数（标准产量）= 该产品实际产量 \times 该产品系数$$

$$费用分配率 = \frac{应分配成本总额}{各种产品总系数之和}$$

$$某产品应分配费用 = 该产品总系数 \times 费用分配率$$

第二节 分类法应用案例

一、成本资料

【例 8-1】 某企业生产的产品品种、规格较多,根据产品结构特点和所耗用的原材料、工艺技术过程的不同,可以将它们分为甲、乙两大类,甲类产品包括 A、B、C 三种不同规格的产品。该企业根据产品的生产特点和成本管理要求,先采用品种法计算出甲、乙两大类产品的完工产品实际总成本,然后采用系数分配法将各类完工产品总成本在类内各种产品之间再进行分配,两类产品的生产费用在完工产品和在产品之间的分配都是采用定额比例法。

202×年8月甲类完工产品总成本与在产品成本资料、产量资料及定额资料如表8-1、表8-2、表8-3所示。

表 8-1　　　　　　　　　　　产品成本计算单
产品类别:甲产品　　　　　　　　202×年8月　　　　　　　　　　　　单位:元

项　目	直接材料	直接人工	制造费用	合　计
月初在产品成本	6 000	1 000	900	7 900
本月发生费用	23 000	12 000	11 000	46 000
生产费用合计	29 000	13 000	11 900	53 900
完工产品成本	21 400	11 940	9 950	43 290
月末在产品成本	7 600	1 060	1 950	10 610

表 8-2　　　　　　　　　　　产量资料
产品类别:甲产品　　　　　　　　202×年8月

项　目	计量单位	A产品	B产品	C产品
实际产量	件	700	1 100	800

表 8-3　　　　　　　　　　　定额资料
产品类别:甲产品　　　　　　　　202×年8月

产品类别	产品品种	计量单位	原材料消耗定额(千克)	工时定额(小时)
甲产品	A产品	件	64	7
	B产品	件	80	10
	C产品	件	48	5

二、计算产品成本

根据上述资料,采用系数分配法分配费用,其中:直接材料费用按原材料消耗定额系数分配,其他费用按工时定额系数分配。甲类产品内 A、B、C 产品的成本计算过程如下:

1. 选定标准产品

甲类产品以生产比较稳定、产量较大、规格适中的 B 产品为标准产品,将其系数定为1。

2. 确定类内各种产品的系数

确定类内各种产品的系数,其计算过程如表8-4所示。

表 8-4 产品系数计算表

产品类别:甲产品　　　　　　　　　　202×年8月

产品名称	材料消耗定额	系　数	工时消耗定额	系　数
A产品	64	0.8	7	0.7
B产品	80	1	10	1
C产品	48	0.6	5	0.5

3. 计算类内各种产品本月总系数

生产成本在类内各种产品之间的分配,分配标准是总系数(标准产量)。根据表8-4所列各种产品的系数和本月各种产品产量资料,编制产品总系数计算表,如表8-5所示。

表 8-5 产品总系数(标准产量)计算表

产品类别:甲产品　　　　　　　　　　202×年8月

产品名称	产品产量(件)	材料 系数	材料 总系数	工时 系数	工时 总系数
A产品	700	0.8	560	0.7	490
B产品	1 100	1	1 100	1	1 100
C产品	800	0.6	480	0.5	400
合计			2 140		1 990

4. 计算类内各种产品的总成本和单位成本

根据表8-1所列甲类完工产品总成本以及表8-5所列A、B、C产品总系数,计算A、B、C三种产品成本,如表8-6所示。

表 8-6 产品成本计算单

产品类别:甲产品　　　　　　　　　　202×年8月　　　　　　　　　　金额单位:元

产品名称	产品产量(件)	材料总系数	直接材料 分配率	直接材料 分配金额	工时总系数	直接人工 分配率	直接人工 分配金额	制造费用 分配率	制造费用 分配金额	产成品总成本	产成品单位成本
A产品	700	560		5 600	490		2 940		2 450	10 990	15.70
B产品	1 100	1 100		11 000	1 100		6 600		5 500	23 100	21.00
C产品	800	480		4 800	400		2 400		2 000	9 200	11.50
合计		2 140	10	21 400	1 990	6	11 940	5	9 950	43 290	

注:直接材料分配率=21 400÷2 140=10

直接人工分配率=11 940÷1 990=6

制造费用分配率=9 950÷1 990=5

三、分类法的优缺点及适用范围

采用分类法,按产品类别归集费用、计算成本,不仅可以简化成本核算工作,而且能够在产品品种、规格繁多的情况下,分类考核分析产品成本的水平;但是,由于类内各产品成本是按一定标准分配计算出来的,计算结果带有一定的假设性,因此,在分类法下,分配标准的选择成为成本计算正确性的关键,企业应选择与成本水平高低有直接关系的分配标准来分配费用,并随时根据实际情况的变化修订或变更分配标准,以保证分类法下成本计算结果的准确性。

分类法与生产类型没有直接关系,可以在各种类型的生产中应用。分类法的应用范围很广,凡是生产的产品品种、规格繁多,又可以按一定标准划分为若干类别的企业或车间,均可采用分类法计算成本。如钢铁厂生产的各种型号和规格的生铁、钢锭和钢材,食品厂生产的各种味道的饼干、面包、点心,灯泡厂生产的各种类别和瓦数的灯泡等,都可以采用分类法计算成本。

第三节 联产品、副产品和等级产品的成本计算

一、联产品的成本计算

（一）联产品的含义

联产品是指使用同种原材料,经过同一加工过程而同时生产出两种或两种以上的主要产品。联产品虽然在性质、用途上有所不同,但它们都是企业的主要产品,如炼油厂以原油为原料,经过一定的生产工艺过程,可以生产出汽油、柴油和煤油等。

联产品与同类产品不同,同类产品是指在产品品种、规格繁多的企业或车间,按一定的标准归类的产品,其目的是便于采用分类法简化产品成本计算工作。而联产品的生产是联合生产,其特点:(1)联产品是制造活动的主要目标;(2)联产品比其他相伴生的副产品售价高;(3)只要生产出联产品中的一种,就必须同时生产出所有的产品;(4)对产出的各种产品的相对产量,生产者无法控制。

（二）联产品成本的计算

联产品是使用相同的原材料,经过同一生产过程生产出来的。有的联产品一般要到生产过程终了才能分离出来;有的联产品也可能在生产过程的某一个生产步骤分离出来,这个分离时的生产步骤称为"分离点"。在分离前发生的加工成本称为联合成本。基于上述特点,联产品的成本计算可以分以下三个部分进行:

1. 联产品分离点前联合成本的计算

联产品分离前,无法按每种产品作为成本计算对象、归集生产费用并计算其成本,而只能将同一生产过程的联产品视同一类产品,采用分类法计算分离前的联合成本。

2. 联产品分离点的联合成本分配

在联产品分离时,将联合成本再采用适当的分配标准,在联产品之间进行分配,求出各联产品应负担的联合成本。

3. 联产品分离点后加工成本的计算

有些联产品分离后还需要进一步加工才能出售,这时,应采用适当的方法计算分离后的加工成本。分离后发生的加工成本,因为可以分辨其承担主体,所以称为可归属成本。联产品应负担的联合成本与可归属成本之和,就是该联产品的成本。

联产品的生产过程如图 8-2 所示。

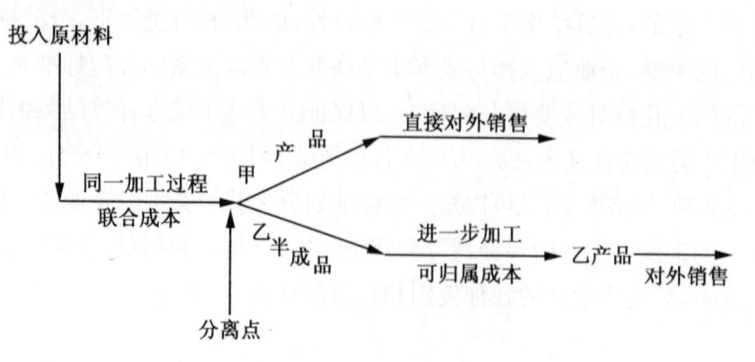

图 8-2 联产品生产过程及产品成本构成

(三)联产品的联合成本的分配方法

联产品成本计算的关键是联合成本的分配,常用的联合成本分配方法有系数分配法、实物量分配法和相对销售收入分配法。

1. 系数分配法

系数分配法是将各种联产品的实际产量按照事先规定的系数折合为标准产量,然后将联合成本按照各种联产品的标准产量比例进行分配的方法。系数法是联产品成本计算中使用较多的一种分配方法,采用这种方法分摊联产品的联合成本,其正确性取决于系数的确定。决定系数的两个主要因素是分配标准和标准产品的确定。由于某些因素的影响,有些企业应用系数法可能存在一定困难,这时可考虑其他较简便的分配方法,如实物量分配法。

2. 实物量分配法

实物量分配法是按分离点上各种联产品的重量、容积或其他实物量度比例来分配联合成本的方法。采用这种方法计算出的各种产品单位成本是一致的,且是平均单位成本,因此,这种方法的优点是简便易行。但这种方法也存在缺陷,主要是由于产品成本与实物量并不都是直接相关且成正比例变动的,在这种情况下采用此法,容易导致成本计算与实际相脱节。因此,实物量分配法应在联产品的成本与实物量密切相关且成正比例变动的情况下使用。

3. 相对销售收入分配法

相对销售收入分配法是指用各种联产品的销售收入比例来分配联合成本的方法。这种分配法是基于售价较高的联产品应该成比例地负担较高份额的联合成本这一理论,它是将联合成本按各联产品的销售价值比例来分摊,其结果是各联产品可取得一致的毛利率。这种方法克服了实物量分配法的不足,但其本身也存在缺陷,主要表现在以下方面:(1)并非所有的成本都与售价有关,价格较高的产品不一定要负担较高的成本。(2)并非所有的联产品都具有同样的获利能力。若不区分具体情况而盲目采用这种方法,会对产品生产决策带来不利影响。这种方法一般适用于分离后不再继续加工,而且价格波动不大的联产品的成本计算。

(四)联产品成本计算应用案例

【例 8-2】 某企业用某种原材料经过同一生产过程同时生产出 A、B 两种联产品,202×年 9 月份共生产 A 产品 2 000 千克,B 产品 1 000 千克。没有期初、期末在产品。该月生产 A、B 联产品发生的联合成本分别为:直接材料 60 000 元,直接人工 9 000 元,制造费用 21 000 元。A 产品每千克售价 200 元,B 产品每千克售价 240 元,假设全部产品均已售出。根据所给资料,分别用系数分配法、实物量分配法、相对销售收入分配法计算 A、B 产品的成本,如表 8-7、表 8-8、表 8-9 所示。

表 8-7   联产品成本计算单(系数分配法)

202×年 9 月   单位:元

产品名称	产量(千克)	系数①	标准产量	分配比例(%)	应负担的成本 直接材料	直接人工	制造费用	合计
A 产品	2 000	1	2 000	62.5	37 500	5 625	13 125	56 250
B 产品	1 000	1.2	1 200	37.5	22 500	3 375	7 875	33 750
合 计	3 000	—	3 200	100	60 000	9 000	21 000	90 000

注:①以售价为标准确定系数,选择 A 产品为标准产品,其系数为 1,B 产品的系数为 240÷200=1.2。

表 8-8   联产品成本计算单(实物量分配法)

202×年 9 月   单位:元

产品名称	产量(千克)	联合成本 直接材料	直接人工	制造费用	合计	综合分配率	应负担的成本 直接材料	直接人工	制造费用	合计
A 产品	2 000						40 000	6 000	14 000	60 000
B 产品	1 000						20 000	3 000	7 000	30 000
合 计	3 000	60 000	9 000	21 000	90 000	30	60 000	9 000	21 000	90 000

注:综合分配率=90 000÷3 000=30

直接材料分配率=60 000÷3 000=20

直接人工分配率=9 000÷3 000=3

制造费用分配率=21 000÷3 000=7

表 8-9   联产品成本计算单(相对销售收入分配法)

202×年 9 月   单位:元

产品名称	产量(千克)	销售单价	销售价值	分配比例	应负担的成本 直接材料	直接人工	制造费用	合计
A 产品	2 000	200	400 000	62.5%	37 500	5 625	13 125	56 250
B 产品	1 000	240	240 000	37.5%	22 500	3 375	7 875	33 750
合 计	3 000	—	640 000	100%	60 000	9 000	21 000	90 000

二、副产品的成本计算

(一)副产品的含义

副产品是指使用同种原材料在同一生产过程中生产主要产品的同时,附带生产出一些非主要产品,或利用生产中废料加工而成的产品,如肥皂厂生产出来的甘油,炼油厂生产出来的渣油、石焦油,酿酒厂生产出来的酒糟等。

副产品和联产品都是投入同一原材料,经过同一生产过程同时生产出来的,它们之间的主要区别在于价值的高低、产量的多少、生产目的以及对生产经营的影响程度等方面。联产品全部是主要产品,其产品价值都比较高,关系到企业生产经营得失。副产品不是企业生产的主要目的,是伴随着主要产品的生产而同时生产出来的次要产品,其价值与主要产品相比较低,产量少,属于附带产品,但它仍具有一定的经济价值,能满足一定的社会需要,而且客观上也发生耗费,因此,需要采取一定的成本计算方法计算其成本。

企业的联产品和副产品并非一成不变,随着技术的提高、经济的发展和企业生产工艺的改进,联产品和副产品还可以相互转变,副产品可能转变为联产品,联产品也可能转变为副产品。

(二)副产品成本的计算

由于副产品和主产品是使用同一原材料经过同一生产过程生产出来的,所投入的生产费用很难划分,因此,在实际工作中,先将主、副产品作为一类产品归集生产费用,计算该类全部主、副产品的总成本,然后将联合成本在主、副产品之间进行分配,副产品的成本计算就是确定其应负担分离点前的联合成本。由于副产品的经济价值较小,在企业全部产品中所占的比重也较小,因此,在计算成本时,可采用简单的计算方法,确定副产品成本,然后从分离前联合成本中扣除,其余额就是主要产品成本。

副产品的成本计算方法通常有以下几种:

1. 对分离后不再加工且价值不大(与主要产品相比)的副产品,可不负担分离前的联合成本,或以定额单位成本计算其成本。

2. 对分离后不再加工但价值较高的副产品,往往以其销售价格作为计算的依据,将销售价格扣除销售税金、销售费用和一定的利润后作为副产品的成本。

3. 对分离后仍需进一步加工才能出售的副产品,如果价值较低,不负担联合成本,可只计算归属于本产品的成本;如果价值较高,则需同时负担分离前联合成本和可归属成本,以保证主要产品成本计算的合理性。

副产品若负担联合成本,其负担的联合成本确定后,将其从联合成本中扣除的方法有两种:一是将副产品成本从联合成本的"直接材料"项目中扣除,二是将副产品成本按比例从联合成本的各个成本项目中扣除。

(三)副产品成本计算应用案例

【例8-3】 某企业在生产甲主产品的同时,还附带生产出了乙副产品。202×年10月份,甲、乙产品的联合成本为100 000元,其中直接材料66 000元,直接人工21 000元,制造费用13 000元。甲、乙产品分离后可直接出售,本月甲产品的产量为2 600千克,乙产品的产量为400千克,乙产品销售单价扣除销售费用、销售税金及相关利润后为每千克3元,乙产品按比例从联合成本的各成本项目中扣除,计算甲、乙产品的总成本和单位成本。

根据以上资料,计算过程如表8-10所示。

表8-10　　　　　　　　　　　　产品成本计算单

202×年10月　　　　　　　　　　　　　　　　　　金额单位:元

项　目		直接材料	直接人工	制造费用	合　计
联合成本		66 000	21 000	13 000	100 000
费用项目比重		66%	21%	13%	100%
乙产品	总成本	792	252	156	1 200
	单位成本	1.98	0.63	0.39	3.00
甲产品	总成本	65 208	20 748	12 844	98 800
	单位成本	25.08	7.98	4.94	38.00

乙产品总成本=400×3=1 200(元)

其中:

直接材料成本=1 200×66%=792(元)

直接人工成本=1 200×21%=252(元)

制造费用=1 200×13%=156(元)

甲产品总成本=100 000-1 200=98 800(元)

其中:

直接材料成本=66 000-792=65 208(元)

直接人工成本=21 000-252=20 748(元)

制造费用=13 000-156=12 844(元)

三、等级产品的成本计算

(一)等级品的含义

等级品是指使用原材料相同,经过相同加工过程生产出来的品种相同但质量有所差别的产品。如搪瓷器皿、电子元件、针纺织品等的生产,经常会出现一等品、二等品、三等品和等外品。

等级品与联产品、副产品是不同的概念,等级品与联产品、副产品的相同之处在于,它们都是使用同种原材料,经过同一生产过程而产生的。它们的不同之处在于等级品是同一品种、不同质量的产品,联产品、副产品则是指不同品种的产品;在每种联产品和副产品中,产品质量比较一致,因而销售单价相同,而各等级品因质量存在差异,所以销售单价相应地分为不同等级。

等级品与废品是两个不同的概念。等级品质量上的差异一般是在允许的设计范围之内,这些差异一般不影响产品的使用寿命,是合格品;废品是指等级品以下的产品,其质量达不到设计要求,废品属于非合格品。

(二)等级品的成本计算

等级品的成本计算方法,应视等级品产生的原因而定。等级品产生的原因通常有两种:一是由于生产工人操作不当、技术不熟练或企业经营管理不善造成的,二是由于所用材料质量不同或受目前技术水平限制等原因造成的。对于第一种原因造成的等级品,则各种等级产品的单位成本应是相同的,应按等级产品的实际产量比例分配各等级产品应负担的联合成本,次品由于降价销售而导致的损失,说明企业在生产经营管理上存在缺陷,从而可以促使企业不断改善经营管理,提高产品质量。对于第二种原因造成的等级品,企业应采用适当的方法计算等级产品的成本,通常是把等级产品归为一类,计算联合成本,再以等级产品的单位售价为标准制定系数,按系数比例分配各等级产品应负担的联合成本,其计算结果是售价高的产品负担较多的联合成本。

请思考

> 联产品、副产品和等级品是一回事吗?它们的区别是什么?

(三)等级品成本计算应用举例

【例 8-4】 某企业 202×年 11 月份生产丙产品,在生产中出现不同等级质量的产品。该企业本月生产的丙产品实际产量为 250 件,其中:一等品 150 件,二等品 60 件,三等品 40 件。各等级品的市场售价分别为:一等品售价 10 元,二等品售价 6 元,三等品售价 3.50 元。本月丙产品的联合成本为 9 600 元,其中:直接材料 6 200 元,直接人工 2 300 元,制造费用 1 100 元。计算丙产品各等级产品的总成本和单位成本。

根据以上资料,对丙产品的各等级产品成本计算如下:

1. 假设不同质量等级的丙产品是企业经营管理不善造成的,采用实物量分配法计算各等级产品成本。成本计算过程如表 8-11 所示。

表 8-11　　　　　　　　　　等级产品成本计算单

202×年 11 月　　　　　　　　　　　　　　　金额单位:元

产品等级	实际产量(件)	分配比例(%)	应负担的成本				单位成本
			直接材料	直接人工	制造费用	合　计	
一等品	150	60	3 720	1 380	660	5 760	38.40
二等品	60	24	1 488	552	264	2 304	38.40
三等品	40	16	992	368	176	1 536	38.40
合　计	250	100	6 200	2 300	1 100	9 600	

2. 假设不同质量等级的丙产品是材料质量原因造成的,采用系数分配法计算各等级产品成本。成本计算过程如表 8-12 所示。

表 8-12　　　　　　　　　　　等级产品成本计算单

202×年11月　　　　　　　　　　　　　　　金额单位:元

产品等级	实际产量（件）	售价	系数	总系数	分配比例（%）	应负担的成本 直接材料	应负担的成本 直接人工	应负担的成本 制造费用	应负担的成本 合　计	单位成本
一等品	150	10.00	1	150	75	4 650	1 725	825	7200	48.00
二等品	60	6.00	0.6	36	18	1 116	414	198	1 728	28.80
三等品	40	3.50	0.35	14	7	434	161	77	672	16.80
合　计	250			200	100	6 200	2 300	1100	9 600	

本章小结

本章主要介绍了成本计算的辅助方法——分类法。它的特点是不能单独运用于企业的成本计算,必须与产品成本计算的基本方法结合起来应用。

分类法适用于产品品种、规格繁多的企业,可以简化成本计算工作。它是先按照产品的类别归集生产费用,计算各类别产品成本,然后选择合理的分配标准,在类内各种产品之间分配费用,计算类内各种产品的成本。

联产品是指使用同种原材料,经过同一加工过程同时生产出两种或两种以上的主要产品;副产品是指使用同种原材料在同一生产过程中生产主要产品的同时,附带生产出一些非主要产品,或利用生产中废料加工而成的产品;等级品是指使用原材料相同,经过相同加工过程生产出来的品种相同但质量有所差别的产品。无论是联产品、副产品还是等级品,都要注意联合成本分配的准确性。

在实际工作中,企业应根据自身的生产特点和成本管理要求,选择适合本企业的成本计算方法,使各种成本计算方法有机结合,以保证企业成本核算工作的顺利进行。

思考题

1. 简述分类法的特点和适用范围。
2. 在分类法下,如何计算类内各种产品成本?
3. 什么是联产品?其特点是什么?
4. 什么是联合成本?什么是可归属成本?
5. 如何计算联产品的成本?
6. 什么是副产品?如何计算副产品的成本?
7. 什么是等级品?如何计算等级品的成本?

同步实训题

一、单项选择题

1. 分类法是在产品品种、规格繁多,但可按一定标准对产品进行分类的情况下,为了(　　)而采用的。
   A. 简化成本计算工作　　　　　　　　B. 计算各批产品成本
   C. 计算各类产品成本　　　　　　　　D. 加强成本的管理

2. 分类法是以(　　)作为成本计算对象,归集各类产品的生产费用,计算各类产品的成本。
   A. 产品的步骤　　　　　　　　　　　B. 产品的批次
   C. 产品的类别　　　　　　　　　　　D. 产品的品种

3. 在分类法中,按照系数比例在类内各种产品之间分配费用所采用的方法,称为(　　)。
   A. 约当产量法　　　　　　　　　　　B. 系数法
   C. 分批法　　　　　　　　　　　　　D. 定额法

4. 企业使用同种原材料在同一生产过程中生产主要产品的同时,附带生产出一些非主要产品,或利用生产中废料加工而成的产品,称为(　　)。
   A. 等级品　　　　　　　　　　　　　B. 联产品
   C. 次品　　　　　　　　　　　　　　D. 副产品

5. 企业使用原材料相同,经过相同加工过程生产出来的品种相同但质量有所差别的产品,称为(　　)。
   A. 副产品　　　　　　　　　　　　　B. 等级品
   C. 联产品　　　　　　　　　　　　　D. 次品

6. 分离后发生的加工成本,因为可以分辨其承担主体,所以称为(　　)。
   A. 联合成本　　　　　　　　　　　　B. 计划成本
   C. 目标成本　　　　　　　　　　　　D. 可归属成本

7. 如果等级品是生产工人操作不当、技术不熟练或企业经营管理不善造成的,就应按(　　)分配各等级产品应负担的联合成本。
   A. 等级产品的实际产量比例　　　　　B. 等级产品的单位售价
   C. 等级产品的生产工时　　　　　　　D. 等级产品的工人工资

8. 联产品在分离前发生的加工成本称为(　　)。
   A. 可归属成本　　　　　　　　　　　B. 联合成本
   C. 共同成本　　　　　　　　　　　　D. 间接成本

9. 企业利用同种原材料,在同一生产过程中生产出的几种主要产品,称为(　　)。
   A. 等级产品　　　　　　　　　　　　B. 副产品
   C. 联产品　　　　　　　　　　　　　D. 产成品

二、多项选择题

1. 在类内各种规格的产品之间分配费用的标准包括(　　)。
   A. 材料定额消耗量　　　　　　　　　B. 工时定额
   C. 费用定额　　　　　　　　　　　　D. 产品的售价、重量或体积

2. (　　)都是使用相同原材料,经过同一生产过程生产出来的产品。
   A. 主要产品　　　　　　　　　　　　B. 副产品

C. 联产品　　　　　　　　　　　　　D. 等级品

3. 联产品的联合成本的分配方法有（　　）。

A. 系数分配法　　　　　　　　　　　B. 分类法

C. 实物量分配法　　　　　　　　　　D. 销售收入比例分配法

4. 有些联产品分离后还需要进一步加工才能出售,这时,联产品的成本应是其负担的（　　）之和。

A. 联合成本　　　　　　　　　　　　B. 定额成本

C. 计划成本　　　　　　　　　　　　D. 可归属成本

5. 对分离后仍需进一步加工才能出售的副产品,成本计算方法通常有（　　）。

A. 如价值较低,只负担可归属成本

B. 不负担任何成本

C. 如价值较高,负担分离前联合成本和可归属成本

D. 负担分离前所有的联合成本

6. 等级品产生的原因通常有（　　）。

A. 由于生产工人操作不当、技术不熟练造成的　　B. 由于所用材料质量不同造成的

C. 由于企业经营管理不善造成的　　　　　　　　D. 受目前技术水平限制造成的

三、判断题

1. 分类法应根据各类产品的生产工艺特点和成本管理要求,与品种法、分步法和分批法结合运用。（　　）

2. 采用分类法计算产品成本时,产品分类一定要准确,否则将直接影响成本计算结果的准确性。（　　）

3. 在类内各种规格的产品之间分配费用时,要选择与产品各项耗用有密切联系的分配标准进行分配。（　　）

4. 分类法与企业生产类型有直接关系,不可以在各种类型的生产中应用。（　　）

5. 采用系数法在类内不同规格产品之间分配费用时,应选择一种产量较大、生产稳定、规格适中的产品作为标准产品,将其分配标准定为"1"。（　　）

6. 分类法是以产品的类别为成本计算对象计算成本,可以单独使用。（　　）

7. 在类内各种产品之间分配费用时,各成本项目可以按同一个分配标准进行分配,也可以按照各成本项目的性质,分别采用不同的分配标准进行分配。（　　）

8. 采用分类法计算成本时,由于类内各产品成本是按一定标准分配计算出来的,因此计算结果带有一定的假设性。（　　）

9. 在一家企业或企业的生产车间中,往往同时应用几种不同的产品成本计算方法。（　　）

10. 主产品与副产品在分离前应合为一类产品计算成本。（　　）

四、业务核算题

（一）练习产品成本计算的分类法

1. 目的:练习产品成本计算的分类法。

2. 资料:某企业生产的产品品种、规格较多,根据产品结构特点和所耗用的原材料、工艺技术过程的不同,将它们分为 A、B 两大类,A 类产品包括 A1、A2、A3 三种不同规格的产品。该企业根据产品的生产特点和成本管理要求,先采用品种法计算出 A、B 两大类产品的完工产品实际总成本,然后采用系数分配法将各类完工产品总成本在类内各种产品之间进行分配,两类产品的生产费用在完工产品和在产品之间的分配都采用定

额比例法。

202×年11月，A类完工产品总成本与在产品成本资料、产量资料及定额资料见下表：

产品成本计算单

产品类别：A产品　　　　　　　　202×年11月　　　　　　　　　　　　单位：元

项 目	直接材料	直接人工	制造费用	合 计
月初在产品成本	4 300	3 200	780	8 280
本月发生费用	50 200	14 650	9 440	74 290
生产费用合计	54 500	17 850	10 220	82 570
完工产品成本	45 600	15 050	8 600	69 250
月末在产品成本	8 900	2 800	1 620	13 320

产量资料

产品类别：A产品　　　　　　　　202×年11月

项 目	计量单位	A1产品	A2产品	A3产品
实际产量	件	600	1 000	700

定额资料

产品类别：A产品　　　　　　　　202×年11月

产品类别	产品品种	计量单位	原材料消耗定额（千克）	工时定额（小时）
A产品	A1产品	件	12	22
	A2产品	件	10	20
	A3产品	件	8	14

3. 要求：根据上述资料，采用系数分配法分配费用（A2产品为标准产品），其中，直接材料费用按直接材料定额成本系数分配，其他费用按工时定额系数分配。

(1) 确定类内各种产品的系数，将计算结果填入下表：

产品系数计算表

产品类别：A产品　　　　　　　　202×年11月

产品名称	材料消耗定额	系数	工时消耗定额	系　数
A1产品	12		22	
A2产品	10		20	
A3产品	8		14	

(2) 计算类内各种产品本月总系数，将计算结果填入下表：

产品总系数(标准产量)计算表

产品类别:A产品　　　　　　　　202×年11月

产品名称	产品产量(件)	材料 系数	材料 总系数	工时 系数	工时 总系数
A1产品					
A2产品					
A3产品					
合　计					

(3)计算A类产品内A1、A2、A3三种产品的总成本和单位成本,将计算结果填入下表:

产品成本计算表

产品类别:A产品　　　　　　　　202×年11月　　　　　　　　金额单位:元

产品名称	产品产量(件)	材料总系数	直接材料 分配率	直接材料 分配金额	工时总系数	直接人工 分配率	直接人工 分配金额	制造费用 分配率	制造费用 分配金额	产成品总成本	产成品单位成本
A1产品											
A1产品											
A1产品											
合　计											

(二)练习联产品成本的计算

1. 目的:练习联产品成本的计算。

2. 资料:某企业用某种原材料经过同一生产过程同时生产出甲、乙两种联产品,202×年9月份共生产甲产品4 000千克,乙产品2 000千克。没有期初、期末在产品。该月生产甲、乙联产品发生的联合成本分别为:直接材料42 000元,直接人工6 000元,制造费用9 000元。甲产品每千克售价100元,乙产品每千克售价120元,假设全部产品均已售出。

3. 要求:根据所给资料,分别用系数分配法(甲产品为标准产品,以售价为标准确定系数)、实物量分配法、相对销售收入分配法计算甲、乙产品的成本,并将计算结果填入下列所给的相应的成本计算表中。

联产品成本计算表(系数分配法)

202×年9月　　　　　　　　金额单位:元

产品名称	产量(千克)	系数	标准产量(千克)	分配比例(%)	应负担的成本 直接材料	应负担的成本 直接人工	应负担的成本 制造费用	应负担的成本 合计
甲产品								
乙产品								
合　计								

联产品成本计算表(实物量分配法)

202×年9月　　　　　　　　　　　　　　　　　　　　　　　　　金额单位:元

产品名称	产量(千克)	联合成本				综合分配率	应负担的成本			
		直接材料	直接人工	制造费用	合计		直接材料	直接人工	制造费用	合计
甲产品										
乙产品										
合　计										

联产品成本计算表(相对销售收入分配法)

202×年9月　　　　　　　　　　　　　　　　　　　　　　　　　金额单位:元

产品名称	产量(千克)	销售单价	销售价值	分配比例(%)	应负担的成本			
					直接材料	直接人工	制造费用	合计
甲产品								
乙产品								
合　计								

(三)练习副产品成本的计算

1.目的:练习副产品成本的计算。

2.资料:某企业在生产甲主产品的同时,还附带生产出了乙副产品。202×年8月份,甲、乙产品的联合成本为80 000元,其中:直接材料56 000元,直接人工16 000元,制造费用8 000元。甲、乙产品分离后可直接出售,本月甲产品的产量为3 500千克,乙产品的产量为600千克,乙产品销售单价扣除销售费用、销售税金及相关利润后为每千克5元,乙产品按比例从联合成本的各成本项目中扣除。

3.要求:计算甲、乙产品的总成本和单位成本,并将计算结果填入下表。

产品成本计算表

202×年8月　　　　　　　　　　　　　　　　　　　　　　　　　金额单位:元

项　目		直接材料	直接人工	制造费用	合　计
联合成本					
费用项目比重					
乙产品	总成本				
	单位成本				
甲产品	总成本				
	单位成本				

(四)练习等级产品成本的计算

1.目的:练习等级产品成本的计算。

2.资料:某企业202×年9月份生产甲产品,在生产中出现不同等级质量的产品。该企业本月生产的甲产品实际产量为1 000件,其中:一等品600件,二等品240件,三等品160件。各等级品的市场售价分别为:

一等品售价 100 元,二等品售价 60 元,三等品售价 35 元,本月甲产品的联合成本为 28 000 元,其中:直接材料 18 600 元,直接人工 6 000 元,制造费用 3 400 元。

3. 要求:

(1)假设不同质量等级的甲产品是由于企业经营管理不善造成的,请采用实物量分配法计算各等级产品成本,并将成本计算结果填入下表:

等级产品成本计算表

202×年9月　　　　　　　　　　　　　　　　　　　　　金额单位:元

产品等级	实际产量（件）	分配比例（%）	应负担的成本				单位成本
			直接材料	直接人工	制造费用	合　计	
一等品							
二等品							
三等品							
合　计							

(2)假设不同质量等级的甲产品是由于材料质量原因造成的,请采用系数分配法计算各等级产品成本,并将成本计算结果填入下表:

等级产品成本计算表

202×年9月　　　　　　　　　　　　　　　　　　　　　金额单位:元

产品等级	实际产量（件）	售价	系数	总系数	分配比例（%）	应负担的成本				单位成本
						直接材料	直接人工	制造费用	合　计	
一等品										
二等品										
三等品										
合　计										

第九章 产品成本计算的定额法

学习目标

知识目标
- 理解定额法的含义、特点、优缺点及适用条件
- 明确定额法的计算程序和基本原理
- 掌握产品定额成本及各种差异的计算

技能目标
- 能熟练运用等额法计算产品成本

素养目标
- 自觉养成遵纪守法，遵守财经制度和法规规定的意识

学习导图

产品成本计算的定额法
- 定额法概述
  - 定额法的含义、基本原理及特点
  - 定额法的成本核算程序
  - 产品定额成本及各种差异的核算
- 定额法应用案例
  - 成本资料
  - 计算产品成本
  - 定额法的优缺点及适用范围
- 成本计算方法的综合运用
  - 几种成本计算方法同时应用在一家企业或车间中
  - 几种成本计算方法结合应用在一种产品中

第一节　定额法概述

一、定额法的含义、基本原理及特点

为了对产品成本进行有效的控制,在定额管理制度比较健全,定额管理工作基础较好,产品的生产已经定型,消耗定额比较准确、稳定的企业,应采用定额法计算产品成本。

(一)定额法的含义

前面介绍了各种成本计算方法,在采用这些方法计算成本时,生产费用的日常核算都是按其实际发生额进行的,产品的实际成本也是按费用的实际发生额计算的。因此,生产费用和产品成本脱离定额的差异及其产生的原因,只有等到月末将实际资料与定额资料进行对比才能找出,因而不能及时地控制成本,不能有效地进行成本管理,为此应采用定额法。

产品成本计算的定额法,是为了及时地反映和监督生产费用和产品成本脱离定额的差异,把产品成本的计划、控制、核算和分析结合在一起,以便加强成本管理而采用的一种成本计算方法。

产品定额成本与计划成本不同。定额成本是根据企业现行消耗定额制定的,随着生产技术的不断进步和劳动生产率的不断提高,消耗定额随之不断修订,定额成本随消耗定额的修订而变动;计划成本是根据企业计划期内的平均消耗定额制定的,在计划期内,计划成本通常是不变的。定额成本是企业在现有生产条件下应达到的成本水平,是计算产品实际成本的基础,是日常费用控制的依据;而计划成本是企业计划期内成本控制的目标,是考核成本计划是否完成的依据。

(二)定额法的基本原理

采用定额法,在实际费用发生时,将其划分为定额成本与定额差异两部分来归集,并分析产生差异的原因,及时反馈到管理部门,月末以产品定额成本为基础,加减所归集和分配的差异,以求得产品实际成本。产品的实际成本由定额成本、脱离定额差异、材料成本差异和定额变动差异四个因素组成。其计算公式为:

$$产品实际成本 = 按现行定额计算的定额成本 + 脱离定额差异 + 材料成本差异 + 月初在产品定额变动差异$$

1. 定额成本是指以企业现行的各种消耗定额为基础计算的一种预计产品成本。

定额成本是企业产品生产成本的现行定额,它反映了当期应达到的成本水平。合理的现行成本定额是衡量企业成本节约或超支的尺度。

把一定时期的定额成本与实际成本进行比较,便可以揭示实际脱离定额的差异,指出生产和成本管理中的成绩及存在的问题。以定额法计算产品成本时,定额成本是计算产品实际成本的基础。

2. 脱离定额差异是指生产过程中各项生产费用的实际支出脱离现行定额或预算的数额,它标志着各项生产费用支出的合理程度。

3. 材料成本差异是指在定额法下,材料或半成品的日常核算以计划成本计价而产生的材料或半成品实际成本与计划成本的差异,它反映所消耗材料或半成品的价差。

4.定额变动差异是指由于修订消耗定额而产生的新、旧定额成本之间的差额。它与生产费用的超支或节约无关，是定额成本本身变动的结果。

（三）定额法的特点

1.事前制定产品的定额成本。定额法是以产品的定额成本为基础来计算产品的实际成本。采用定额法，企业必须事先制定产品的各项消耗定额、费用定额，以现行的定额为依据制定产品的定额成本，作为降低成本的目标，对成本进行事前控制。

2.在生产费用发生的当时，将符合定额的费用和发生的差异分别核算，及时揭示实际费用脱离定额差异的原因，加强对成本差异的日常核算，对产品成本进行有效的分析和控制。

3.月末在定额成本的基础上加减各种差异，计算产品的实际成本。

4.定额成本法应在品种法、分批法和分步法的基础上，运用其特有的汇集费用的技术，计算产品成本。

二、定额法的成本核算程序

1.按照企业生产工艺特点和成本管理要求，确定成本计算对象及成本计算的基本方法。

2.按照定额成本标准进行逐项分解，计算各成本项目的定额费用，编制产品定额成本表。

3.生产费用发生时，将其划分为定额成本和脱离定额差异两个部分，分别编制凭证，予以汇总。

4.按确定的成本计算基本方法，汇集、结转产品定额成本和脱离定额差异，并按一定标准在完工产品和在产品之间进行分配。

5.将产品定额成本加减所分配的脱离定额差异、月初在产品定额变动差异及材料成本差异，求得产品的实际成本。

三、产品定额成本及各种差异的核算

（一）定额成本的确定

企业应根据各种有关的现行定额确定定额成本，只有科学、合理地制定产品的定额成本，才能更加有效地对企业的成本进行控制和考核，使之更符合实际，以保证成本计划的顺利完成。

采用定额法计算产品成本，首先要制定产品的原材料、动力、工时等各项消耗定额，并根据各项消耗定额和原材料的计划单价、计划小时工资率或计件工资单价、计划小时制造费用率等资料，计算产品的各项费用定额和单位产品的定额成本。

1.单位产品定额成本的计算

其计算公式为：

单位产品直接材料费用定额＝产品材料消耗定额×材料计划单价

单位产品直接人工费用定额＝产品生产工时定额×生产工资计划单价

单位产品制造费用定额＝产品生产工时定额×制造费用计划单价

产品单位定额成本的制定，应包括零件、部件的定额成本和产成品的定额成本，通常由计划、会计等部门共同制定。一般是先制定零件的定额成本，然后汇总计算部件和产成品的定额成本。如果产品的零部件较多，为了简化计算工作，则可以不计算零件的定额成本，而直接根据零件定额卡所列的零件的原材料消耗定额、工序计划和工时消耗定额,以及原材料计划单价、计划工资率和计划制造费用率等,计算部件定额成本,然后汇总计算出产成品定额成本;或者根据零部件定额卡和原材料计划单价、计划工资率和计划制造费用率等,直接计算出产成品定额成本。为了便于进行成本分析和考核,定额成本包括的成本项目和计算方法,应该与计划成本、实际成本包括的成本项目和计算方法一致。

【例9-1】 假定某企业生产甲产品,该产品由A、B两个部件组成,其中部件A包括101、102两个零件。定额成本的制定程序如表9-1、表9-2和表9-3所示。

表9-1　　　　　　　　　　　　　　零件定额卡

零件编号:101　　　　　　　　　　202×年6月　　　　　　　　　　零件名称:××

材料编号	材料名称	计量单位	材料消耗定额
3611	××	千克	10

工　序	工时定额	累计工时定额
1	2	2
2	3	5
3	5	10
4	2	12

表9-2　　　　　　　　　　　　　部件定额成本计算表

部件编号:6000　　　　　　　　　　　　　　部件名称:A

所用零件编号或名称	所用零件数量	部件直接材料费用定额						金额合计	部件工时定额
^	^	3611			3622			^	^
^	^	消耗定额	计划单价	金额	消耗定额	计划单价	金额	^	^
101	2	20	6	120				120	24
102	3				9	4	36	36	12
装配									4
合计				120			36	156	40

定额成本项目					定额成本合计
直接材料	直接人工		制造费用		^
^	每小时定额	金额	每小时定额	金额	^
156	4	160	3	120	436

表9-3　　　　　　　　　　　　　产品定额成本计算表

产品编号:　　　　　　　　　　　　　　产品名称:甲产品

所用部件编号或名称	所用部件数量	直接材料费用定额		工时定额	
^	^	部　件	产　品	部　件	产　品
6000	4	436	1 744	40	160
6100	3	466	1 398	31	93

续表

所用部件编号或名称	所用部件数量	直接材料费用定额		工时定额	
		部件	产品	部件	产品
装 配					7
合 计			3 142		260

产品定额成本项目					产品定额成本合计
直接材料	直接人工		制造费用		
	每小时定额	金额	每小时定额	金额	
3 142	4	1 040	3	780	4 962

2. 全部产品定额成本的计算

单位产品定额成本确定以后,根据在产品数量和加工程度,可以计算出全部在产品定额成本;根据本期投产产品数量和单位产品定额成本,可以计算出完工产品定额成本。完工产品定额成本是计算完工产品实际成本的基础。

(二)脱离定额差异的计算

脱离定额差异是指在生产过程中各项生产费用的实际支出脱离现行定额或预算的数额。要加强生产耗费的日常控制,企业必须进行脱离定额差异的核算,及时分析差异产生的原因,确定差异产生的责任,并及时采取有效措施进行处理。对于实际消耗中存在的损失和浪费应予以坚决制止,以防再次发生;对于属于定额脱离实际的,应及时进行调整,修订定额,由此才能将生产耗费控制在先进并切实可行的定额范围内,从而节约生产耗费,降低产品成本。

脱离定额差异的核算,应在生产费用发生时,对符合定额的费用和脱离定额的差异,分别编制定额凭证和差异凭证,并在有关的费用分配表和明细分类账中分别予以登记。这样,就能及时核算和分析生产费用脱离定额的差异,控制生产费用支出。为了防止生产费用超支,避免浪费和损失,在填制完差异凭证后,还必须按规定办理有关的审批手续。有条件的企业,也可以将脱离定额差异的日常核算同车间或班组的经济责任制相结合,依靠各生产环节的广大职工来控制生产费用。

脱离定额差异根据成本项目划分,可分为直接材料脱离定额差异、直接人工脱离定额差异和制造费用脱离定额差异三部分。

1. 直接材料脱离定额差异的核算

在各成本项目中,材料费用一般占有较大比重,而且属于直接计入费用,因而有必要在费用发生时就按产品种类核算定额费用和脱离定额的差异,以加强控制。

直接材料脱离定额差异是指实际产量的现行定额耗用量与实际耗用量之间的差异与计划价格的乘积,即直接材料脱离定额的差异只包括材料耗用量的差异,而不包括材料价格差异。材料价格差异只作为一个实际成本的差异因素单独进行核算。

材料脱离定额差异＝实际产量×(单位产品实际材料耗用量－单位产品定额材料耗用量)×材料计划单价
　　　　　　　＝(实际耗用材料数量－实际产量×单位产品定额材料耗用量)×材料计划单价

直接材料脱离定额差异的核算方法一般有限额法、切割法和盘存法三种。

(1)限额法

采用定额法计算产品成本时,为了加强材料费用的控制,原材料的领用通常采用限额领料制度,符合定额的原材料应当根据"限额领料单"领用。当增加产量,需要增加用料时,在办理追加限额手续后,根据定额凭证领发;其他原因引起的超额用料或代用材料的领用,需要填制专设的超额领料单、代用材料领料单等差异凭证,经过一定的审批手续后领发(为减少凭证的种类,这些差异凭证也可用不同颜色或者加盖专用戳记的普通领料单代替),在差异凭证中,应填写差异的数量、金额以及发生差异的原因。采用代用材料或利用废料时,应在有关的"限额领料单"中注明,并在原定限额内扣除。生产任务完成后,应根据车间余料填制"退料单",办理退料手续。

"超额领料单"上的材料数额,属于材料脱离定额的超支差异;"退料单"中所列材料数额和"限额领料单"中的材料余额,都属于材料脱离定额的节约差异。

【例9-2】某企业202×年8月投产乙产品400件,单位产品A材料消耗定额为20千克,每千克计划单位成本5元,超额领料单本月登记数量为140千克。乙产品的A材料定额差异为:

乙产品A材料定额成本=400×20×5=40 000(元)

乙产品A材料脱离定额差异=140×5=700(元)

(2)切割法

为了更好地控制用料差异,对于需要切割才能使用的材料(如板材、棒材等),可以通过"材料切割核算单"来计算材料脱离定额的差异,控制用料。"材料切割核算单"一般应按切割材料的批别开立,单中应填列发交切割材料的种类、数量、消耗定额和应切割成的毛坯数量;切割完成后,再填写实际切割成的毛坯数量和材料的实际消耗量。根据实际切割成的毛坯数量和消耗定额,计算出材料定额消耗量,与材料实际消耗量相比较,可以得出耗用材料脱离定额的差异。

"材料切割核算单"的基本格式如表9-4所示。

表9-4 材料切割核算单

材料编号或名称:A11　　　　　　　　　　　　　材料计划单价:10
产品名称:丙产品　　　　　　　　　　　　　　　计量单位:千克
零件编号名称:B201　　　　　　　　　　　　　　切割人:李冬
图纸号:1066　　　　　　　　　　　　　　　　　切割日期:202×年8月15日
机床号:026　　　　　　　　　　　　　　　　　 完工日期:202×年8月19日

发料数量	退回余料数量		材料实际消耗量		废料实际收回量
424	24		400		11
单位产品消耗定额	单位回收废料定额	应切割成毛坯数量	实际切割成毛坯数量	材料定额消耗量	废料定额回收量
8	0.2	50	48	384	9.6
材料脱离定额差异		废料脱离定额差异		脱离差异原因	责任者
数量	金额	数量	单价	金额	技术不熟练且未按设计图纸切割,增加了毛边,减少了毛坯	李冬
16	160	-1.4	2	-2.80		

表9-4中,有关数据的计算过程如下:

应切割的数量＝400÷8＝50(件)

材料定额耗用量＝48×8＝384(千克)

废料定额回收量＝48×0.2＝9.6(千克)

材料脱离定额差异＝(400－384)×10＝160(元)

废料脱离定额差异＝(11－9.6)×2＝2.80(元)

表 9-4 中，材料脱离定额差异 160 元为超支差异，废料实际回收 11 千克，比定额回收废料 9.6 千克多 1.4 千克，可以冲减材料费用 2.80 元，用负数表示。由于该废料脱离定额差异是在减少了切割数量 2 件的基础上产生的，因此多回收废料 2.80 元不能认定为节约差异。只有实际切割成毛坯数量等于或者大于应切割毛坯的数量，才可以认定为节约差异。

(3) 盘存法

对于不能采用切割核算的材料，为了更好地控制用料，可以通过盘存的方法核算材料脱离定额差异。其做法：根据完工产品的数量和在产品盘存数量计算产品投产数量；将产品投产数量乘以材料消耗定额，计算出材料定额消耗量；根据限额领料单、超额领料单和退料单等凭证以及车间余料的盘存资料，计算出材料实际消耗量；最后，将材料的实际消耗量与定额消耗量比较，确定材料脱离定额差异。用公式表示为：

本期投产产品数量＝本期完工产品数量＋期末盘存在产品数量－期初盘存在产品数量

$$\text{直接材料脱离定额差异} = \left(\text{本期材料实际消耗量} - \text{本期投产产品数量} \times \text{单位产品材料消耗量}\right) \times \text{材料计划单价}$$

不论采用哪种方法核算原材料定额消耗量和脱离定额差异，都应分批或定期地将有关核算资料按照成本计算对象进行汇总，编制原材料定额成本和脱离定额差异汇总表。表中应填明该批或该种产品所耗各种原材料的定额消耗量、定额成本和脱离定额的差异，并分析说明发生差异的主要原因。该表既可以用来汇总反映和分析材料消耗定额的执行情况，又可以代替原材料费用分配表登记产品成本明细账，以使企业根据差异发生的原因采取措施，从而降低原材料消耗。原材料定额成本和脱离定额差异汇总表的格式如表 9-5 所示。

表 9-5　　　　　　原材料定额成本和脱离定额差异汇总表

产品名称：丁产品　　　　202×年 8 月 1 日—31 日　　　　金额单位：元

材料种类	计量单位	计划单位成本	定额成本 数量	定额成本 金额	实际成本 数量	实际成本 金额	脱离定额差异 数量	脱离定额差异 金额	差异原因分析
A1 材料	千克	10	9 000	90 000	9 100	91 000	100	1 000	略
B1 材料	千克	6	6 000	36 000	6 100	36 600	100	600	略
合　计				126 000		127 600		1 600	

请思考

直接材料脱离定额差异的核算方法有哪几种？

2. 直接人工脱离定额差异的核算

(1)计件工资制度下直接人工脱离定额差异的核算

在计件工资制度下,直接人工费用属于直接计入费用,在计件单价不变的情况下,按计件单价支付的生产工人工资(及提取的福利费)就是定额工资,没有脱离定额差异。只有在因工作条件发生变化而在计件单价之外支付的工资、津贴、补贴等,才是生产工资脱离定额差异。企业应将符合定额的工资直接反映在有关的产量记录中,对脱离定额的差异,应设置"工资补付单"等差异凭证予以反映,并在"工资补付单"中填写发生差异的原因。

(2)计时工资制度下直接人工脱离定额差异的核算

在计时工资制度下,直接人工费用一般为间接计入费用,其脱离定额差异不能在平时(按产品成本计算对象)计算,只有在月末待本月实际直接人工费用总额和产品生产总工时确定后才能计算。其计算公式为:

$$计划小时工资率 = \frac{计划产量的定额直接人工费用总额}{计划产量的定额生产工时总数}$$

$$实际小时工资率 = \frac{实际直接人工费用总额}{实际生产总工时}$$

某产品定额直接人工费用 = 该产品实际产量的定额生产工时 × 计划小时工资率

某产品实际直接人工费用 = 该产品实际产量的实际生产工时 × 实际小时工资率

某产品直接人工脱离定额差异 = 该产品实际直接人工费用 − 该产品定额直接人工费用

不论采用哪种工资形式,都应根据核算资料,按照成本计算对象汇总编制"定额工资及脱离定额差异汇总表"。表中汇总反映各种产品的定额工资、实际工资、工资脱离定额差异及其产生差异的原因等资料,以考核和分析各种产品工资定额的执行情况,并据以计算产品的工资费用,登记有关的产品成本计算单。

3. 制造费用脱离定额差异的核算

制造费用属于间接计入费用,在日常核算中不能按照产品直接确定费用脱离定额的差异,而只能根据月份的费用计划,按照费用的发生地点和费用项目,核算脱离计划的差异,对费用的发生进行控制和监督。对制造费用中能够按照一定标准制定限额进行控制的项目,如材料费用,可以采用限额领料单、超额领料单等定额凭证和差异凭证进行控制,并比照材料的核算方法进行脱离定额差异的核算;对于其他不能采用日常核算方法来计算其差异的费用项目,应定期将费用计划和实际发生的费用进行比较,予以考核。

对于各种产品应负担的制造费用脱离定额的差异,一般只有到月末实际费用分配给各种产品以后,才能以其实际费用与定额费用相比较加以确定,其计算方法与计时工资脱离定额差异的计算相类似。其计算公式为:

$$计划小时制造费用率 = \frac{计划制造费用总额}{计划产量的定额生产工时总数}$$

$$实际小时制造费用率 = \frac{实际制造费用总额}{产品实际生产工时总数}$$

某产品实际制造费用 = 该产品实际生产工时 × 实际小时制造费用率

某产品定额制造费用 = 该产品实际产量的定额工时 × 计划小时制造费用率

某产品制造费用脱离定额差异 = 该产品实际制造费用 − 该产品定额制造费用

从以上公式中可以看出，制造费用脱离定额的差异也是由于工时差异和小时制造费用率差异两个因素形成的。要控制制造费用，一方面要控制费用的发生额，另一方面还要节约生产工时，只有这样才能更好地降低制造费用。

脱离定额的差异，月末应在完工产品和月末在产品之间进行分配，分配方法一般采用定额比例法进行。如果脱离定额的差异很小，也可以将全部差异计入完工产品成本，月末在产品不负担差异。

请思考

> 脱离定额差异根据成本项目由哪几部分差异组成？

(三) 定额变动差异的计算

定额变动差异是指因修订消耗定额或生产耗费的计划价格而产生的新旧定额之间的差额。定额变动差异与脱离定额差异是不同的。定额变动差异是定额本身变动的结果，它与生产中费用支出的节约或浪费无关；脱离定额差异则反映生产中费用支出符合定额的程度。

消耗定额和定额成本一般是在月初、季初或年初定期进行修订。在修订定额的月份，其月初在产品的定额成本并未修订，仍然是按旧定额计算的。为了将按旧定额计算的月初在产品定额成本和按新定额计算的本月投入产品的定额成本在新定额的同一基础上相加，必须计算月初在产品的定额变动差异，以调整月初在产品的定额成本。

月初在产品定额变动差异可以根据定额发生变动的在产品盘存数量(或在产品账面结存数量)和修订前后的消耗定额，计算出月初在产品新的定额消耗量和新的定额成本，再与修订前月初在产品定额成本比较，计算出定额变动差异。为了简化成本计算工作，也可以根据定额变动前后单位产品的定额成本计算出定额变动系数，采用系数法确定月初在产品定额变动差异。其计算公式为：

$$定额变动系数 = \frac{按新定额计算的单位产品定额成本}{按旧定额计算的单位产品定额成本}$$

$$月初在产品定额变动差异 = 按旧定额计算的月初在产品定额成本 \times (1 - 定额变动系数)$$

各种消耗定额的变动一般表现为不断下降的趋势，因此，月初在产品定额变动差异通常表现为月初在产品定额成本的降低。在这种情况下，一方面应从月初在产品定额成本中扣除该项差异，使其与新定额保持一致；另一方面，由于该项差异是月初在产品生产费用的实际支出，不能无故予以扣除，因此，还应将该项差异加回当月产品成本。相反，若消耗定额不是下降，而是提高，在计算出定额变动差异后，应将此项差异加入月初在产品定额成本中，使之与新定额保持一致；同时从当月产品成本中予以扣除，原因是实际上并未发生这部分支出。因此，定额变动差异的产生，并不影响生产费用总额的增加或减少。

定额变动差异应根据企业具体情况确定是否在完工产品与月末在产品之间进行分配，如果定额变动差异数额较大，则应采用定额成本比例法，在完工产品和月末在产品之间进行分配；如果定额变动差异数额较小或者月初在产品在本月已全部完工，则定额变动差异全部由完工产品负担，月末在产品不再负担定额变动差异。

> **请思考**
>
> 脱离定额差异和定额变动差异有何不同？

(四) 材料成本差异的计算

在采用定额法计算产品成本的企业，为了便于对产品成本进行考核和分析，材料的日常核算都应按计划成本进行。原材料定额费用和原材料脱离定额的差异都是按计划成本计算的。因此，在月末计算产品的实际原材料费用时，必须按照下列公式计算所耗原材料应负担的材料成本差异：

$$某产品应分配的材料成本差异 = \left(该产品材料定额成本 \pm 材料脱离定额差异\right) \times 材料成本差异率$$

为简化核算，各种产品应分配的材料成本差异，一般由各该产品的完工产品成本负担，月末在产品不再负担。

第二节 定额法应用案例

一、成本资料

【例 9-3】 某企业生产 M 产品，各项消耗定额比较准确，202×年 11 月份生产情况和定额资料如下：月初在产品 20 件，本月投产 M 产品 170 件，本月完工 160 件，月末在产品 30 件，月末在产品完工程度为 50%，材料系开工时一次投入。单位产成品直接材料消耗定额由上月的 6.5 千克降为 6 千克，工时定额为 2 小时，计划小时工资率为 5 元，计划小时制造费用率为 6 元，材料计划单价为 8 元，材料成本差异率为 -2%。M 产品定额成本、月初在产品成本及本月生产费用资料如表 9-6、表 9-7 和表 9-8 所示。产品成本计算结果如表 9-9 所示。

表 9-6　　　　　　　　　　M 产品定额单位成本计算表

202×年 11 月　　　　　　　　　　　　　　　　单位：元

成本项目	消耗量	计划单价	定额成本
直接材料	6 千克	8	48
直接人工	2 小时	5	10
制造费用	2 小时	6	12
合　计			70

表 9-7　　　　　　　　　　月初在产品成本

202×年 11 月　　　　　　　　　　　　　　　　单位：元

成本项目	直接材料	直接人工	制造费用
月初在产品定额成本	1 040①	100②	120③
月初在产品脱离定额差异	-10	4	7

注：① 直接材料定额成本 = 20×6.5×8 = 1 040 (元)
　　② 直接人工定额成本 = 20×50%×2×5 = 100 (元)
　　③ 制造费用定额成本 = 20×50%×2×6 = 120 (元)

表 9-8　　　　　　　　　　　　　　本月发生的费用
202×年 11 月　　　　　　　　　　　　　　　单位：元

成本项目	直接材料	直接人工	制造费用
产品的定额成本	8 160①	1 650②	1 980③
脱离定额差异	40	20	16

注：①直接材料定额成本＝170×48＝8 160(元)
　　②直接人工定额成本＝[160＋(30－20)×50％]×10＝1 650(元)
　　③制造费用定额成本＝[160＋(30－20)×50％]×12＝1 980(元)

二、计算产品成本

采用定额法计算产品成本，结果如表 9-9 所示。

表 9-9　　　　　　　　　　　　产品成本计算单　　　　　　　　　　产量：160 件
产品名称：M 产品　　　　　　　　　202×年 11 月　　　　　　　　　金额单位：元

项　目		行次	直接材料	直接人工	制造费用	合　计
月初在产品	定额成本	(1)	1 040	100	120	1 260
	脱离定额差异	(2)	－10	4	7	＋1
月初在产品定额变动	定额成本调整	(3)	－80①			－80
	定额变动差异	(4)	80			80
本月生产费用	定额成本	(5)	8 160	1 650	1 980	11 790
	脱离定额差异	(6)	40	20	16	76
	材料成本差异	(7)	－164②			－164
生产费用合计	定额成本	(8)	9 120	1 750	2 100	12 970
	脱离定额差异	(9)	30	24	23	77
	材料成本差异	(10)	－164			－164
	定额变动差异	(11)	80			80
脱离定额差异分配率		(12)	0.33％③	1.37％	1.1％	
产成品成本	定额成本	(13)	7 680	1 600	1 920	11 200
	脱离定额差异	(14)	25.34④	21.92	21.12	68.38
	材料成本差异	(15)	－164			－164
	定额变动差异	(16)	80			80
	实际成本	(17)	7 621.34⑤	1 621.92	1 941.12	11 184.38
月末在产品成本	定额成本	(18)	1 440	150	180	1 770
	脱离定额差异	(19)	4.66⑥	2.08	1.88	8.62

注：①月初在产品定额调整＝20×(6－6.5)×8＝－80(元)
　　②材料成本差异＝(8 160＋40)×(－2％)＝－164(元)
　　③直接材料脱离定额差异分配率＝30÷9 120×100％＝0.33％

④产成品直接材料成本脱离定额差异＝7 680×0.33％＝25.34(元)
⑤第(17)行实际成本的计算过程为:(17)＝(13)＋(14)＋(15)＋(16)
⑥第(19)行月末在产品脱离定额差异的计算过程为:(19)＝(9)－(14)

三、定额法的优缺点及适用范围

(一)定额法的优缺点

综上所述,定额法是将产品成本的定额工作、核算工作和分析工作有机地结合起来,将事前、事中和事后的反映与监督融为一体的一种产品成本计算方法和成本管理制度。

1. 定额法的优点

(1)通过对生产耗费和生产费用脱离定额差异的日常核算,能够在各项耗费和费用发生的当时反映和监督脱离定额的差异,从而加强成本控制。

(2)产品实际成本是按照定额成本和各种成本差异分别反映的,便于进行产品成本的定期分析,有利于进一步挖掘降低成本的潜力。

(3)通过脱离定额差异和定额变动差异的核算,有利于提高成本定额管理工作的水平。

(4)由于有现成的定额成本资料,因此能够比较合理、简便地解决完工产品和月末在产品之间分配费用的问题。

2. 定额法的缺点

采用定额法计算产品成本,必须制定定额成本,单独核算脱离定额差异,在定额变动时还必须修订定额成本,计算定额变动差异,因此比采用其他方法核算工作量要大。

(二)定额法的适用范围

采用定额法计算产品成本应具备以下两个条件:(1)定额管理制度比较健全,定额管理工作的基础比较好;(2)产品的生产已经定型,消耗定额比较准确、稳定。定额法一般与企业的生产类型无关,它只是为了加强成本控制,及时揭露产品定额成本和定额执行过程中存在的问题,及时采取有效措施加以改进而采用的方法。因此,不论哪种生产类型的企业,只要具备上述条件,都可以采用定额法计算产品成本。

第三节　成本计算方法的综合运用

工业企业产品生产类型和成本管理要求的多样性,决定了成本计算的多样性。前面,我们介绍了产品成本计算的三种基本方法——品种法、分批法和分步法,以及在基本方法的基础上为了简化成本核算工作而采用的分类法和为加强定额管理而采用的定额法,这是几种典型的成本计算方法。在实际工作中,一家企业总是将几种方法同时应用或结合应用。

一、几种成本计算方法同时应用在一家企业或车间中

一家企业可能有若干个生产车间,各个生产车间的生产特点和成本管理要求并不一定相同,同一个生产车间所生产的各种产品的生产特点和成本管理要求也不一定相同,因此,在一家企业或企业的生产车间中,往往同时应用几种不同的产品成本计算方法。

在一家企业,其基本生产车间与辅助生产车间的生产特点和成本管理要求不同,可能同时采用多种计算方法。基本生产车间可能采用品种法、分批法、分步法、分类法和定额法等多种方法计算产品成本;辅助生产车间的供水、供电、供气和机修等采用品种法计算产品成本,自制设备等可以采用分批法计算产品成本。

在企业的一个生产车间内部,由于产品的生产组织方式不同,也可以同时采用多种成本计算方法。大量、大批生产的产品可以采用品种法或分步法、分类法、定额法等多种方法,单件、小批生产的产品则应采用分批法计算产品成本。

二、几种成本计算方法结合应用在一种产品中

一家企业或企业的生产车间,除了可能同时采用几种成本计算方法以外,在计算某一种产品成本时,还可以以一种成本计算方法为主,综合采用几种成本计算方法,原因是,即使是同一种产品,由于该产品所经过的生产步骤不同,其生产特点和成本管理要求不同,因此采用的成本计算方法也就不同。

例如,在小批、单件生产的机械制造企业,产品的生产需要经过铸造、机械加工和装配等相互关联阶段的不同操作才能完成。从产品生产的某个阶段来看,铸造车间可以采用品种法计算各种铸件的成本。从铸造与机械加工两个阶段的成本结转来看,可以采用逐步结转分步法将铸造成本从铸造车间结转到机械加工车间。装配车间则采用分批法计算产品成本。这样,该企业就是在采用分批法的基础上结合采用了品种法与分步法来进行产品成本计算,以满足企业加强成本管理的需要。

在构成一种产品的不同零部件(半成品)之间,可以采用不同的成本计算方法;在一种产品的各个成本项目之间,也可以采用不同的成本计算方法。

企业采用分类法、定额法等计算产品成本时,因为它们是成本计算的辅助方法,所以必须结合品种法、分批法和分步法等成本计算的基本方法加以应用。

总之,企业的实际情况复杂多样,管理要求又各不相同,因此,采用的成本计算方法也是多种多样。企业应根据生产特点和成本管理要求,并结合企业生产规模的大小及管理水平的高低等实际情况,从实际出发,将成本计算的各种方法灵活地加以应用。

本章小结

产品成本计算的定额法,是为了及时地反映和监督生产费用和产品成本脱离定额的差异,把产品成本的计划、控制、核算和分析结合在一起,以便加强成本管理而采用的一种成本计算方法。

定额法的特点是不能单独运用于企业的成本计算,必须与产品成本计算的基本方法结合起来应用。

定额法通过对生产耗费和生产费用脱离定额差异的日常核算,能够在各项耗费和费用发生的当时反映和监督脱离定额的差异,从而加强成本控制。定额法主要适用于定额管理制度健全,定额基础工作扎实,消耗定额比较准确、稳定的企业。在采用定额法计算成本时,应注意

定额成本、脱离定额差异、定额变动差异和材料成本差异的区别,以便准确地计算产品实际成本。

在实际工作中,企业应根据自身的生产特点和成本管理要求,选择适合本企业的成本计算方法,使各种成本计算方法有机结合,以保证企业成本核算工作顺利进行。

思考题

1. 简述定额法的主要特点。
2. 简述定额法的成本核算程序。
3. 简要回答定额法的优缺点及适用范围。

同步实训题

一、单项选择题

1. 产品生产过程中各项实际生产费用脱离定额的差异,叫( )。
   A. 材料成本差异　　　　　　　　B. 定额成本差异
   C. 定额变动差异　　　　　　　　D. 脱离定额差异
2. 在定额修改的月份并且存有( )的情况下,才会有定额变动差异存在。
   A. 月初在产品　　　　　　　　　B. 本月投入产品
   C. 本月完工产品　　　　　　　　D. 月末在产品
3. 定额成本是根据( )制定的。
   A. 目标成本　　　　　　　　　　B. 企业过去的各种消耗定额为基础
   C. 计划成本　　　　　　　　　　D. 企业现行的各种消耗定额为基础
4. 采用定额法计算产品成本,本月完工产品的实际成本是在( )基础上计算出来的。
   A. 月初在产品定额成本　　　　　B. 本月完工产品定额成本
   C. 本月投入产品定额成本　　　　D. 月末在产品定额成本
5. 采用定额法计算产品成本时,材料的日常核算都应按( )进行。
   A. 定额成本　　　　　　　　　　B. 实际成本
   C. 目标成本　　　　　　　　　　D. 计划成本

二、多项选择题

1. 与企业的生产类型无直接关系的成本计算方法有( )。
   A. 品种法　　　　　　　　　　　B. 分批法
   C. 定额法　　　　　　　　　　　D. 分类法
2. 采用定额法计算成本,产品的实际成本由( )因素组成。
   A. 定额成本　　　　　　　　　　B. 脱离定额差异
   C. 定额变动差异　　　　　　　　D. 材料成本差异
3. 定额法应在( )基础上,运用其特有的汇集费用的技术,计算产品成本。

A. 品种法　　　　　　　　　　B. 分批法
C. 分步法　　　　　　　　　　D. 分类法

4. 脱离定额的差异根据成本项目可分为(　　)。

A. 直接材料脱离定额差异　　　B. 直接人工脱离定额差异
C. 材料成本差异　　　　　　　D. 制造费用脱离定额差异

5. 直接材料脱离定额差异的核算方法一般有(　　)。

A. 系数法　　　　　　　　　　B. 限额法
C. 切割法　　　　　　　　　　D. 盘存法

6. 定额法的优点有(　　)。

A. 挖掘降低成本的潜力
B. 有利于提高成本定额管理工作的水平
C. 及时加强成本控制
D. 合理、简便地解决完工产品和月末在产品之间分配费用的问题

7. 采用定额法计算成本,为了简化成本计算工作,若差异较小,(　　)可以全部由本月完工产品成本负担。

A. 定额成本　　　　　　　　　B. 定额变动差异
C. 材料成本差异　　　　　　　D. 脱离定额差异

8. 定额法的适用范围包括(　　)。

A. 定额管理制度比较健全,定额管理工作的基础比较好
B. 产品的生产已经定型,消耗定额比较准确、稳定
C. 产品的生产属于大量、大批生产
D. 生产的产品规格较多

三、判断题

1. 定额法是为加强成本管理而采用的一种成本计算方法,可以单独使用。　　　　　　　　(　　)
2. 定额变动差异与生产费用的超支或节约无关,是定额成本本身变动的结果。　　　　　　(　　)
3. 定额成本并不随消耗定额的修订而变动。　　　　　　　　　　　　　　　　　　　　　(　　)
4. 合理的现行成本定额是衡量企业成本节约或超支的尺度。　　　　　　　　　　　　　　(　　)
5. 定额成本包括的成本项目应与实际成本包括的成本项目一致。　　　　　　　　　　　　(　　)
6. 在因工作条件发生变化而在计件单价之外支付的工资、津贴、补贴等,才是生产工资脱离定额差异。
　　　　　　　　　　　　　　　　　　　　　　　　　　　　　　　　　　　　　　　(　　)
7. 制造费用脱离定额的差异是由于工时差异造成的。　　　　　　　　　　　　　　　　　(　　)
8. 脱离定额的差异应全部由月末在产品负担。　　　　　　　　　　　　　　　　　　　　(　　)
9. 定额变动差异与生产中费用支出的节约或浪费有关,是本月生产费用脱离定额造成的超支差异。
　　　　　　　　　　　　　　　　　　　　　　　　　　　　　　　　　　　　　　　(　　)
10. 定额变动差异并不影响生产费用总额的增加或减少。　　　　　　　　　　　　　　　(　　)

四、业务核算题

1. 目的:练习产品成本计算的定额法。
2. 资料:

某企业生产甲产品,各项消耗定额比较准确,202×年10月份生产情况和定额资料如下:月初在产品30件,本月投产甲产品150件,本月完工140件,月末在产品40件,月末在产品完工程度均为50%,材料系开工时一次投入。单位产成品直接材料消耗定额由上月的11千克降为10千克,工时定额为3小时,计划小时工资率为8元,计划小时制造费用率为4元,材料计划单价为6元,材料成本差异率为-2%。甲产品定额成本、月初在产品成本及本月生产费用资料如下:

甲产品定额单位成本计算表

202×年10月   单位:元

成本项目	消耗量	计划单价	定额成本
直接材料	10千克	6	60
直接人工	3小时	8	24
制造费用	3小时	4	12
合　计			96

月初在产品成本

202×年10月   单位:元

成本项目	直接材料	直接人工	制造费用
月初在产品定额成本	1 980	360	180
月初在产品脱离定额差异	-17.60	12	10

本月生产费用

202×年10月   单位:元

成本项目	直接材料	直接人工	制造费用
产品的定额成本	9 000	3 480	1 740
脱离定额差异	50	36	18.80

3. 要求:
根据上述资料,采用定额法计算甲产品成本,并将计算结果填入下表中:

产品成本计算单

产品名称:甲产品　　　　　　　　202×年10月　　　　　　　产量:140件　金额单位:元

项　目		行次	直接材料	直接人工	制造费用	合　计
月初在产品	定额成本	(1)				
	脱离定额差异	(2)				
月初在产品定额变动	定额成本调整	(3)				
	定额变动差异	(4)				

续表

项目		行次	直接材料	直接人工	制造费用	合计
本月生产费用	定额成本	(5)				
	脱离定额差异	(6)				
	材料成本差异	(7)				
生产成本合计	定额成本	(8)				
	脱离定额差异	(9)				
	材料成本差异	(10)				
	定额变动差异	(11)				
脱离定额差异分配率		(12)				
产成品成本	定额成本	(13)				
	脱离定额差异	(14)				
	材料成本差异	(15)				
	定额变动差异	(16)				
	实际成本	(17)				
月末在产品成本	定额成本	(18)				
	脱离定额差异	(19)				

第十章 成本报表的编制与分析

学习目标

知识目标
- 理解成本报表的概念和特点
- 了解成本报表的作用、种类
- 熟悉成本报表的编制要求

技能目标
- 能掌握商品产品成本表、主要产品单位成本表和其他成本报表的编制方法
- 能掌握商品产品成本表、主要产品单位成本表的分析方法

素养目标
- 能遵纪守法,遵守财经制度和法规规定

学习导图

成本报表的编制与分析
- 成本报表的编制
  - 成本报表的概念和特点
  - 成本报表的作用
  - 成本报表的分类
  - 成本报表的编制要求
  - 商品产品成本表的编制
  - 主要产品单位成本表的编制
  - 制造费用明细表的编制
  - 其他成本报表的编制
- 成本报表的分析
  - 成本分析的作用
  - 成本报表的分析方法
  - 商品产品成本表的分析
  - 主要产品单位成本表的分析

第一节　成本报表的编制

一、成本报表的概念和特点

(一)成本报表的概念

成本报表是依据日常成本核算资料定期编制的、用于综合反映企业一定时期产品成本水平及其构成情况以及有关各项费用支出情况的报告文件。

(二)成本报表的特点

1. 灵活性

成本报表属于企业内部报表,不受对外报送报表所规定的要求限制,所以,成本报表的种类、格式、项目、内容等可根据企业实际需要自行设计,并随着生产条件的变化及管理要求的提高随时进行修改和调整,具有较大的灵活性。

2. 多样性

成本报表是企业在其特定的生产环境下,结合企业自身的生产特点和管理要求编制的。不同企业的生产特点和成本管理要求不同,这就决定了不同企业编制的成本报表在种类、格式、指标项目以及指标计算口径上必然有所不同,因而呈现出多样性。

3. 综合性

成本报表应同时满足企业财会、生产技术和计划管理等部门对成本管理的需要,不仅要为这些职能部门提供用于事后分析的资料,而且要提供事前计划、事中控制所需要的大量信息。因此,成本报表不仅要设置货币指标,而且要设置反映成本消耗的多种形式的指标;不仅包括会计核算提供的指标,而且包括统计核算、业务核算提供的指标。成本报表包含的信息广泛,具有综合性的特点。

二、成本报表的作用

(一)综合反映报告期内的产品成本水平

产品成本是反映企业一定期间内生产经营各方面管理水平高低的一项综合性指标,即企业的供应、生产和销售各个环节的经营管理水平,最终都直接或者间接地反映到产品成本中来。利用成本报表的资料,能够及时发现企业在生产、技术、质量和管理等方面取得的成绩和存在的问题,不断总结经验,寻求降低产品成本的途径,提高企业经济效益。

(二)反映企业成本计划的完成情况

通过成本报表所反映的各项产品成本指标,可以掌握企业一定时期的成本水平,分析和考核产品成本计划完成情况,明确各部门、各岗位执行成本计划的成绩和责任,总结经验,发现成本管理工作中存在的问题,采取措施,及时加强成本管理。

(三)为制订成本计划和进行成本决策提供依据

企业根据报告年度产品成本的实际水平,结合报告年度成本计划的执行情况,考虑计划年度可能出现的有利因素和不利因素,制订下年度的成本计划,并进行成本预测和成本决策,因此,本期成本报表所提供的资料,是编制下期成本计划、进行成本预测和成本决策的重要依据。

三、成本报表的分类

(一)按成本报表反映的经济内容分类

成本报表按其反映的经济内容,可以分为反映企业产品成本水平及其构成情况的报表和反映费用支出情况的报表。

1. 反映企业产品成本水平及其构成情况的报表

这类报表主要有商品产品成本表、主要产品单位成本表和制造费用表等。在报表中,将报告期的实际成本与计划成本、历史成本及同行业的成本进行比较,分析成本计划的执行情况,为降低产品成本提供资料。

2. 反映费用支出情况的报表

这类报表主要有财务费用明细表、管理费用明细表、销售费用明细表等。通过这类报表,可以了解企业在一定时期内费用支出的总额及其构成情况,了解费用支出的合理程度和变动趋势,有利于企业管理部门正确制定费用预算,考核各项消耗和支出指标的完成情况,明确各有关部门和人员的经济责任。

(二)按成本报表编制的时间分类

成本报表在报送内容上虽不像财务报表那样规范,尤其在报送时间上具有很大灵活性,但主要报表仍可按编报时间进行划分,可分为定期成本报表和不定期成本报表。

1. 定期成本报表

定期成本报表是指按规定期限编报的、反映企业有关成本情况的报表。按报送期限长短不同,定期成本报表可分为年报、季报、月报、旬报、周报、日报等报表。在实际工作中,企业可以根据生产特点和成本管理需要选择成本报表的编制时间,以满足企业对成本进行控制和考核的需要。

2. 不定期成本报表

不定期成本报表是针对成本管理中出现的某些问题或亟须解决的问题而随时按要求编制的成本报表,如发生异常的成本差异,及时将信息反馈给有关部门而编制的成本费用报表。

四、成本报表的编制要求

为提高成本信息的质量,充分发挥成本报表的作用,成本报表的编制应符合下列基本要求:

(一)数据真实

成本报表中的各项数据必须真实可靠,不能任意估计,更不能弄虚作假、篡改数据,应如实反映企业实际发生的成本费用。

(二)计算准确

成本报表中的各项数据要计算正确,各种成本报表之间、主表与附表之间、各项目之间,凡是有勾稽关系的数据,应相互一致;本期报表与上期报表之间有关的数据应相互衔接。

(三)内容完整

应编制的各种成本报表必须齐全,应填列的指标和文字说明必须全面,表内项目和表外补充资料不论根据账簿资料直接填列,还是分析计算填列,都应做到准确、全面,不得随意取舍。对于重要的项目,在成本报表中应单独列示,以显示其重要性;对于次要的项目,可以合并反映。

(四)编报及时

企业应按规定编制成本报表,并按规定日期报送使用部门,以及时满足各相关部门对成本报表资料的需要,充分发挥成本报表的作用。

五、商品产品成本表的编制

(一)商品产品成本表的概念和作用

商品产品成本表是反映企业在报告期内所生产的全部产品(包括可比产品和不可比产品)的总成本及各种主要产品的单位成本的会计报表。

编制商品产品成本表是为了考核企业全部商品产品成本计划的执行情况以及可比产品成本降低任务的完成情况,以便分析成本增减变化的原因,寻求进一步降低产品成本的途径。

(二)商品产品成本表的结构和内容

商品产品成本表按可比产品和不可比产品分别反映其单位成本和总成本。可比产品是指企业过去曾经正式生产过,有完整的成本核算资料的产品;不可比产品是指以前年度或上年度未正常生产过的产品。商品产品成本表的格式如表10-1所示。

表10-1　　　　　　　　　　　　商品产品成本表

　　　　　年　　月　　　　　　　　　　　　　　　　　　　　单位:元

产品名称	计量单位	实际产量 本月	实际产量 本年累计	单位成本 上年实际平均	单位成本 本年计划	单位成本 本月实际	单位成本 本年累计实际平均	本月总成本 按上年实际平均单位成本计算	本月总成本 按本年计划单位成本计算	本月总成本 本月实际	本年累计总成本 按上年实际平均单位成本计算	本年累计总成本 按本年计划单位成本计算	本年累计总成本 本年实际
		(1)	(2)	(3)	(4)	(5)=(9)÷(1)	(6)=(12)÷(2)	(7)=(1)×(3)	(8)=(1)×(4)	(9)	(10)=(2)×(3)	(11)=(2)×(4)	(12)
可比产品合计													
其中:甲													
乙													
不可比产品合计													
其中:丙													
产品成本合计													

补充资料:

1. 可比产品成本降低额

2. 可比产品成本降低率

3. 计划成本降低额

4. 计划成本降低率

(三)商品产品成本表的编制方法

1. "产品名称"栏按企业规定的主要商品产品的品种分别列示,每项注明各该品种的名称、规格和计量单位。

2. "实际产量"栏数据应根据成本计算单等资料所记录的本月和从年初起到本月末止的各种主要商品产品的实际产量填列。

3. "单位成本"栏数据应按上年度或以前年度报表资料、本期成本计划资料和本期实际成本资料分别计算填列。

4. "本月总成本"栏数据按本月实际产量分别乘以上年实际平均单位成本、本年计划单位成本和本月实际单位成本的积填列。

5. "本年累计总成本"栏数据应按自年初到本月末止的本年累计产量分别乘以上年实际平均单位成本、本年计划单位成本和本年累计实际平均单位成本的积填列。

6. 在补充资料中,可以根据计划、统计和会计等有关资料计算后填列。其中,可比产品成本降低额和可比产品成本降低率可以按下列公式计算后填列:

$$可比产品成本降低额 = 按上年实际平均单位成本计算的可比产品总成本 - 本年可比产品实际总成本$$

$$可比产品成本降低率 = \frac{可比产品成本降低额}{按上年实际平均单位成本计算的可比产品总成本}$$

本年实际总成本大于上年总成本时,成本降低额和成本降低率均以"一"号表示。

六、主要产品单位成本表的编制

(一)主要产品单位成本表的概念和作用

主要产品单位成本表是反映企业一定时期内生产的各种主要产品单位成本的构成及各项主要经济指标执行情况的成本报表。由于商品产品成本表中各主要产品的成本只列示总数,无法根据报表分析单位成本的构成情况,因此,要编制主要产品单位成本表作为商品产品成本表的补充报表。

编制主要产品单位成本表是为了考核各种主要产品单位成本计划的执行情况,分析单位成本的构成,分析各个成本项目的变化及其产生的原因,提出改进措施,不断挖掘降低成本的潜力。

(二)主要产品单位成本表的结构和内容

主要产品单位成本表是按产品的成本项目设置栏目,主要列示各种主要产品成本项目的历史先进水平、上年实际平均单位成本、本年计划单位成本、本月实际单位成本和本年累计实际平均单位成本。

通过该报表,可以反映主要产品单位成本的变动,分析产品成本变动的原因。主要产品单位成本表的格式如表 10-2 所示。

表 10-2　　　　　　　　　　　主要产品单位成本表
　　　　　　　　　　　　　　　　　年　月　　　　　　　　　　　　　　　　　　　单位:元

产品名称	规格	计量单位	产量		直接材料				直接人工				制造费用				产品单位成本			
			本月实际	本年累计实际	历史先进水平	上年实际平均	本年计划	本月实际	本年累计实际平均	历史先进水平	上年实际平均	本年计划	本月实际	本年累计实际平均	历史先进水平	上年实际平均	本年计划	本月实际	本年累计实际平均	历史先进水平	上年实际平均	本年计划	本月实际	本年累计实际平均
1	2	3	4	5	6	7	8	9	10	11	12	13	14	15	16	17	18	19	20	21	22	23	24	25

(三)主要产品单位成本表的编制方法

1. 基本部分的产品名称、规格、计量单位、产量,根据有关产品成本计算单填列。
2. 各成本项目的历史先进水平的数据,根据企业的成本历史资料填列。
3. 各成本项目的上年实际平均单位成本的数据,根据上年度的成本资料填列。
4. 各成本项目的本年计划单位成本的数据,根据本年计划资料填列。
5. 各成本项目的本月实际单位成本的数据,根据本月实际成本资料填列。
6. 各成本项目的本年累计实际平均单位成本的数据,根据本年各项目总成本除以累计产量后的商数填列。

七、制造费用明细表的编制

(一)制造费用明细表的概念和作用

制造费用明细表是反映企业各生产单位在一定时期内为组织和管理生产所发生的各项费用及其构成情况的报表。

利用制造费用明细表可以考核企业制造费用的构成和变动情况,考核制造费用预算执行结果,以便进一步采取措施,降低费用,达到降低产品成本的目的。

(二)制造费用明细表的结构

制造费用明细表按其费用明细项目反映企业在本期内实际发生的各项费用。制造费用明细表按费用项目分别设置"本年计划""上年同期实际""本月实际""本年累计实际"栏目进行反映。通过本年实际与上年实际比较,可以分析制造费用构成及各项目的增减变动情况;将本年实际与本年计划比较,可以考核制造费用预算的执行结果,找出节约或超支的原因,采取措施降低产品成本。

制造费用明细表中费用明细项目的划分,可以参照财政部有关制度的规定,也可以根据企业的具体情况增减,但不宜经常变动,以保持各报告期之间相关数据的可比性。若本年度内对某些明细项目的划分做了修改,使得计算结果与上年不一致,应将上年度有关报表的对应明细项目按照本年度划分标准进行调整,并在表后的附注中加以文字说明。制造费用明细表的格式如表10-3所示。

表 10-3　　　　　　　　　　　制造费用明细表
　　　　　　　　　　　　　　　　年　月　　　　　　　　　　　　　　　　单位:元

项　目	行次	本年计划	上年同期实际	本月实际	本年累计实际
机物料消耗	(略)				
职工薪酬					
折旧费					
办公费					
水电费					
停工损失					
其他					
合　计					

(三)制造费用明细表的编制方法

1. 本年计划数应根据本年度制造费用计划填列。

2. 上年同期实际数应根据上年同期本表的本月实际数填列。

3. 本月实际数应根据"制造费用"总账科目所属各基本生产车间制造费用明细账的本月合计数汇总计算填列。

4. 本年累计实际数应根据制造费用本月实际数加上月制造费用明细表中的本年累计实际填列。

请思考

> 企业应编制哪些成本报表?

八、其他成本报表的编制

(一)销售费用明细表的编制

销售费用明细表是反映工业企业销售部门在报告期内为销售产品所发生的各项费用及其构成情况的报表。利用该表可以分析销售费用的构成及其增减变动情况,考核各项销售费用计划的执行情况。

销售费用明细表一般按照销售费用的费用项目分别反映各该费用的本年计划数、上年同期实际数、本月实际数和本年累计实际数。销售费用明细表的格式如表 10-4 所示。

表 10-4　　　　　　　　　　　　销售费用明细表
　　　　　　　　　　　　　　　　　年　月　　　　　　　　　　　　　　　　　单位：元

项　目	本年计划数	上年同期实际数	本月实际数	本年累计实际数
职工薪酬	（略）			
业务费				
运输费				
装卸费				
包装费				
保险费				
展览费				
广告费				
差旅费				
租赁费				
机物料消耗				
低值易耗品摊销				
折旧费				
修理费				
其他				
合　计				

销售费用明细表的编制方法如下：

1. 本年计划数应根据本年度销售费用计划填列。

2. 上年同期实际数应根据上年同期本表的本月实际数填列。

3. 本月实际数应根据销售费用明细账的本月合计数填列。

4. 本年累计实际数应根据销售费用本月实际数加上月销售费用明细表中的本年累计实际数填列。

　　（二）**管理费用明细表的编制**

　　管理费用明细表是反映工业企业管理部门在报告期内为组织和管理企业生产所发生的各项费用及其构成情况的报表。利用该表可以分析管理费用的构成及其增减变动情况，考核各项管理费用计划的执行情况。

　　管理费用明细表一般按照管理费用的费用项目分别反映各该费用的本年计划数、上年同期实际数、本月实际数和本年累计实际数。管理费用明细表的格式如表 10-5 所示。

表 10-5　　　　　　　　　　　　管理费用明细表

　　　　　　　　　　　　　　　　年　月　　　　　　　　　　　　　　　　　单位：元

项　目	本年计划数	上年同期实际数	本月实际数	本年累计实际数
职工薪酬	（略）			
折旧费				
修理费				
办公费				
差旅费				
运输费				
保险费				
租赁费				
咨询费				
诉讼费				
排污费				
聘请中介机构费				
机物料消耗				
低值易耗品摊销				
无形资产摊销				
研究费用				
长期费用摊销				
技术转让费				
业务招待费				
工会经费				
职工教育经费				
社会保险费				
住房公积金				
存货盘亏和毁损（减：盘盈）				
其　他				
合　计				

管理费用明细表的编制方法如下：

1. 本年计划数应根据本年度管理费用计划填列。

2. 上年同期实际数应根据上年同期本表的本月实际数填列。

3. 本月实际数应根据管理费用明细账的本月合计数填列。

4. 本年累计实际数应根据管理费用本月实际数加上月管理费用明细表中的本年累计实

际数填列。

(三)财务费用明细表的编制

财务费用明细表是反映工业企业在报告期内为筹集生产经营资金所发生的各项费用及其构成情况的报表。利用该表可以分析财务费用的构成及其增减变动情况,考核各项财务费用计划的执行情况。

财务费用明细表一般按照财务费用的费用项目分别反映各该费用的本年计划数、上年同期实际数、本月实际数和本年累计实际数。财务费用明细表的格式如表10-6所示。

表10-6 财务费用明细表

年　月　　　　　　　　　　　　　　　　　　　　单位:元

项　目	本年计划数	上年同期实际数	本月实际数	本年累计实际数
利息支出(减:利息收入)	(略)			
汇兑损失(减:汇兑收益)				
调剂外汇手续费				
金融机构手续费				
其他筹资费用				
合　计				

财务费用明细表的编制方法如下:

1. 本年计划数应根据本年度财务费用计划填列。
2. 上年同期实际数应根据上年同期本表的本月实际数填列。
3. 本月实际数应根据财务费用明细账的本月合计数填列。
4. 本年累计实际数应根据财务费用本月实际数加上月财务费用明细表中的本年累计实际数填列。

第二节　成本报表的分析

一、成本分析的作用

成本分析是以成本核算资料为基础,结合有关计划、定额及其他相关资料,揭示企业各项成本指标计划完成情况和成本变动原因、经营管理业绩及存在缺陷的一种管理活动。通过成本分析可以揭示成本变动原因,明确成本发生变化的责任,有助于挖掘企业内部降低成本的潜力。具体来说,成本分析的作用有:

1. 通过成本分析,可以随时检查各项定额、费用指标和成本计划的执行情况,及时采取有效措施,使各项消耗和费用开支控制在预先制定的标准限度内,以便于更好地完成计划任务。

2. 通过系统地、全面地分析成本计划完成或未完成的原因,可以对成本计划本身及其执行情况进行评价,对成本管理的经验教训进行总结,肯定成绩,指出存在的问题,逐步认识和掌握产品成本变动规律,不断挖掘企业内部潜力,降低产品成本,提高经济效益。

3. 进行成本分析,可以为下期做出新的生产经营决策及编制成本计划提供重要依据。通过成本分析,可以对各种备选方案进行比较,从而为企业正确进行生产、技术和经营管理决策,确定最佳方案提供客观依据。

二、成本报表的分析方法

(一)比较分析法

比较分析法也称对比分析法,是指对经济指标的比较,从数量上确定其差异的一种成本分析方法。比较分析法只适用于同质指标的数量对比,其主要作用在于发现问题,找出差距,分析原因,为进一步降低成本指明方向。比较分析法是成本报表分析的最基本方法。根据分析的目的与要求不同,主要有以下几种形式:

1. 以成本的实际数与成本的计划或定额数对比,分析成本计划或定额的完成情况。

2. 以本期实际数与前期(上期、上年同期或历史最高水平)实际数对比,观察企业成本的变动情况和变化趋势,了解企业生产经营工作的改进情况。

3. 以本企业实际数与国内外同行业先进水平对比,可以在更大范围内找出差距,推动企业改进经营管理。

(二)比率分析法

比率分析法是通过计算各项指标之间的相对数,即比率,借以评价企业成本活动的相对效益的一种成本分析方法。采用这种方法,先要把对比的数值变成相对数,求出比率,然后进行对比分析。

比率分析法主要有相关比率分析法和构成比率分析法两种。

1. 相关比率分析法

相关比率分析法是通过计算两个性质不同而又相关的指标的比率来进行数量分析的一种方法。在实际工作中,由于企业规模不同等原因,单纯地对比产值、销售收入或利润等绝对数的多少,不能准确说明各个企业的经济效益的水平,如果计算成本与产值、销售收入或利润相比的相对数,即产值成本率、销售收入成本率或成本利润率,就可以反映各家企业经济效益的水平。相关比率分析法是比率分析法中最重要的分析方法,在成本效益分析中被广泛采用。

2. 构成比率分析法

构成比率分析法又称比重分析法或结构比率分析法,它主要是通过计算某项成本指标的各个组成部分占总体的比重,来分析其内容构成变化的一种方法。例如,将构成产品成本的各个成本项目(直接材料、直接人工、制造费用)与产品生产成本比较,计算其占总成本的比重,然后把不同时期同样产品的成本构成进行比较,可以观察产品成本构成的变化,了解企业改进生产技术和经营管理对产品成本的影响。

(三)因素分析法

因素分析法是将某一综合指标分解为若干个相互联系的因素,然后计算几个相互联系的因素对综合经济指标变动影响程度的一种分析方法。

采用比较分析法和比率分析法只能揭示实际数与其基数之间的差异,但难以揭示产生差异的因素和各因素的影响程度。采用因素分析法可以找出产生差异的主要因素,采取有效措施,降低产品成本。

因素分析法主要有连环替代法和差额计算法。

1. 连环替代法

连环替代法又称因素替代法,是因素分析法的基本形式,是用来分析引起某个经济指标变动的各个因素影响程度的一种数量分析方法。

运用连环替代法的一般程序:

(1)确定某项指标由哪几个因素组成;

(2)确定各个因素与该指标的关系,是加减还是乘除关系;

(3)采用适当方法分解因素;

(4)计算确定各个因素影响的数额。

【例10-1】 某企业202×年原材料费用实际为40 194元,计划为40 000元,实际比计划增加了194元,其原材料消耗情况如表10-7所示。

表10-7　　　　　　　　　　　原材料消耗情况

项　目	单　位	计划数	实际数	差　异
产量	件	200	203	+3
单位产品原材料消耗	千克	10	9	−1
材料单价	元	20	22	+2
原材料费用总额	元	40 000	40 194	+194

从表10-7中可知,原材料费用实际比计划多194元,是由于产量、单位产品原材料消耗和材料单价共同变动所致。采用连环替代法分析各因素的影响程度,计算如下:

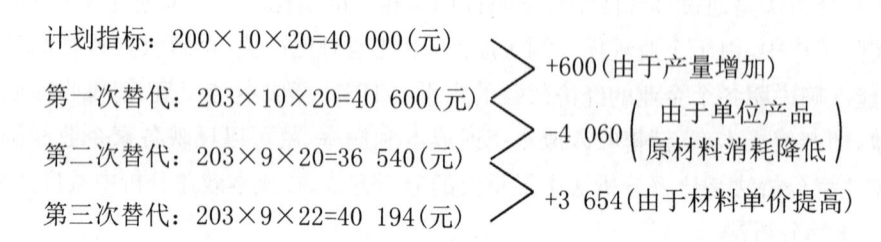

计划指标:200×10×20=40 000(元)

第一次替代:203×10×20=40 600(元)　　+600(由于产量增加)

第二次替代:203×9×20=36 540(元) 　　−4 060(由于单位产品原材料消耗降低)

第三次替代:203×9×22=40 194(元) 　　+3 654(由于材料单价提高)

从分析结果可知,产量增加使原材料费用增加600元,单位产品原材料消耗降低使原材料费用降低4 060元,材料单价升高使原材料费用升高3 654元,各项因素共同影响使原材料费用升高194元。

2. 差额计算法

差额计算法是连环替代法的一种简化形式,应用原理与连环替代法是一致的,只是计算程序不同。差额计算法的特点是先计算各因素的实际数与计划数之间的差额,然后按连环替代法相同的顺序依次求出各因素变动对总指标的影响程度。

【例10-2】 仍以【例10-1】的资料为例,采用差额计算法分析如下:

(1)分析对象

40 194－40 000＝194(元)

(2)确定各个因素的影响程度

产量变动的影响＝(＋3)×10×20＝600(元)

单位产品原材料消耗量变动的影响＝203×(－1)×20＝－4 060(元)

材料单价的影响＝203×9×(＋2)＝＋3 654(元)

计算差额,可以按绝对数计算,也可以按相对数计算。差额计算法由于计算方法简便,因此应用比较广泛,特别是在影响因素只有两个时,更适宜应用。

> **请思考**
>
> 成本报表分析主要有哪几种分析方法?

三、商品产品成本表的分析

商品产品成本分析就是对企业全部商品产品成本及可比产品成本计划完成情况进行总的分析和评价。

(一)全部商品产品成本计划完成情况的分析

通过对全部商品产品成本进行分析,一是可以了解企业全部商品产品成本计划的完成情况;二是掌握各项因素对计划完成情况的影响,为进一步分析指明方向。

(二)可比产品成本计划完成情况的分析

可比产品成本降低计划指标和计划完成情况的资料,分别反映在企业的成本计划和成本报表中。分析可比产品成本降低计划的完成情况,应按以下步骤进行:

首先,应确定分析的对象,即以可比产品成本实际降低额、降低率指标与计划降低额、降低率指标进行对比,确定实际脱离计划的差异。

其次,确定影响可比产品成本降低计划完成情况的因素和各因素的影响程度。影响可比产品成本计划完成情况的因素有产品产量、产品品种构成和产品的单位成本。

【例10-3】某企业202×年12月份的全部商品产品成本分析表如表10-8所示。

表10-8　　　　　　　全部商品产品成本分析表

202×年12月　　　　　　　　　　　　　　　　单位:万元

成本项目	全部商品产品成本		降低指标	
	计划	实际	降低额	降低率(%)
直接材料	9 600	9 370	230	2.4
直接人工	3 400	3 500	－100	－2.94
制造费用	1 600	1 510	90	5.63
合　计	14 600	14 380	220	1.51

全部商品产品成本计划的完成情况如下:

总成本降低额＝14 600－14 380＝220(万元)

总成本降低率 = $\frac{220}{14\ 600} \times 100\% = 1.51\%$

从表 10-8 中可以看出，总成本降低 220 万元，降低率为 1.51%，主要是直接材料项目和制造费用项目降低，而直接人工项目是超支的。对此，应进一步对各成本项目进行分析，查明超支和降低的具体原因。

四、主要产品单位成本表的分析

全部商品产品成本计划完成情况分析并不能具体分析每一种产品成本计划的完成情况，对全部商品产品完成情况产生影响大的主要产品，还应对其产品单位成本进行分析。

产品单位成本分析包括单位成本计划完成情况的分析和技术经济指标变动对单位成本的影响两个部分。这里主要介绍单位成本计划完成情况的分析。

（一）主要产品单位成本计划完成情况分析

主要产品单位成本计划完成情况分析应采用比较分析法，将单位成本实际数与计划、上期或历史先进水平的数额相比，了解其升降情况；然后对重要产品按成本项目对比，研究其成本变动情况，进一步查明单位成本升降的原因。

【例 10-4】 某企业对其生产的乙产品单位成本进行分析，如表 10-9 所示。

表 10-9　　　　　　　　　　　乙产品单位成本表
202×年 12 月　　　　　　　　　　　　　　　单位：元

成本项目	历史先进水平	上年实际平均	本年计划	本年累计实际平均
直接材料	521	558	560	566.40
直接人工	86	98	100	104.50
制造费用	36	39	40	41.80
产品单位成本	643	695	700	712.70
主要技术经济指标	耗用量	耗用量	耗用量	耗用量

从表 10-9 中可以看出，该企业乙产品的单位成本较计划、上年、历史先进水平都有上升。乙产品的单位成本较计划上升了 12.70 元，上升了 1.81%；较上年实际平均上升了 17.70 元，上升了 2.55%；较历史先进水平上升了 69.70 元，上升了 10.84%。

（二）主要产品单位成本的成本项目分析

为了进一步分析单位成本升降的原因，还必须按成本项目进行分析。

1. 直接材料项目的分析

直接材料在产品成本中所占比重较大，节约使用材料、提高材料利用率是降低成本的重要途径。影响单位产品直接材料成本项目的因素有两个，即单位产品材料耗用量和材料单价。在对产品单位成本中直接材料成本项目进行分析时，主要是分析这两个因素变动对单位产品材料费用的影响程度。

$$\text{材料耗用量变动对单位成本的影响} = \sum \left(\text{材料实际单位耗用量} - \text{材料计划单位耗用量} \right) \times \text{材料计划单价}$$

$$\text{材料单价变动对单位成本的影响} = \sum (\text{材料实际单价} - \text{材料计划单价}) \times \text{材料实际单位耗用量}$$

【例 10-5】 仍以【例 10-4】中的乙产品为例,直接材料项目的有关资料如表 10-10 所示。

表 10-10　　　　　　　　　直接材料项目的有关资料　　　　　　　　　金额单位:元

材料名称	计量单位	单位耗用量 计划	单位耗用量 实际	材料单价 计划	材料单价 实际	材料成本 计划	材料成本 实际	差异
A材料	千克	10	10.2	40	41	400	418.20	-18.20
B材料	千克	8	7.8	20	19	160	148.20	11.80
合计						560	566.40	-6.40

根据表 10-10 的资料,可以计算材料耗用量变动和材料单价变动对直接材料费用的影响,具体如下:

材料耗用量变动对单位成本的影响=(10.2-10)×40+(7.8-8)×20=4(元)

材料单价变动对单位成本的影响=(41-40)×10.2+(19-20)×7.8=2.40(元)

各种因素变动对单位产品成本中直接材料费用的影响=4+2.40=6.40(元)

计算结果表明,乙产品单位成本中的材料成本实际比计划超支了 6.40 元,这是由于材料耗用量变动超支 4 元和材料单价变动超支 2.40 元综合影响的结果。从各种材料看,A 材料超支 18.20 元,超支的原因是材料耗用量增加和材料单价上涨两种因素,应进一步分析材料耗用量增加和材料单价上涨的原因,以降低材料成本;B 材料节约了 11.8 元,节约的原因有材料耗用量减少和材料单价下降两种因素,应进一步分析具体原因,以进一步总结经验,挖掘企业内部降低材料成本的潜力。

2. 直接人工项目的分析

直接人工项目费用的分析必须结合工资制度进行,不同的工资制度,导致影响直接人工项目费用的因素也不同。

在计件工资制度下,影响单位产品成本中工资费用的因素是计件单价;在计时工资制度下,单位产品成本中的工资费用受单位工时变动和小时工资率变动的影响。

单位工时变动的影响=(实际单位工时-计划单位工时)×计划小时工资率

小时工资率变动的影响=实际单位工时×(实际小时工资率-计划小时工资率)

【例 10-6】 仍以【例 10-4】中的乙产品为例,乙产品直接人工项目的有关资料如表 10-11 所示。

表 10-11　　　　　　　　　直接人工项目的有关资料

项目	单位	计划	实际	差异
单位产品耗用工时	工时	20	19	-1
小时工资率	元/小时	5	5.50	0.50
单位产品的直接人工费用	元	100	104.50	4.50

根据表 10-11 的资料,可以计算单位工时变动和小时工资率变动对直接人工费用的影

响,具体如下:

单位工时变动的影响＝(19－20)×5＝－5(元)

小时工资率变动的影响＝19×(5.50－5)＝9.50(元)

各种因素变动对单位产品成本中直接人工费用的影响＝－5＋9.50＝4.50(元)

从上面的计算结果可以看出,乙产品单位成本中直接人工费用实际比计划升高了4.50元,是小时工资率升高导致的结果。

3. 制造费用项目的分析

单位产品成本中制造费用的分析,通常与计时工资制度下的直接人工费用的分析类似。单位产品制造费用受单位产品消耗的生产工时和小时制造费用率两个因素的影响。其计算公式为:

单位工时变动的影响＝(实际单位工时－计划单位工时)×计划小时制造费用率

小时制造费用率变动的影响＝实际单位工时×(实际小时制造费用率－计划小时制造费用率)

【例10-7】 仍以【例10-4】中的乙产品为例,乙产品制造费用项目的有关资料如表10-12所示。

表10-12　　　　　　　　　制造费用项目的有关资料

项　目	单　位	计　划	实　际	差　异
单位产品耗用工时	工时	20	19	－1
小时制造费用率	元/小时	2	2.20	0.20
单位产品的制造费用	元	40	41.80	1.80

根据表10-12的资料,可以计算单位工时变动和小时制造费用率变动对制造费用的影响:

单位工时变动的影响＝(19－20)×2＝－2(元)

小时制造费用率变动的影响＝19×(2.20－2)＝3.80(元)

各种因素变动对单位产品成本中制造费用的影响＝－2＋3.80＝1.80(元)

从上面的计算结果可以看出,乙产品单位成本中制造费用实际比计划升高了1.80元,是由于小时制造费用率升高导致的结果。

本章小结

成本报表是依据日常成本核算资料定期编制的、用于综合反映企业一定时期产品成本水平及其构成情况以及有关各项费用支出情况的报告文件。

成本报表的种类、格式、项目、内容等可根据企业实际需要自行设计。成本报表具有灵活性、多样性和综合性的特点。

成本报表可以反映报告期内的产品成本水平和成本计划的完成情况,为制订下期成本计划和进行成本决策提供依据。

成本报表按其反映的经济内容,可分为反映企业产品成本水平及其构成情况的报表和反映费用支出情况的报表;按其编制的时间,可分为定期成本报表和不定期成本报表。

成本报表的编制应做到数据真实、计算准确、内容完整和编报及时。

成本报表的编制包括商品产品成本表、主要产品单位成本表、制造费用明细表及其他成本报表的编制。

通过成本分析可以揭示成本变动的原因,明确成本发生变化的责任,有助于挖掘企业内部降低成本的潜力。

成本报表的分析方法主要有比较分析法、比率分析法和因素分析法。比率分析法主要有相关比率分析法和构成比率分析法两种,因素分析法主要有连环替代法和差额计算法。

成本报表的分析主要包括商品产品成本表的分析和主要产品单位成本表的分析。主要产品单位成本表的分析包括主要产品单位成本计划完成情况分析和成本项目分析。

思考题

1. 什么是成本报表?成本报表有哪些特点?
2. 编制成本报表的作用是什么?
3. 成本报表分析的方法有哪些?这些方法的主要内容是什么?
4. 如何对商品产品成本表进行分析?
5. 如何对主要产品单位成本进行分析?

同步实训题

一、单项选择题

1. 成本报表的种类、格式、项目和内容一般由( )决定。
   A. 国家财政部门　　　　　　　B. 上级主管部门
   C. 企业自行　　　　　　　　　D. 审计部门

2. 成本报表是( )。
   A. 内部报表　　　　　　　　　B. 对外报表
   C. 静态报表　　　　　　　　　D. 年度报表

3. 企业过去曾经正式生产过、有完整的成本资料的产品是( )。
   A. 主要产品　　　　　　　　　B. 商品产品
   C. 不可比产品　　　　　　　　D. 可比产品

二、多项选择题

1. 成本报表的分析方法有( )。
   A. 比较分析法　　　　　　　　B. 比率分析法
   C. 因素分析法　　　　　　　　D. 项目计算法

2. 比率分析法主要有( )。

A. 相关比率分析法 B. 构成比率分析法
C. 财务费用 D. 销售费用

3. 商品产品成本表按（　　）分别反映其单位成本和总成本。

A. 主要产品 B. 商品产品
C. 可比产品 D. 不可比产品

三、判断题

1. 成本报表属于外部报表，必须按一定格式编制。（　　）
2. 连环替代法是比较分析法的主要方法。（　　）
3. 相关比率分析法是通过计算两个性质相同而又相关的指标的比率，来进行数量分析的一种方法。（　　）

四、业务核算题

某企业202×年原材料费用实际为 80 388 元，计划为 80 000 元，实际比计划增加了 388 元，其原材料消耗情况如下表所示：

原材料消耗分析表

项 目	单 位	计划数	实际数	差 异
产量	件	400	406	＋6
单位产品原材料消耗	千克	20	18	－2
材料单价	元	10	11	＋1
原材料费用总额	元	80 000	80 388	＋388

要求：根据上述资料，采用连环替代法分析各因素对原材料费用的影响。

同步实训题参考答案

第一章

一、单项选择题

1. C   2. B   3. B   4. D   5. A

二、多项选择题

1. AB   2. ACD   3. CD   4. AB   5. AD

三、判断题

1. √   2. √   3. ×   4. ×   5. √

第二章

一、单项选择题

1. D   2. A   3. B   4. D   5. C

二、多项选择题

1. ABCD   2. ABCD   3. ABCD   4. ABC   5. ABD

三、判断题

1. ×   2. ×   3. ×   4. √   5. ×   6. √

第三章

一、单项选择题

1. A   2. A   3. B   4. D   5. D   6. D   7. D   8. B   9. A   10. A
11. B   12. A

二、多项选择题

1. AB   2. ABCD   3. BD   4. AC   5. CD
6. ABCD   7. ABC   8. ABCD   9. ACD   10. AC
11. ABCD   12. BCD   13. ABCD   14. BC

三、判断题

1. √ 2. × 3. × 4. √ 5. √ 6. √ 7. × 8. √ 9. √ 10. ×
11. × 12. ×

四、业务核算题

(一)按定额消耗量比例分配材料费用

甲产品原材料定额消耗量＝80×50＝4 000(千克)

乙产品原材料定额消耗量＝50×40＝2 000(千克)

原材料定额消耗总量＝4 000＋2 000＝6 000(千克)

原材料消耗量分配率＝$\frac{6\ 600}{6\ 000}$＝1.1

甲产品应分配的原材料数量＝4 000×1.1＝4 400(千克)

乙产品应分配的原材料数量＝2 000×1.1＝2 200(千克)

甲产品应分配的原材料费用＝4 400×3＝13 200(元)

乙产品应分配的原材料费用＝2 200×3＝6 600(元)

(二)按定额费用比例分配材料费用

A产品材料定额费用：

甲材料定额费用＝100×10×20＝20 000(元)

乙材料定额费用＝100×5×8＝4 000(元)

A产品材料定额费用合计　　24 000(元)

B产品材料定额费用：

甲材料定额费用＝80×8×20＝12 800(元)

乙材料定额费用＝80×3×8＝1 920(元)

B产品材料定额费用合计　　14 720(元)

材料费用分配率＝$\frac{42\ 592}{24\ 000+14\ 720}$＝1.1

A产品应分配材料费用＝24 000×1.1＝26 400(元)

B产品应分配材料费用＝14 720×1.1＝16 192(元)

(三)计时工资的计算

按30天计算日工资率：

日工资率＝3 000÷30＝100(元/天)

(1)按出勤天数计算工资

应付出勤工资＝100×(20＋8)＝2 800(元)

应付病假工资＝100×2×90％＝180(元)

应付工资＝2 800＋180＝2 980(元)

(2)按月工资标准扣除缺勤计算工资

应扣事假工资＝100×1＝100(元)

应扣病假工资＝100×2×(1－90％)＝20(元)

应付工资＝3 000－100－20＝2 880(元)

这两种方法下计算的应付工资并不相同,相差100元,即一天的工资,这是因为日工资率按30天计算,而7月份实际天数为31天。

按21.75天计算日工资率：

日工资率＝3 000÷21.75＝137.93(元/天)

(3)按出勤天数计算工资

应付出勤工资＝137.93×20＝2 758.60(元)

应付病假工资＝137.93×2×90％＝248.27(元)

应付工资＝2 758.60+248.27＝3 006.87(元)

(4)按月工资标准扣除缺勤计算工资

应扣事假工资＝137.93×1＝137.93(元)

应扣病假工资＝137.93×2×(1－90％)＝27.57(元)

应付工资＝3 000－137.93－27.57＝2 834.50(元)

这两种方法计算的应付工资也不相同，相差172.37元。这是因为日工资率按21.75天计算，而7月份的计薪天数为23天。

(四)计件工资的计算

企业本月应付王刚的计件工资计算如下：

甲产品的计件单价＝0.5×8＝4(元)

乙产品的计件单价＝0.3×8＝2.40(元)

甲产品的计件工资＝300×4＝1 200(元)

乙产品的计件工资＝(260+10)×2.40＝648(元)

本月企业应付王刚的计件工资＝1 200+648＝1 848(元)

(五)辅助生产费用的分配

辅助生产费用分配表　　　　　　　　　　　　　　　　　　　　　　　单位：元

项目		交互分配			对外分配		
		供电车间	供水车间	合计	供电车间	供水车间	合计
待分配费用		7 040	1 680	8 720	6 480	2 240	8 720
供应劳务量		22 000	4 200		20 000	4 000	
分配率(单位成本)		0.32	0.4		0.324	0.56	
辅助生产	供电车间	消耗数量		200			
		分配金额		80	80		
	供水车间	消耗数量	2 000				
		分配金额	640		640		
基本生产	第一车间	消耗数量				9 250	
		分配金额				2 997		2 997
	第二车间	消耗数量				8 500	
		分配金额				2 754		2 754

续表

项 目			交互分配			对外分配		
			供电车间	供水车间	合计	供电车间	供水车间	合计
制造费用	第一车间	消耗数量				750	1 800	
		分配金额				243	1 008	1 251
	第二车间	消耗数量				500	2 100	
		分配金额				162	1 176	1 338
管理费用		消耗数量				1 000	100	
		分配金额				324	56	380
合 计						6 480	2 240	8 720

交互分录：

 借：辅助生产成本——供电车间   80
   辅助生产成本——供水车间   640
  贷：辅助生产成本——供电车间   640
    辅助生产成本——供水车间   80

对外分录：

 借：基本生产成本——第一车间   2 997
   基本生产成本——第二车间   2 754
   制造费用——第一车间   1 251
     ——第二车间   1 338
   管理费用   380
  贷：辅助生产成本——供电车间   6 480
    辅助生产成本——供水车间   2 240

(六)制造费用的分配及账务处理

计划分配率 = $\dfrac{40\ 000}{2\ 000 \times 3 + 1\ 000 \times 4} = 4$

本月甲产品应负担的制造费用 = 180×3×4 = 2 160(元)
本月乙产品应负担的制造费用 = 100×4×4 = 1 600(元)

会计分录为：

 借：基本生产成本——甲产品   2 160
     ——乙产品   1 600
  贷：制造费用   3 760

(七)废品损失的核算

废品损失计算表

（按实际成本计算） 产品名称：甲产品

202×年×月 废品数量：10

金额单位：元

项　目	数量（件）	直接材料	生产工时	燃料及动力	直接人工	制造费用	成本合计
费用总额	500	30 000	10 000	5 600	8 600	3 800	48 000
费用分配率		60		0.56	0.86	0.38	
废品成本	20	1 200	400	224	344	152	1 920
减：废品残料		600					600
废品损失		600	400	224	344	152	1 320

结转废品成本（实际成本）：

 借：废品损失——甲产品 　　　　　　　　　　　　　　1 920

  贷：基本生产成本——甲产品——直接材料　　　　　1 200

          ——燃料和动力　　　　224

          ——直接人工　　　　　344

          ——制造费用　　　　　152

回收废品残料价值：

 借：原材料　　　　　　　　　　　　　　　　　　　　　600

  贷：废品损失——甲产品　　　　　　　　　　　　　　600

废品净损失转入该种合格品产品成本：

 借：基本生产成本——甲产品——废品损失　　　　　　1 320

  贷：废品损失——甲产品　　　　　　　　　　　　　1 320

（八）生产费用在完工产品和在产品之间的分配

1. 原材料在每道工序开始时一次投入时投料程度的确定

每道工序在产品投料程度计算如下：

第一道工序在产品的投料程度 $=\dfrac{60}{100}\times 100\%=60\%$

第二道工序在产品的投料程度 $=\dfrac{60+40}{100}\times 100\%=100\%$

2. 原材料在每道工序随着产品生产进度陆续投入时投料程度的确定

每道工序在产品投料程度计算如下：

第一道工序在产品的投料程度 $=\dfrac{60\times 50\%}{100}\times 100\%=30\%$

第二道工序在产品的投料程度 $=\dfrac{60+40\times 50\%}{100}\times 100\%=80\%$

3. 各道工序完工程度的确定

各工序加工程度计算如下：

第一道工序在产品的完工程度 $=\dfrac{4\times 50\%}{10}\times 100\%=20\%$

第二道工序在产品的完工程度 $=\dfrac{4+6\times 50\%}{10}\times 100\%=70\%$

4. 约当产量法练习

直接材料费用的分配：

直接材料费用分配率 $=\dfrac{14\ 700}{190+20}=70$

完工产品应负担的直接材料费用 $=190\times 70=13\ 300$（元）

在产品应负担的直接材料费用 $=20\times 70=1\ 400$（元）

直接人工费用的分配：

直接人工费用分配率 $=\dfrac{4\ 000}{190+20\times 50\%}=20$

完工产品应负担的直接人工费用 $=190\times 20=3\ 800$（元）

在产品应负担的直接人工费用 $=10\times 50\%\times 20=200$（元）

制造费用的分配：

制造费用分配率 $=\dfrac{3\ 000}{190+20\times 50\%}=15$（元）

完工产品应负担的制造费用 $=190\times 15=2\ 850$（元）

在产品应负担的制造费用 $=20\times 50\%\times 15=150$（元）

通过以上计算，可以汇总甲产品的完工产品成本和在产品成本：

甲产品完工产品成本 $=13\ 300+3\ 800+2\ 850=19\ 950$（元）

甲产品在产品成本 $=1\ 400+200+150=1\ 750$（元）

5. 在产品按定额成本计价

月末在产品定额成本：

直接材料定额成本 $=100\times 30=3\ 000$（元）

直接人工定额成本 $=100\times 10\times 1=1\ 000$（元）

制造费用定额成本 $=100\times 10\times 0.8=800$（元）

合　计　　　　　4 800（元）

完工产品成本：

直接材料成本 $=23\ 000-3\ 000=20\ 000$（元）

直接人工成本 $=10\ 000-1\ 000=9\ 000$（元）

制造费用成本 $=7\ 000-800=6\ 200$（元）

合　计　　　　　35 200（元）

6. 练习按定额比例法在完工产品和在产品之间分配生产费用

产品成本计算单　　　　　　　　　　　　　　　单位：元

摘　要	直接材料	直接人工	制造费用	合　计
月初在产品成本	12 900	1 200	800	14 900
本月生产费用	53 100	8 800	4 200	66 100
生产费用合计	66 000	10 000	5 000	81 000
完工产品定额消耗量	45 000（千克）	4 500（小时）	4 500（小时）	
月末在产品定额消耗量	10 000（千克）	500（小时）	500（小时）	

续表

摘　要	直接材料	直接人工	制造费用	合　计
定额消耗量合计	55 000(千克)	5 000(小时)	5 000(小时)	
费用分配率	1.2	2	1	
完工产品实际成本	54 000	9 000	4 500	67 500
完工产品单位成本	120	20	10	150
月末在产品成本	12 000	1 000	500	13 500

其中:
完工产品定额消耗量＝450×100＝45 000(千克)
月末在产品定额消耗量＝100×100＝10 000(千克)
完工产品定额工时＝450×10＝4 500(小时)
月末在产品定额工时＝100×50％×10＝500(小时)
根据表完工入库产品成本的会计分录如下:
　　借:库存商品——甲产品　　　　　　　　　　　　　　　　　　　67 500
　　　　贷:基本生产成本——甲产品　　　　　　　　　　　　　　　　67 500

第四章

一、单项选择题

1. B　　2. B　　3. C　　4. D　　5. A

二、多项选择题

1. ABD　　2. ABD　　3. ABC　　4. ABD　　5. CD

三、判断题

1. √　　2. ×　　3. ×　　4. √　　5. ×

第五章

一、单项选择题

1. A　　2. D　　3. B　　4. C　　5. A

二、多项选择题

1. AC　　2. ABD　　3. ABC

三、判断题

1. √　　2. √　　3. ×　　4. √　　5. ×　　6. √　　7. √　　8. √

四、业务核算题

1. 编制原材料费用分配表、职工薪酬分配表、制造费用分配表。

原材料费用分配表

202×年8月 单位:元

产品名称	原材料定额消耗量(千克)	直接材料 分配率	直接材料 实际成本
甲产品	50 000	0.8	40 000
乙产品	40 000	0.8	32 000
合 计	90 000	—	72 000

职工薪酬分配表

202×年8月 单位:元

产品名称	实际生产工时	直接人工 分配率	直接人工 金额
甲产品	6 000	1.2	7 200
乙产品	4 000	1.2	4 800
合 计	10 000	—	12 000

制造费用分配表

202×年8月 单位:元

产品名称	实际生产工时	制造费用 分配率	制造费用 金额
甲产品	6 000	0.96	5 760
乙产品	4 000	0.96	3 840
合 计	10 000	—	9 600

2.计算甲、乙产品生产成本。

生产成本明细账

完工产品数量:90(件)
在产品数量:20(件)

产品名称:甲产品　　　　2002×年8月　　　　　　　　　　　　　　单位:元

摘 要	直接材料	直接人工	制造费用	合 计
期初在产品成本	10 600	2 300	1 540	14 440
本月生产费用	40 000	7 200	5 760	52 960
生产费用合计	50 600	9 500	7 300	67 400
产品产量 完工产品数量	90	90	90	
产品产量 在产品约当产量	20	10	10	
产品产量 合 计	110	100	100	
分配率	460	95	73	628

续表

摘　要	直接材料	直接人工	制造费用	合　计
完工产品成本	41 400	8 550	6 570	56 520
在产品成本	9 200	950	730	10 880

生产成本明细账　　　　　　　　　　　　　完工数量:80(件)

在产品数量:无

产品名称:乙产品　　　　　　202×年8月　　　　　　金额单位:元

摘　要	接材料	直接人工	制造费用	合　计
期初在产品成本	4 400	1 600	1 190	7 190
本月生产费用	32 000	4 800	3 840	40 640
生产费用合计	36 400	6 400	5 030	47 830
分配率	455	80	62.875	597.88
完工产品成本	36 400	6 400	5 030	47 830
在产品成本	—	—	—	—

3.会计分录

借:库存商品——甲产品　　　　　　　　　　　　　　　　　　56 520

　　　　　　——乙产品　　　　　　　　　　　　　　　　　　47 830

　　贷:基本生产成本——甲产品　　　　　　　　　　　　　　56 520

　　　　　　　　　　——乙产品　　　　　　　　　　　　　　47 830

第六章

一、单项选择题

1.B　　2.A　　3.D　　4.A　　5.B

二、多项选择题

1.CD　　2.AB　　3.ABC　　4.ABD　　5.ABCD

三、判断题

1.×　　2.×　　3.×　　4.×　　5.√　　6.×　　7.√　　8.×

四、业务核算题

1.编制职工薪酬分配表,如下表所示

职工薪酬分配表

202×年8月 单位:元

产品批别	实用工时	分配率	直接人工
甲批	8 000		9 600
乙批	4 000		4 800
丙批	4 400		5 280
合 计	16 400	1.2	19 680

2.编制制造费用分配表,如下表所示

制造费用分配表

202×年8月 单位:元

产品批别	实用工时	分配率	制造费用
甲批	8 000		8 640
乙批	4 000		4 320
丙批	4 400		4 752
合 计	16 400	1.08	17 712

3.编制8月份甲、乙、丙三批产品成本计算单,如下表所示

生产成本明细账

投产日期:7月
完工日期:8月

批别:甲批
批量:40件 202×年8月 单位:元

日 期		摘 要	直接材料	直接人工	制造费用	合 计
7	31	本月发生费用	84 000	12 000	8 000	104 000
8	31	本月发生费用	—	9 600	8 640	18 240
8	31	累计成本	84 000	21 600	16 640	122 240
		结转完工产品成本	84 000	21 600	16 640	122 240
		产成品单位成本	2 100	540	416	3 056

生产成本明细账

投产日期:7月
完工数量:0件

批别:乙批 在产品数量:30件
批量:30 202×年8月 单位:元

日 期		摘 要	直接材料	直接人工	制造费用	合 计
7	31	本月发生费用	120 000	2 000	2 000	124 000
8	31	本月发生费用	—	4 800	4 320	9 120

续表

日期		摘要	直接材料	直接人工	制造费用	合计
8	31	累计成本	120 000	6 800	6 320	133 120
		月末在产品成本	120 000	6 800	6 320	133 120

生产成本明细账

投产日期:8月
完工数量:12件

批别:丙批
批量:20件

在产品:8件
单位:元

202×年8月

日期		摘要	直接材料	直接人工	制造费用	合计
8	31	本月发生费用	6 6000	5 280	4 752	76 032
8	31	累计成本	6 6000	5 280	4 752	76 032
		结转完工产品成本	39 600	3 960	3 360	46 920
		月末在产品成本	26 400	1 320	1 392	29 112

第七章

一、单项选择题

1. C　2. A　3. D　4. D　5. C　6. A　7. B　8. C　9. B　10. C
11. A　12. D

二、多项选择题

1. AB　2. AC　3. AD　4. AB　5. ABCD　6. ABC
7. BC　8. ABD　9. AB　10. ABCD　11. ABCD　12. AC

三、判断题

1. √　2. √　3. √　4. √　5. √　6. √　7. √　8. √　9. ×　10. √
11. ×　12. √　13. √　14. √　15. ×　16. √　17. √　18. √　19. √　20. ×
21. ×　22. √　23. √　24. ×　25. √

四、业务核算题

(一)练习分步法计算产品成本

(1)用综合结转分步法计算产品成本。

一车间生产成本明细账

完工产品数量:60(件)
在产品数量:40(件)

丙半成品　　　　　202×年6月　　　　　金额单位:元

项目	直接材料	直接人工	制造费用	合计
本月生产费用	9 000	1 200	800	11 000

续表

项目		直接材料	直接人工	制造费用	合 计
产品产量	完工产品数量	60	60	60	
	在产品约当产量	40	20	20	
	合 计	100	80	80	
分配率(单位成本)		90	15	10	115
完工产品成本		5 400	900	600	6 900
月末在产品成本		3 600	300	200	4 100

二车间生产成本明细账　　　　　　完工产品数量:40(件)
　　　　　　　　　　　　　　　　　　在产品数量:20(件)

丙产成品　　　　　　202×年6月　　　　　　金额单位:元

项目		半成品	直接人工	制造费用	合 计
本月生产费用		6 900	2 500	1 000	10 400
产品产量	完工产品数量	40	40	40	
	在产品约当产量	20	10	10	
	合 计	60	50	50	
分配率(单位成本)		115	50	20	185
完工产品成本		4 600	2 000	800	7 400
月末在产品成本		2 300	500	200	3 000

成本还原计算表

202×年6月　　　　　　　　　　　　　　　　　　单位:元

项目	还原率	半成品	直接材料	直接人工	制造费用	合 计
还原前产成品成本		4 600		2 000	800	7 400
本月所产半成品成本			5 400	900	600	6 900
产成品中半成品成本还原	$\frac{4\,600}{6\,900}$	−4 600	3 600	600	400	0
还原后产成品成本			3 600	2 600	1 200	7 400

(2)用分项结转分步法计算成本。

一车间生产成本明细账与综合结转分步法相同,见下表。

一车间生产成本明细账

完工产品数量:60(件)
在产品数量:40(件)

丙半成品　　　　　　　　　　202×年6月　　　　　　　　　　金额单位:元

项　目		直接材料	直接人工	制造费用	合　计
本月生产费用		9 000	1 200	800	11 000
产品产量	完工产品数量	60	60	60	
	在产品约当产量	40	20	20	
	合　计	100	80	80	
分配率(单位成本)		90	15	10	115
完工产品成本		5 400	900	600	6 900
月末在产品成本		3 600	300	200	4 100

二车间生产成本明细账

完工产品数量:40(件)
在产品数量:20(件)

丙半成品　　　　　　　　　　202×年6月　　　　　　　　　　金额单位:元

项　目		直接材料	直接人工	制造费用	合　计
本月生产费用			2 500	1 000	3 500
本月耗用半成品费用 （上一步转入）		5 400	900	600	6 900
合　计		5 400	3 400	1 600	10 400
产品产量	完工产品数量	40	40	40	
	在产品约当产量	20	10	10	
	合　计	60	50	50	
分配率		90	68	32	190
完工产品成本		3 600	2 720	1 280	7 600
月末在产品成本		1 800	680	320	2 800

(3)用平行结转分步法计算成本。

一车间生产成本明细账

202×年6月　　　　　　　　　　　　　　　　　　　　单位:元

项　目	直接材料	直接人工	制造费用	合　计
本月生产费用	9 000	1 200	800	11 000
约当产量	100	80	80	
分配率(单位成本)	90	15	10	115
应计入产成品成本的份额	3 600	600	400	4 600
月末在产品成本	5 400	600	400	6 400

215

二车间生产成本明细账

202×年6月　　　　　　　　　　　　　　　　　　　　　　　　　　　单位:元

项目	直接材料	直接人工	制造费用	合计
本月生产费用	—	2 500	1 000	3 500
约当产量		50	50	
分配率(单位成本)		50	20	70
应计入产成品成本的份额	—	2 000	800	2 800
月末在产品成本	—	500	200	700

丙产品成本汇总计算表　　　　　　　　　　　　　　　产量:40(件)

产品名称:丙产品　　　　　202×年6月　　　　　　　　　　　　单位:元

项目	直接材料	直接人工	制造费用	合计
第一车间	3 600	600	400	4 600
第二车间		2 000	800	2 800
成本合计	3 600	2 600	1 200	7 400
单位成本	90	65	30	185

(二)练习综合结转分步法及成本还原

(1)计算第一车间完工A半成品成本,计算结果见下表。

第一车间生产成本明细账　　　　　　完工产品数量:100(件)

　　　　　　　　　　　　　　　　　　　在产品数量:20(件)

产品名称:A半成品　　　　202×年7月　　　　　　　　金额单位:元

摘要		直接材料	直接人工	制造费用	合计
期初在产品成本		3 510	860	960	5 330
本月生产费用		7 290	3 540	2 340	13 170
生产费用合计		10 800	4 400	3 300	18 500
产品产量	完工产品数量	100	100	100	
产品产量	在产品约当产量	20	10	10	
产品产量	合计	120	110	110	
分配率		90	40	30	160
完工产品成本		9 000	4 000	3 000	16 000
在产品成本		1 800	400	300	2 500

(2)计算第二车间完工B半成品成本,计算结果见下表。

第二车间生产成本明细账

完工产品数量:120(件)
在产品数量:40(件)

产品名称:B半成品　　　　　202×年7月　　　　　金额单位:元

摘　要		半成品	直接人工	制造费用	合　计
期初在产品成本		9 600	1 860	1 290	12 750
本月生产费用		16 000	6 540	4 310	26 850
生产费用合计		25 600	8 400	5 600	39 600
产品产量	完工产品数量	120	120	120	
	在产品约当产量	40	20	20	
	合　计	160	140	140	
分配率		160	60	40	260
完工产品成本		19 200	7 200	4 800	31 200
在产品成本		6 400	1 200	800	8 400

(3)计算第三车间甲产品成本,计算结果见下表。

第三车间生产成本明细账

完工产品数量:140(件)
在产品数量:60(件)

产品名称:甲产品　　　　　202×年7月　　　　　金额单位:元

摘　要		半成品	直接人工	制造费用	合　计
期初在产品成本		20 800	1 900	1 720	24 420
本月生产费用		31 200	6 600	5 080	42 880
生产费用合计		52 000	8 500	6 800	67 300
产品产量	完工产品数量	140	140	140	
	在产品约当产量	60	30	30	
	合　计	200	170	170	
分配率		260	50	40	350
完工产品成本		36 400	7 000	5 600	49 000
在产品成本		15 600	1 500	1 200	18 300

(4)对甲产成品进行成本还原,计算结果见下表。

产品成本还原计算表

产品名称:甲产品　　　　　　　202×年7月　　　　　　　产量:140件　　金额单位:元

项　　目		还原率	半成品		直接材料	直接人工	制造费用	合　计
			B	A				
还原前产成品成本			36 400			7 000	5 600	49 000
本月所产半产品成本	第一步骤				9 000	4 000	3 000	16 000
	第二步骤			19 200		7 200	4 800	31 200
成本还原	第一次还原(第三步骤)	$\frac{36\,400}{31\,200}=1.666\,67$	−36 400		22 400	8 400	5 600	0
	第二次还原(第二步骤)	$\frac{22\,400}{16\,000}=1.4$		−22 400	12 600	5 600	4 200	0
还原后产成品成本			0	0	12 600	21 000	15 400	49 000

(三)练习分项结转分步法

(1)采用分项结转分步法计算第一车间乙半成品成本,其计算结果见下表。

第一车间生产成本明细账

产品名称:乙半成品　　　　　　202×年9月　　　　　　完工产量数量:100(件)　　在产品数量:40(件)

项　目		直接材料	直接人工	制造费用	合　计
月初在产品成本		1 650	560	350	2 560
本月生产费用		5 350	3 040	2 050	10 440
合　计		7 000	3 600	2 400	13 000
产品产量	完工产品数量	100	100	100	
	在产品约当产量	40	20	20	
	合　计	140	120	120	
分配率(单位成本)		50	30	20	100
完工产品成本		5 000	3 000	2 000	10 000
月末在产品成本		2 000	600	400	3 000

(2)采用分项结转分步法计算第二车间乙产品总成本和单位成本,计算结果见下表。

第二车间生产成本明细账

产品名称:乙产品　　　　　　　202×年9月　　　　　　完工产量数量:120(件)　　在产品数量:60(件)

摘　要		直接材料		直接人工		制造费用		合　计
		上步转来	本步骤发生	上步转来	本步骤发生	上步转入	本步骤发生	
月初在产品成本	上步转来	4 000		2 400		1 600		8 000
	本步骤发生				720		486	1 206
本月发生生产费用	上步转来	5 000		3 000		2 000		10 000
	本步骤发生				1 980		1 314	3 294

续表

摘　要		直接材料		直接人工		制造费用		合　计
		上步转来	本步骤发生	上步转来	本步骤发生	上步转入	本步骤发生	
生产费用合计		9 000		5 400	2 700	3 600	1 800	22 500
产品产量	完工产品数量	120		120	120	120	120	
	在产品约当产量	60		60	30	60	30	
	合　计	180		180	150	180	150	
分配率(单位成本)		50		30	18	20	12	130
完工产成品成本		6 000		3 600	2 160	2 400	1 440	15 600
月末在产品成本		3 000		1 800	540	1 200	360	6 900

(3)编制乙产品入库的会计分录如下：
　借：库存商品——乙产品　　　　　　　　　　　　　　　　　15 600
　　　贷：基本生产成本——第二车间　　　　　　　　　　　　　　　　　15 600

第八章

一、单项选择题

1. A　　2. C　　3. B　　4. D　　5. B　　6. D　　7. A　　8. B　　9. C

二、多项选择题

1. ABCD　　2. ABCD　　3. ACD　　4. AD　　5. AC
6. ABCD

三、判断题

1. √　　2. √　　3. √　　4. ×　　5. √　　6. ×　　7. √　　8. √　　9. √　　10. √

四、业务核算题

(一)练习产品成本计算的分类法

A类产品内A1、A2、A3产品成本计算过程如下：

(1)确定类内各种产品的系数，如下表所示。

产品系数计算表

产品类别：A产品　　　　　　　　　　202×年11月

产品名称	材料消耗定额	系　数	工时消耗定额	系　数
A1产品	12	1.2	22	1.1
A2产品	10	1	20	1
A3产品	8	0.8	14	0.7

(2)计算类内各种产品本月总系数，编制总系数计算表。

产品总系数(标准产量)计算表

产品类别:A产品　　　　　　　　202×年11月

产品名称	产品产量(件)	材料 系数	材料 总系数	工时 系数	工时 总系数
A1产品	600	1.2	720	1.1	660
A2产品	1 000	1	1 000	1	1 000
A3产品	700	0.8	560	0.7	490
合　计			2 280		2 150

(3) 计算A类产品内A1、A2、A3三种产品的总成本和单位成本,计算结果见下表。

产品成本计算表

产品类别:A产品　　　　　　　　202×年11月　　　　　　　　金额单位:元

产品名称	产品产量(件)	材料总系数	直接材料 分配率	直接材料 分配金额	工时总系数	直接人工 分配率	直接人工 分配金额	制造费用 分配率	制造费用 分配金额	产成品总成本	产成品单位成本
A1产品	600	720		14 400	660		4 620		2 640	21 660	36.10
A2产品	1 100	1 100		20 000	1 000		7 000		4 000	31 000	31.00
A3产品	700	560		11 200	490		3 430		1 960	16 590	23.70
合　计		2 280	20	45 600	2 150	7	15 050	4	8 600	69 250	

注:直接材料分配率=45 600÷2 280=20

　　直接人工分配率=15 050÷2 150=7

　　制造费用分配率=8 600÷2 150=4

(二)练习联产品成本的计算

采用系数分配法(甲产品为标准产品,以售价为标准确定系数)计算甲、乙产品成本如下表所示。

联产品成本计算表(系数分配法)

　　　　　　　　　　　　202×年9月　　　　　　　　　　　　金额单位:元

产品名称	产量(千克)	系数①	标准产量	分配比例(%)	应负担的成本 直接材料	应负担的成本 直接人工	应负担的成本 制造费用	应负担的成本 合计
甲产品	4 000	1	4 000	62.5	26 250	3 750	5 625	35 625
乙产品	2 000	1.2	2 400	37.5	15 750	2 250	3 375	21 375
合　计	6 000		6 400	100	42 000	6 000	9 000	57 000

注:①以售价为标准确定系数,选择甲产品为标准产品,其系数为1,乙产品的系数为120÷100=1.2。

采用实物量分配法计算甲、乙产品成本如下表所示。

联产品成本计算表（实物量分配法）

202×年9月　　　　　　　　　　　　　　　　　　　　　　　　　　　　　　　金额单位：元

产品名称	产量（千克）	联合成本 直接材料	联合成本 直接人工	联合成本 制造费用	联合成本 合计	综合分配率	应负担的成本 直接材料	应负担的成本 直接人工	应负担的成本 制造费用	应负担的成本 合计
甲产品	4 000						28 000	4 000	6 000	38 000
乙产品	2 000						14 000	2 000	3 000	19 000
合　计	6 000	42 000	6 000	9 000	57 000	9.50	42 000	6 000	9 000	57 000

注：综合分配率＝57 000÷6 000＝9.50

　　直接材料分配率＝42 000÷6 000＝7

　　直接人工分配率＝6 000÷6 000＝1

　　制造费用分配率＝9 000÷6 000＝1.50

采用相对销售收入分配法计算甲、乙产品成本如下表所示。

联产品成本计算表（相对销售收入分配法）

202×年9月　　　　　　　　　　　　　　　　　　　　　　　　　　　　　　　金额单位：元

产品名称	产量（千克）	销售单价	销售价值	分配比例	应负担的成本 直接材料	应负担的成本 直接人工	应负担的成本 制造费用	应负担的成本 合计
甲产品	4 000	100	400 000	62.5%	26 250	3 750	5 625	35 625
乙产品	2 000	120	240 000	37.5%	15 750	2 250	3 375	21 375
合　计	6 000	—	640 000	100%	42 000	6 000	9 000	57 000

（三）练习副产品成本的计算

根据所给资料，甲、乙产品的总成本和单位成本计算结果见下表。

产品成本计算表

202×年8月　　　　　　　　　　　　　　　　　　　　　　　　　　　　　　　金额单位：元

项　目		直接材料	直接人工	制造费用	合　计
联合成本		56 000	16 000	8 000	80 000
费用项目比重		70%	20%	10%	100%
乙产品	总成本	2 100	600	300	3 000
	单位成本	3.50	1.00	0.50	5.00
甲产品	总成本	53 900	15 400	7 700	77 000
	单位成本	15.40	4.40	2.20	22.00

乙产品总成本＝600×5＝3 000(元)

其中：直接材料成本＝3 000×70%＝2 100(元)

　　　直接人工成本＝3 000×20%＝600(元)

　　　制造费用＝3 000×10%＝300(元)

　　　甲产品总成本＝80 000－3 000＝77 000(元)

其中:直接材料成本=56 000-2 100=53 900(元)

直接人工成本=16 000-600=15 400(元)

制造费用=8 000-300=7 700(元)

(四)练习等级产品成本的计算

根据所给资料,甲产品各等级产品成本计算如下:

(1)如果不同质量等级的甲产品,是由于企业经营管理不善造成的,采用实物量分配法计算各等级产品成本。成本计算结果见下表。

等级产品成本计算表

202×年9月　　　　　　　　　　　　　　　　　　　　　金额单位:元

产品等级	实际产量(件)	分配比例(%)	应负担的成本				单位成本
			直接材料	直接人工	制造费用	合计	
一等品	600	60	11 160	3 600	2 040	16 800	28
二等品	240	24	4 464	1 440	816	6 720	28
三等品	160	16	2 976	960	544	4 480	28
合计	1 000	100	18 600	6 000	3 400	28 000	

(2)如果不同质量等级的甲产品,是由于材料质量的原因造成的,采用系数分配法计算各等级产品成本。成本计算结果见下表。

等级产品成本计算表

202×年9月　　　　　　　　　　　　　　　　　　　　　金额单位:元

产品等级	实际产量(件)	售价	系数	总系数	分配比例(%)	应负担的成本				单位成本
						直接材料	直接人工	制造费用	合计	
一等品	600	100	1	600	75	13 950	4 500	2 550	21 000	35.00
二等品	240	60	0.6	144	18	3 348	1 080	612	5 040	21.00
三等品	160	35	0.35	56	7	1 302	420	238	1 960	12.25
合计	1 000			800	100	18 600	6 000	3 400	28 000	

第九章

一、单项选择题

1. D　2. A　3. D　4. B　5. D

二、多项选择题

1. CD　2. ABCD　3. ABC　4. ABD　5. BCD
6. ABCD　7. BCD　8. AB

三、判断题

1. ×　2. √　3. ×　4. √　5. √　6. √　7. ×　8. ×　9. ×　10. √

四、业务核算题

采用定额法计算甲产品成本见下表。

月初在产品成本

202×年10月　　　　　　　　　　　　　　　　　　　　　　　单位:元

成本项目	直接材料	直接人工	制造费用
月初在产品定额成本	1 980①	360②	180③
月初在产品脱离定额差异	−20	12	10

注:①直接材料定额成本＝30×11×6＝1 980(元)

②直接人工定额成本＝30×50%×3×8＝360(元)

③制造费用定额成本＝30×50%×3×4＝180(元)

本月发生的费用

202×年10月　　　　　　　　　　　　　　　　　　　　　　　单位:元

成本项目	直接材料	直接人工	制造费用
产品的定额成本	9 000①	3 480②	1 740③
脱离定额差异	50	30	20

注:①直接材料定额成本＝150×60＝9 000(元)

②直接人工定额成本＝[140＋(40−30)×50%]×24＝3 480(元)

③制造费用定额成本＝[140＋(40−30)×50%]×12＝1 740(元)

产品成本计算单

产品名称:甲产品　　　　　　202×年10月　　　　　产量:140件　金额单位:元

项　目		行次	直接材料	直接人工	制造费用	合　计
月初在产品	定额成本	(1)	1 980	360	180	2 520
	脱离定额差异	(2)	−17.6	12	10	＋4.40
月初在产品定额变动	定额成本调整	(3)	−180			−180①
	定额变动差异	(4)	180			180
本月生产费用	定额成本	(5)	9 000	3 480	1 740	14 220
	脱离定额差异	(6)	50	36	18.80	104.80
	材料成本差异	(7)	−181			−181②
生产成本合计	定额成本	(8)	10 800	3 840	1 920	16 560
	脱离定额差异	(9)	32.40	48	28.80	109.20
	材料成本差异	(10)	−181			−181
	定额变动差异	(11)	180			180
脱离定额差异分配率		(12)	0.3%③	1.25%④	1.5%⑤	

续表

项　目		行次	直接材料	直接人工	制造费用	合　计
产成品成本	定额成本	(13)	8 400	3 360	1 680	13 440
	脱离定额差异	(14)	25.20⑥	42⑦	25.20⑧	92.40
	材料成本差异	(15)	−181			−181
	定额变动差异	(16)	180			180
	实际成本	(17)	8 424.20	3 402	1 705.20	13 531.40⑨
月末在产品成本	定额成本	(18)	2 400	480	240	3 120
	脱离定额差异	(19)	7.20	6	3.60	16.80

注：①月初在产品定额调整＝30×(11−10)×6＝−180(元)
②材料成本差异＝(9 000+50)×(−2%)＝−181(元)
③直接材料脱离定额差异分配率＝32.40÷10 800×100%＝0.3%
④直接人工脱离定额差异分配率＝48÷3 840×100%＝1.25%
⑤制造费用脱离定额差异分配率＝28.80÷1 920×100%＝1.5%
⑥产成品直接材料成本脱离定额差异＝8 400×0.3%＝25.20(元)
⑦产成品直接人工成本脱离定额差异＝3 360×1.25%＝42(元)
⑧产成品制造费用脱离定额差异＝1 680×1.5%＝25.20(元)
⑨第17行(实际成本)计算过程为：(17)＝(13)+(14)+(15)+(16)

第十章

一、单项选择题

1. C　　2. A　　3. D

二、多项选择题

1. ABC　　2. AB　　3. CD

三、判断题

1. ×　　2. ×　　3. ×

四、业务核算题

原材料费用实际比计划多388元,是由于产量、单位产品原材料消耗和材料价格共同变动所致,用连环替代法分析各因素的影响程度,计算如下：

计划指标：400×20×10=80 000(元)
第一次替代：406×20×10=81 200(元)　　+1 200(由于产量增加)
第二次替代：406×18×10=73 080(元)　　−8 120(由于消耗量降低)
第三次替代：406×18×11=80 388(元)　　+7 308(由于材料单价提高)

合　计　　+388(元)

参考文献

1. 李会青:《成本会计》(第二版),上海财经大学出版社 2008 年版。
2. 胡中艾、蒋小云:《成本核算》,高等教育出版社 2010 年版。
3. 江希和、向有才:《成本会计教程》(第四版),高等教育出版社 2012 年版。
4. 王俊生:《成本会计》(第四版),中国财政经济出版社 2012 年版。
5. 于富生、张敏:《成本会计学》(第二版),中国人民大学出版社 2013 年版。
6. 刘悦、李雪:《成本会计理论与实务》,清华大学出版社 2013 年版。